Oman

HADRAMAUT

AL-MAHRA

Salala

●Al-Ghaida

2179 m

●Al-Mukalla

N

W ⊕ O

S

●Hadibu

1519 m

Sokotra

Abd al-Kuri

Samha   *Darsa*

●Boosaaso

*A r a b i s c h e s
M e e r*

0   50   100   150 km

Bushra al-Maktari
Was hast Du hinter Dir gelassen?

Die, hinter denen sie sich verstecken
sie sind es, die Bäume verbrannten
die Vögel und Kinder verbrannten
die Wasser verbrannten
zwischen einem blühenden Reispflänzchen
und einem Schmetterling.

Jannis Ritsos

Allen Dank meiner lieben Freundin, der Autorin und Journalistin Monika Bolliger, ohne deren Glauben und Beistand es vermutlich nie zu dieser deutschen Ausgabe meines Buches gekommen wäre.

Bushra al-Maktari

Inhalt

Vorwort zur deutschen Ausgabe

Ich traf Bushra al-Maktari zum ersten Mal Ende 2018 in Beirut, als sie ihr Buch präsentierte, das damals auf Arabisch erschienen war: 43 Protokolle von Hinterbliebenen von Kriegsopfern aus dem Jemen. Zusammen mit einer Kollegin saß ich der damals 39-jährigen Journalistin und Schriftstellerin in einer Hotellobby zum Interview gegenüber. Gebannt hörten wir ihr zu, dieser unerschrockenen Chronistin des Krieges im Jemen, die so mädchenhaft wirkte und die mehr gesehen hatte, als viele von uns in einem ganzen Leben sehen.

Sie redete, als wäre ein Damm gebrochen, eine Flut schmerzvoller Erinnerungen brach aus ihr heraus. Einmal musste sie das Gespräch unterbrechen, weil sie die Tränen nicht mehr zurückhalten konnte. Sie leide unter dem Gewicht der Geschichten, gestand sie. Aber die Opfer dürften nicht in Vergessenheit geraten. Deshalb höre sie nicht auf. »Schreiben ist für mich eine Form des Widerstands«, sagte Bushra. Gegen das Vergessen, gegen die Gleichgültigkeit.

In der Erinnerung leben die Toten weiter. Wenn wir die Geschichten der Hinterbliebenen aufzeichnen, geben wir ihnen eine Stimme, wir leihen ihnen unser Gehör und erkennen ihr Leid an. Wir würdigen die Verstorbenen und schreiben dagegen an, dass sie als bloße Zahlen in einer Statistik vergessen werden. Wenn Menschen durch ein Verbrechen ums Leben gekommen sind, ist das Andenken an sie auch an die Forderung nach Gerechtigkeit geknüpft, nach Wiedergutmachung und danach, dass die Täter zur Verantwortung gezogen werden müssen. Für all das stehen

die Protokolle, die Bushra al-Maktari gesammelt und auf-
gezeichnet hat, und die jetzt in deutscher Übersetzung aus
dem arabischen Original vorliegen. Es sind erschütternde
Berichte, in feiner, einfühlsamer Sprache protokolliert, mit
einer Nähe zu den Gesprächspartnern, die eine besondere
Gabe des Zuhörens offenbart. Jede Geschichte ist auf ihre
Art einzigartig, und doch ist ihre Tragik, ihr Leid von uni-
versaler menschlicher Gültigkeit.

Der Jemen-Konflikt heißt ja oft »der vergessene Krieg«,
weil in den Medien so sporadisch über ihn berichtet wird.
Das Land am südlichen Ende der arabischen Halbinsel ist
für uns weit weg. Es kommen kaum jemenitische Flüchtlinge nach Europa, weil es schlicht keine Fluchtrouten gibt.
Der Konflikt, in dem viele Parteien – lokale und internationale – mitmischen, ist sehr kompliziert. Für ausländische
JournalistInnen ist es schwierig bis unmöglich, überhaupt
ins Land zu gelangen. Auch das ist ein Grund, weshalb
wir in Europa kaum davon hören, was dieser Krieg für die
Menschen vor Ort bedeutet. Bushra al-Maktaris Buch füllt
diese Lücke.

Angehen tut uns dieser Krieg sehr wohl etwas: Die
führenden ausländischen Kriegsparteien, Saudi-Arabien
und die Vereinigten Arabischen Emirate, sind Verbündete
westlicher Mächte – und Käufer westlicher Waffen. Dass
ein öffentlicher Aufschrei etwas bewirken kann, hat der
Mord am saudischen Journalisten Jamal Khashoggi im saudischen Konsulat von Istanbul im Herbst 2018 gezeigt. Der
unverfrorene Mord an Khashoggi, vermutlich von höchster
Stelle in Riad angeordnet, versetzte die Welt in Empörung.
Plötzlich schauten alle auf Saudi-Arabien. Und damit rückte
vorübergehend auch der Krieg im Jemen in den Fokus, wo
bereits Zehntausende ums Leben gekommen waren, ohne
dass die Welt bisher groß Notiz davon genommen hatte.

In Stockholm einigten sich die Konfliktparteien wenige Monate später auf eine lokale Waffenruhe für die umkämpfte jemenitische Hafenstadt al-Hudaida. Viele Beobachter sind der Meinung, dass der westliche Druck auf Riad nach der »Affäre Khashoggi« dabei eine wichtige Rolle spielte. Verschiedene europäische Länder begannen, ihre Waffenexporte nach Saudi-Arabien zu revidieren.

Von den anderen Kriegsparteien war aber weiterhin kaum die Rede, etwa von den Emiraten, die neben ihrer Beteiligung an den Luftangriffen im Jemen radikale Salafisten bewaffnet und Häftlinge in geheimen Gefängnissen gefoltert hat. Oder von den Huthi-Rebellen auf der Gegenseite, die mit Mörsergranaten Wohnviertel bombardiert und unzählige Zivilisten getötet haben. Bushra al-Maktaris Protokolle sind ein vernichtendes Urteil über die Kriegsführung aller Beteiligten. Die Zeugenaussagen in diesem Buch zeigen mit unmissverständlicher Deutlichkeit: Keine der kriegführenden Parteien nimmt Rücksicht auf die Zivilbevölkerung.

Es ist der Autorin ein zentrales Anliegen, dass ihr Buch nicht von einer Seite instrumentalisiert wird. Deshalb stammen die hier veröffentlichten Zeugenaussagen immer abwechselnd von Opfern der einen oder der anderen Seite. Diese Nichtparteinahme ist eine besondere Leistung in einem polarisierten Kriegsgebiet, wo Neutralität als »Verrat« beschimpft wird, und wo viele Intellektuelle sich von der einen oder anderen Seite im Konflikt haben einspannen lassen. Nicht so Bushra al-Maktari. Mit diesem Buch stellt sie die Opfer in den Vordergrund, ohne dem Versuch zu verfallen, deren Leid mit den politischen Forderungen einer der Kriegsparteien zu verknüpfen. Aus diesem Grund hatte sie übrigens große Schwierigkeiten, im arabischen Raum, wo es kaum eine freie und unparteiische Presse gibt, überhaupt einen Verlag für ihr Buch zu finden.

Für ihre Prinzipientreue verdient Bushra al-Maktari allen Respekt. Ebenso für ihren Mut. So hat sie sich bis heute standhaft geweigert, ihr Zuhause in Sanaa für ein sicheres Leben im Exil zu verlassen. Im Arabischen Frühling von 2011 war sie eine Anführerin der Demokratiebewegung, die sich gegen das damalige Regime von Ali Abdullah Salih auflehnte. Sie ließ sich von niemandem einschüchtern, weder von der brutalen Repression des Regimes Salih noch davon, dass konservative Kleriker eine Fatwa gegen sie erließen, weil ihnen ihre politische Aktivität missfiel. Für dieses Buch hat sie gefährliche Recherchereisen in Kauf genommen. Sie fuhr inkognito durch ihr Land, passierte Kontrollposten der Kriegsparteien und Milizen, um den Hinterbliebenen von Kriegsopfern zuzuhören, ihre Geschichten aufzuschreiben. Inspirieren ließ sie sich dabei von den Afghanistan-Protokollen der Literaturnobelpreisträgerin Swetlana Alexijewitsch. Von 400 gesammelten Protokollen hat sie 43 für die Publikation ausgewählt. (Eine Liste von allen 400 gesammelten Fällen findet sich im Anhang des Buches.)

Aber wie kam es überhaupt zu diesem Krieg? Ursachen gibt es viele. Manche der Konflikte gehen Jahrzehnte zurück. 2011 war jedoch ein Jahr, in dem viele Weichen gestellt wurden. Saudi-Arabien war damals federführend bei der Initiative des Golfkooperationsrates, die als Reaktion auf die Proteste des Arabischen Frühlings einen demokratischen Übergangsprozess für Jemen einleitete. Der seit Dekaden amtierende Präsident Ali Abdullah Salih musste zurücktreten. Doch die Übergangsordnung ließ viele Probleme unberücksichtigt. Alte Konflikte, die Salih in der Vergangenheit je nach Bedarf für seine Machtsicherung angeheizt oder erstickt hatte, traten an die Oberfläche. Darunter war der Konflikt der Regierung mit den Huthi, einer religiös-politischen Bewegung aus einem Gebiet im nördlichen Gebirge Jemens. Im September 2014 stürmten Huthi-Kämpfer die Hauptstadt Sanaa, ausgerechnet mithilfe von Salih, der einst als Präsident gegen sie gekämpft hatte. Salih hatte im Gegenzug für seinen Rücktritt 2012 Immunität erhalten. Jetzt erhoffte er sich ein Comeback. Salih und die Huthi hatten ein leichtes Spiel, denn die Übergangsregierung von Präsident Abed Rabbo Mansur Hadi war korrupt und unbeliebt. Hadi und seine Gefolgschaft mussten aus Sanaa fliehen. Damit begann der Bürgerkrieg.

Wenige Monate später, Ende März 2015, begann die saudisch geführte Militärintervention im Jemen unter dem Titel »Operation Decisive Storm – Operation entschlossener Sturm«. Das erklärte Ziel war es, die Regierung Hadi zurück an die Macht zu bringen. Saudi-Arabien sieht in den Huthi einen verlängerten Arm von Iran und will diese in seinem Nachbarland zurückdrängen. Es gab aber auch innenpolitische Gründe: Der Krieg im Jemen war eine Art Feuertaufe für den damals neu ernannten jungen Verteidigungsminister Muhammad bin Salman, der heute als Kronprinz weitgehend die Geschicke Saudi-Arabiens lenkt.

Was Iran und die Huthi angeht, so erhalten die jemenitischen Rebellen tatsächlich Unterstützung aus Teheran, und zwar je mehr, je länger der Krieg andauert. Der Ursprung der Huthi liegt indes nicht in Iran, sondern im Jemen. Die Bewegung aus der nördlichen Gebirgsregion Saada ist benannt nach ihrem Gründervater Hussein Badreddine al-Huthi und gehört zu einem lokalen schiitischen Zweig des Islam, Zaidiya genannt. Die Huthi-Bewegung – sie gehören zur einstigen Dynastie der Imame Jemens, die 1962 nach jahrhundertelanger Herrschaft mit der Einführung der Republik entthront und aus der Politik ausgeschlossen wurden – entstand aufgrund politischer Marginalisierung einerseits, als Reaktion auf die saudisch finanzierte Missiontätigkeit von (sunnitischen) Salafisten in ihrem Gebiet andererseits, wodurch sie sich in ihrer zaiditischen Identität bedroht sah. Ironischerweise eint die Huthi vieles mit ihren saudischen Gegnern: So sind sie wie die saudischen Herrscher Monarchisten, und auch sie legitimieren ihre Herrschaft religiös. Nur gehören sie zu einem schiitischen Zweig des Islam. Das saudische Königshaus ist sunnitisch.

Die Huthi kontrollieren heute die bevölkerungsreichsten Gebiete Jemens, einschließlich der Hauptstadt Sanaa. Ihren einstigen Verbündeten Salih haben sie nach einem Zerwürfnis Ende 2017 getötet. In ihren Gebieten herrschen sie mit eiserner Faust. Sie propagieren ihre religiöse Ideologie, pressen die Menschen mit Steuern und Abgaben aus und lassen jeden im Gefängnis verschwinden, der sich kritisch gegen sie äußert.

Die Gebiete der international anerkannten Regierung von Präsident Hadi sowie der sie unterstützenden Militärkoalition machen eine weit größere Landfläche aus. Doch das Gebiet ist weniger dicht bevölkert und politisch wie militärisch fragmentiert. Das liegt daran, dass die Huthi-Gegner eine bunt gemischte Allianz von Gruppen sind, die außer der Feindschaft gegen die Huthi wenig eint. Unter ihnen sind regierungstreue Fraktionen der Armee, südjemenitische Separatisten, Funktionäre des alten Staatsapparates und politische Parteien, Stammesverbände mit föderalen Interessen, Anhänger der Muslimbrüder, Salafisten und so weiter. Manchmal bekämpfen sich gar die Huthi-Gegner untereinander, was für Instabilität in ihren Gebieten sorgt. Und auch dort verschwinden Menschen in Gefängnissen. Die Regierung von Hadi weilt unterdessen wegen der chaotischen Sicherheitslage in »ihren« Gebieten seit Jahren mehrheitlich im Exil in Riad.

Saudi-Arabien und die Vereinigten Arabischen Emirate dominieren die Militärkoalition, die aufseiten der Regierung Krieg führt, wobei die Emirate im Jahr 2019 begonnen haben, ihr Engagement zu reduzieren. Die Anti-Huthi-Koalition erhält militärische Hilfe von den Vereinigten Staaten und Großbritannien in Form von Geheimdienstinformationen und modernen Präzisionswaffen oder durch das Auftanken saudischer Bomber. Doch die Überlegenheit in puncto Rüstungsgüter, Geld und internationaler Unterstützung hat nicht zum Ziel geführt. Der »schnelle Krieg«, der nach saudischen Ankündigungen »wenige Wochen« dauern sollte, zieht sich nun schon fünf Jahre hin, und ein Ende ist nicht in Sicht.

Je länger der Krieg dauert, umso komplexer werden die Allianzen. Rivalitäten zwischen den verschiedenen benachbarten Golfstaaten wirken sich auf den Krieg im Jemen aus. So haben sich im Südjemen Separatisten mit Unterstützung der Emirate gegen saudisch unterstützte Truppen von Präsident Hadi erhoben. Qatar und Oman versuchen, der Militärkoalition Steine in den Weg zu legen, um sich gegen die saudische Dominanz in der Region zu wehren. Unterdessen wird das Bündnis zwischen Iran und den Huthi immer stärker. Das zeigte sich spätestens mit dem Angriff auf die saudischen Ölanlagen von Aramco im August 2019, den die Huthi für sich beansprucht haben, der aber mit größter Wahrscheinlichkeit mit Iran koordiniert war – als Antwort auf die amerikanischen Sanktionen gegen iranische Ölexporte. Der Krieg im Jemen hat längst den Charakter eines Stellvertreterkrieges, und das vertieft und verlängert die bestehenden lokalen Konflikte.

Den horrenden Preis für den fortdauernden Krieg zahlt die Zivilbevölkerung. Längst hat sich gezeigt, dass keine Seite die andere bezwingen kann. Aber es will auch nie-

mand dem Gegner den Sieg lassen oder neu gewonnenes
Einflussgebiet aufgeben. Es wird weitergekämpft, weil zu
viele ein Interesse daran haben: Warlords und Kriegsgewinnler, Waffenlieferanten, ausländische Mächte mit
ihren geopolitischen Spielen.

Die humanitären Folgen sind katastrophal. Nicht nur
sind Zehntausende durch Luftangriffe oder Mörsergranaten getötet worden. Millionen leiden unter den indirekten
Folgen des Krieges, müssen hungern wegen rücksichts-
loser Blockadetaktiken der Kriegsparteien. Viele haben keinen Zugang zu medizinischer Behandlung. Das Gesund-
heitssystem ist praktisch zusammengebrochen, ebenso das
Bildungssystem. Lehrer und Ärzte erhalten keine Löhne,
den Spitälern fehlt es an Medikamenten und Strom, Eltern
können es sich nicht mehr leisten, ihre Kinder zur Schule
zu schicken. Plündernde Milizen machen das Land unsicher. Für all das sind die kriegführenden Parteien verantwortlich.

Bushra al-Maktari fordert uns mit ihrem Buch auf, hin-
zuschauen und uns nicht der Gleichgültigkeit zu ergeben.
Sie leistet auch einen wichtigen Beitrag zur Dokumentie-
rung der Kriegsverbrechen im Jemen, in der Hoffnung,
dass eines Tages die Verantwortlichen Rechenschaft ablegen müssen. Ihr Buch ist ein »Dorn im Auge der Mörder«,
wie sie selbst schreibt. Damit die Verbrechen schwarz auf
weiß bezeugt sind, damit niemand sagen kann, man habe
nichts davon gewusst.

Zürich und Amman, im Februar 2020
Monika Bolliger

Intro
Irgendwo, im Süden dieser Welt

Bushra al-Maktari

In meinen Träumen schweigt der Krieg. Keine Bomben, keine Luftangriffe, kein Tod, kein Hunger, keine Angst, kein Hass. Aber tauche ich aus meiner Traumwelt wieder auf, wütet er ununterbrochen, so wie seit seinem Ausbruch vor fast fünf Jahren: Luftangriffe lassen den Nachthimmel über Sanaa taghell aufleuchten, die Sirenen der Rettungswagen zerreißen die Stille der Nacht. Was soll ich schreiben in Zeiten wie diesen?

Lange schon ist der Krieg durch die Jahre gewandert, bis er schließlich auch bei uns ankam. So ein Krieg bricht schließlich nicht überraschend aus, sondern er nimmt sich viel Zeit. Eine volle Geschichtsumdrehung. Jahre, Jahrzehnte sogar brauchte er, um plötzlich vor unserer Tür zu stehen. Ich erinnere mich noch genau daran, wie sein scheußliches Haupt unverkennbar auf uns zutrieb. Es war in den ersten Märzwochen des Jahres 2015. Wir sahen nicht richtig hin. Oder vielleicht sahen wir hin, wussten aber nicht, dass wir schon die Vorboten des Krieges sahen. Zwar waren auf den Straßen Huthi-Milizen zu beobachten. Doch verglichen mit dem einige Monate zuvor erfolgten »Fall von Sanaa« war die Situation überschaubar.[1] Nach

---

1 Am 21. September 2014 begehrten Kämpfer der Huthi zusammen mit Ex-Präsident Ali Abdullah Salih und Truppenverbänden, die Salih gegenüber loyal waren,

Einbruch der Dunkelheit rollten Panzerwagen an und mit
ihnen kamen die Kämpfer, Clan-Mitglieder in Armeeklei-
dung. Diese Truppen bewegten sich auf denselben Land-
straßen vorwärts, über die auch der Verkehr mit all den
Pendlern lief. Ich weiß noch, dass ich die Militärlaster über
die Landstraße von Sanaa nach Aden rollen sah. Langsam
schoben sie sich über den Berggrat vorwärts und blockier-
ten den zivilen Verkehr. Sie trugen Panzer, die frisch aus
der Lagerhalle zu kommen schienen. Dann folgten in langer Reihe Raketenwerfer und Maschinengewehre, bewacht
von erschöpften Soldaten. Und wieder Militärlaster und
auf ihren Rücken noch mehr zusammengepferchte Soldaten. Manche von ihnen grinsten die bürgerlichen Peu-
geot-Fahrer dämlich an. Und schließlich die Wagen der Mi-
litärpolizei. Sie eskortierten die Armee auf ihrem Weg in
den Süden des Jemens.

In der zweiten Märzwoche war ich in Aden. Bomben ließen
die Stadt von ihren Rändern her erzittern, Huthi-Milizen
schossen auf den Präsidentenpalast im Viertel Ma'aschiq,[2]
Militärpanzer rollten über die Hauptstraßen. Bei den Bewohnern Adens weckten die Kanonenschüsse bittere Erinnerungen an den Krieg im Sommer 1994[3]. Sie ahnten

---

gegen die offizielle, durch Präsident Abed Rabbo Mansur Hadi repräsentierte
jemenitische Regierung auf. Die Huthi-Rebellen besetzten erst staatliche Institutionen in der jemenitischen Hauptstadt Sanaa. Dann rückte die »Putsch-Koalition«
in andere Städte vor, von denen sie einige auch erobern konnte. Das waren die
ersten Anzeichen bürgerkriegsähnlicher Zustände in jemenitischen Städten.

2 Nach seiner Flucht aus der Hauptstadt Sanaa erklärte Präsident Abed Rabbo
   Mansur Hadi die südjemenitische Hafenstadt Aden zur temporären Hauptstadt.
   Nach dem Angriff der Huthi auf Aden floh Hadi Ende März 2015 in die sau-
   dische Hauptstadt Riad.

3 Ali Abdullah Salih (Red.: Präsident des geeinten Jemens von 1990 bis 2012;

noch nicht, dass ein neuer, viel blutigerer Krieg sie erwartete. Am 23. März 2015 war klar, dass er vor der Tür stand. Diplomaten und international tätige Angestellte verließen Sanaa. Ausländische Botschaften schlossen und evakuierten ihre Staatsangehörigen. Ebenso verließen die jemenitischen Parteispitzen mit ihren Familien das Land. Von einigen verabschiedete ich mich noch persönlich. Voller Zuversicht, dass wir uns bald wiedersehen würden. Ich war überrascht, dass sie, die den Krieg schon witterten, es vorzogen, sich ins Ausland abzusetzen – und die Menschen ihrem Schicksal zu überlassen.

Damals war ich der festen Überzeugung, dass uns die zivilisierte Welt nicht einfach dem Irrsinn von Politikern und Kriegsgenerälen zum Fraß vorwerfen würde. Ich dachte, die Welt würde nicht einfach tatenlos zusehen bei all der Zerstörung, die auf uns zukam. Ganz sicher war ich, sie würde einschreiten, diese Welt. Dabei konnte ich gar nicht genau definieren, was sie für mich umriss. Doch ich war sicher, vielleicht schon heute oder morgen, aber spätestens übermorgen würde diese Welt damit aufhören, uns wie Lemminge in den Abgrund rennen zu lassen.

Plötzlich durchbrachen die Kampfjets der Militärkoalition[4] den Himmel von Sanaa. Am Donnerstag, den 26.

ermordet von Huthi-Rebellen am 4. Dezember 2017) erklärte am 28. April 1994 seinem Partner Ali Salim al-Baidh (Red.: letzter Präsident der Demokratischen Volksrepublik Jemen, kurz Südjemen) den Krieg, worauf Salihs Truppen in den Südjemen einmarschierten. (Red.: 1990 hatten die beiden Präsidenten die Vereinigung der beiden Länder vereinbart.)

4 Die Militärkoalition ist eine vom saudischen Königreich initiierte militärische Allianz zur Verteidigung der offiziellen Regierung des Jemen. Sie richtet sich gegen den Putsch der Huthi-Bewegung und hat das Ziel, die international anerkannte Regierung von Präsident Abed Rabbo Mansour Hadi an die Macht zurückzubringen. Die Koalition setzte sich ursprünglich aus zehn Staaten zusammen:

März, nachts um zwei Uhr wurde der Krieg Wirklichkeit. Besonders eingeprägt hat sich mir nicht etwa das Dröhnen der Explosionen oder der unheimliche Lärm der Kampfjets, als sie die Schallmauer durchbrachen. Nicht die Lärmkulisse des Krieges, die uns mittlerweile fast schon vertraut ist. Vielmehr war es mein Erschrecken über die plötzliche Gegenwart des Krieges und über das schlagartige Zusammenbrechen allen normalen Lebens. Mit einem Mal war er da, der Krieg. Mit einem Mal war sie da, die erniedrigende Schmach des Hungerns. Die große Enttäuschung unserer Generation, als die Generäle beschlossen, in den Krieg zu ziehen. Als sie beschlossen, die Bevölkerung in zwei verfeindete Lager zu teilen und die meisten von uns zu Opfern zu machen. Zu stimmlosen Wesen.

***

Ich habe nicht vor, hier die politischen Fakten des Krieges aufzuführen. Vielmehr finde ich es angemessener, im Vorwort dieses Buches die Eindrücke vom Leben im Krieg zu beschreiben, die sich mir am stärksten eingeprägt haben. Als Versuch eines Resümees dessen, was ich sah und verinnerlichte. Eine Auswahl an Bildern, die das schrittweise Verschwinden allen normalen Lebens zeigen. Bilder des Krieges. Eine Darstellung meiner Welt, in der Warlords jeglichen Patriotismus, alle Souveränität und die nationale Einheit unter ihren schweren Springerstiefeln

Saudi-Arabien, die Vereinigten Arabischen Emirate, Bahrein, Kuwait, Marokko, Pakistan, Sudan, Ägypten, Jordanien und Qatar. Im Juni 2017 hat sich Qatar aus der Militärkoalition zurückgezogen. Marokko hat seine Mitgliedschaft 2019 suspendiert, wobei seine Beteiligung weitgehend symbolisch war. Federführend sind Saudi-Arabien und die Emirate; Sudan schickte eine bedeutende Zahl Truppen und Söldner.

zertrampelt haben. Nur wie könnte ich unser Leben im Schatten dieses Krieges beschreiben, eines Krieges, der alles vereinnahmt?

Eines weiß ich gewiss: Der Krieg hat uns zurückgeworfen in vorzivilisatorische Zeiten. In sämtlichen Städten ist der Strom ausgefallen.[5] Wie einst unsere Großeltern tasten wir uns im Schein von Kerzen und Gaslampen durch die Dunkelheit. Als sämtliche Gasvorräte aufgebraucht waren, begannen wir, Bäume zu roden, als Brennholz für die Öfen. Trinkwasser gibt es vielerorts auch keines mehr. Alltäglich wurde der Anblick von Kindern und alten Menschen, die Schlange stehen, um leere Plastikflaschen an Wassertankwagen aufzufüllen, die irgendein Wohltäter gespendet hat. Wo immer das Auge hinblickt, herrscht Armut: Menschen, die ihre Arbeit und ihren Lebensunterhalt[6] verloren haben. Menschen, die so verarmt sind, dass sie nicht einmal mehr nach dem Sinn dieses Krieges fragen, der sie derartig entseelt hat. Frauen und Kinder ernähren sich von Abfällen. Fa-

---

5 Anm. d. Übersetzerin: Auf meine Nachfrage hin, ob diese Situation bis heute – September 2019 – so anhält, antwortet al-Maktari: »In einigen Städten ja. Was mich betrifft, lebe ich in Sanaa ohne staatlichen Strom. Wir verwenden Solarenergie, Gaslampen und Kerzen. In einigen Gegenden und Städten decken die Menschen ihren Bedarf mit Strom von Anbietern aus dem Privatsektor, für den sie teure Monatsbeiträge zahlen müssen, an Geschäftsleute, die mit den jeweiligen Warlords zusammenarbeiten, da diese die staatlichen Stromgeneratoren gestohlen haben.«

6 Am 19. September 2016 veröffentlichte der jemenitische Präsident Abed Rabbo Mansour Hadi den Beschluss, die Zentralbank von der Hauptstadt Sanaa, die unter der Herrschaft der Putschisten steht, nach Aden zu verlegen. Dadurch hat sich die humanitäre Krise im Jemen verschärft, da die Zentralbank von ihrem neuen Standort in Aden aus nicht in der Lage ist, staatliche Beamtengehälter in den bevölkerungsreichen Gebieten unter Huthi-Kontrolle zu zahlen, während die Autoritäten in Sanaa sich nicht dazu verpflichten lassen wollen, in den unter ihrer Macht stehenden Gebieten Beamtengehälter zu zahlen.

milien schlafen unter freiem Himmel, weltvergessene Vertriebene leben in elenden Flüchtlingslagern am Rand der Städte. Die Menschen wurden ihrer Bürgerrechte beraubt. Von den verschiedenen Kriegsparteien und Staaten, die im Jemen militärisch agieren, werden sie belagert. Und seitdem die Spitze der saudischen Militärkoalition sämtliche Meereszugänge, Landwege und den nationalen Luftraum abgeriegelt hat, sitzen Tausende jemenitische Staatsbürger im Ausland fest. Dass diese Militärkoalition den Internationalen Flughafen Aden mittlerweile wieder geöffnet hat, bedeutet längst kein Ende der Blockade. Auch jetzt noch dürfen Passagierflugzeuge den jemenitischen Luftraum nur mit einer Genehmigung der Koalitionsspitze verlassen. Freunde berichten mir von schweren Demütigungen, die sie am Flughafen von Bisha[7] über sich ergehen lassen mussten. Polizeihunde durchschnüffelten ihr Gepäck, als seien sie Verbrecher. Ihre Bürgerrechte wurden von einer anderen Staatsmacht missachtet. Im August 2016 schloss die Militärkoalition auch noch den Flughafen von Sanaa, was die Blockadesituation weiter verschärfte.

Inmitten dieses großen Elends, in dem wir leben, entstand zeitgleich eine völlig andere Welt: neue Villen mit Betonschutzwällen, die sich über mehrere Straßenzüge erstrecken. Protzige Hochhäuser funkeln in staubigen Nebengassen. Nagelneue Tankstellen, Wechselstuben, private Krankenhäuser und Schulen[8] – alles aus geplünderten

---

7   Der Flughafen der Stadt Bisha im Südwesten Saudi-Arabiens wird für Durchsuchungen von Passagieren des zivilen Luftverkehrs aus dem Jemen benutzt.

8   Die Kriegsparteien haben den öffentlichen Sektor privatisiert. Öffentlichen Schulen wurden die Gelder gestrichen, insbesondere die Lehrergehälter. Die Schulgebühren für staatliche Schulen wurden erhöht, gleichzeitig wurden private Schulen eröffnet. Auch der Gesundheits- und der Energiesektor wurden privatisiert.

Staatseinnahmen finanziert. Dies ist die Welt der neuen Kriegsreichen, der Kriegsgewinnler, der Schwarzmarktmoguln, der Anverwandten von Huthi-Milizen und von Ex-Präsident Ali Abdullah Salih. Dies ist die Welt der Machthaber. Von uns unbemerkt ist die glamouröse Welt des Krieges emporgewachsen. Mittlerweile hat sie sich sogar auf Metropolen im Ausland ausgeweitet. Zum Beispiel nach Riad, wo ein Großteil der Minister der offiziellen Regierung lebt sowie ihre Botschafter und Stellvertreter. Eliten, die sich auf Kosten der Millionen von hungernden Menschen im Jemen bereichern. Genau daher ist ihnen so viel daran gelegen, dass dieser Krieg möglichst lange andauert. Ebenso wie denen, die sie bekämpfen.

Sie alle leben in einer anderen Zeit. Einer Zeit, die außerhalb der Zeit derer liegt, die täglich bei Luftangriffen, durch Granaten und Minen ums Leben kommen. Außerhalb der Zeit derer, die in dunklen Gefängniszellen sterben oder einfach verschwinden, weil ihre Mörder all ihre Spuren verwischen. Sie leben außerhalb der Zeit derer, die vor Hunger sterben oder an Pest und Cholera[9] zugrunde gehen. Sie leben außerhalb der Zeit derer, denen der Krieg all ihre Träume nahm. Genau dies aber ist *unsere* Zeit. Dies ist die Zeit, in der *unser* Leben stattfindet. Wir leben in dem steten Bewusstsein, von für uns unsichtbaren Kräften beherrscht zu sein, deren Gesetzmäßigkeiten nur uns allein determinieren. Immer sind es die kleinen Leute, die den Preis für einen Krieg zahlen müssen. Dies ist ein sinnloser Krieg, und wir sind mittendrin.

Einmal, im April des ersten Kriegsjahres, war ich gerade

---

9 Laut Bericht der Weltgesundheitsorganisation WHO vom 24. September 2017 sind 2110 Jemeniten innerhalb von nur fünf Monaten ums Leben gekommen.

mit meinem Mann unterwegs zum Damran-Einkaufszentrum. Es war ungefähr vier Uhr am Nachmittag. Der Krieg war noch ganz frisch auf den Straßen der Stadt. Die Geschäfte waren geschlossen, die Tankstellen, vor denen in Schlangen Autos parkten, waren außer Betrieb. Kriegsflugzeuge warfen Bomben über verschiedenen Vierteln von Sanaa ab. Obwohl sie nah klangen, ignorierte ich das Dröhnen der Explosionen. Als aber plötzlich der Berg Attan[10] und das Damran-Einkaufszentrum von Rauch umgeben waren, traf mich die Erkenntnis bis ins Mark: Dies ist Krieg. Natürlich kam es auch später immer wieder zu solchen Momenten; bei Luftangriffen oder beim Granatenbeschuss durch die Huthi. Aber die stärkste Erinnerung habe ich an diesen Moment am Berg Attan. Vielleicht liegt es daran, weil mir kurz danach mein Freund Mohammad al-Yemeni,[11] der dieses Bombardement mit Fotos dokumentierte, vorwurfsvoll schrieb: »Was gehst du denn auch zum Berg Attan! Du hättest sterben können!« Einige Monate später starb er selbst, durch eine Patrone der Huthi. Mit der Zeit wurde die Liste der Todesopfer in meinem Umfeld immer länger und länger: Nachbarn, Freunde, Verwandte, Eltern – alle Zivilisten, alle sinnlos getötet.

***

Jetzt schreibe ich wieder im Kerzenschein, wie damals, zu Kriegsbeginn. Das Dröhnen der Explosionen schwillt an, die Fenster meiner Wohnung klirren. Wieder zerspringt unsere Qamariyya, das typisch jemenitische bunte Mosaik-

---

10 Der Berg Attan liegt im Südwesten der jemenitischen Hauptstadt Sanaa.
11 Mohammad al-Yemeni war Fotojournalist. Am 21. März 2016 wurde er in Taizz durch die Patrone eines Huthi-Scharfschützen getötet.

fenster, das wir doch erst kürzlich nach einem Luftangriff der Militärkoalition repariert hatten. Die Explosionen, die die Menschen aus ihrem Schlaf reißen – und nicht selten aus ihrem Leben –, bilden den Soundtrack meines Schreibens über die Opfer des Krieges. Als wäre die Zeit stehen geblieben, seit ich begonnen habe, an diesem Buch zu schreiben, um als Hinterbliebene Zeugnis über die Kriegsopfer abzulegen.

Ich tauche ein und erinnere mich an den Gestank verkohlter Menschenhaut, an die Reste verbrannter Haare auf dem staubigen Boden des Fabrikgeländes nach einem Luftangriff der saudischen Militärkoalition auf die Al-Aqel-Lebensmittelwerke in Sanaa.

Oder an meine Heimatstadt Taizz, wo die Misere besonders eklatant ist. Die Huthi haben eine Blockade über die südjemenitische Stadt verhängt. Allein die Strecke, die ich zurücklegen musste, um überhaupt dort hinzukommen, war eine Qual: Zunächst musste die Stadt einmal komplett umfahren werden, dann ging es über Berge und durch Dörfer im Umland, um endlich in die Stadt hineinzugelangen.

Bereits bei der Stadteinfahrt war der Lärm der Gefechte zwischen Huthi-Milizen und den lokalen Anti-Huthi-Widerstandskämpfern unüberhörbar. Überall registrierte ich Szenen der Zerstörung: zerbombte Häuser, dazwischen Zeltlager, wo diejenigen hausen, die von den Huthi aus ihren Dörfern vertrieben worden sind. Kaum zu ertragen ist die Verzweiflung in den Augen der Menschen, die sich auf die unzugänglichsten Bergpässe zurückgezogen haben, beispielsweise nach Taluq,[12] um der Blockade zu entfliehen.

---

12 Taluq ist ein Bergpass auf dem Berg Sabr, über den die Bewohner der belagerten Stadt Taizz Sauerstoff für Krankenhäuser transportierten und ihren Bedarf an Lebensmitteln deckten.

Mitten in der Stadt begegneten mir Bewaffnete der Anti-Huthi-Widerstandstruppen, die sich gegenseitig bekämpfen. Den unberechenbar durch die Luft fliegenden Schüssen fallen tagtäglich Unschuldige zum Opfer. Und inmitten dieser düsteren Kulisse vegetieren diejenigen, die von den Mächtigen ignoriert werden.

Zusammen mit meiner Freundin fuhr ich nach al-Hudaida und verbarg mein Gesicht hinter dem traditionellen Gesichtsschleier jemenitischer Frauen. Dorthin zu fahren bedeutet, sich großer Gefahr auszusetzen, weil die Huthi jeden Journalisten von außerhalb gefangen nehmen. Als wir ankamen, erwarteten die Bewohner der Stadt gerade den Einmarsch der Koalitionstruppen.

Die Krankenhäuser quollen über vor Opfern. Zivilisten, die bei den Luftangriffen verwundet worden waren. Mit eigenen Augen konnte ich sehen, was eine Splitterbombe einem armen Fischhändler angetan hatte. Konnte sehen, was Hunger mit den Körpern von Männern, Frauen und Kindern angerichtet hatte, die knochig und ausgemergelt waren. Konnte die Angst in den Augen der Menschen sehen, die eines ungewissen Schicksals harrten. Dutzende von ihnen sollten später unter Folter sterben. Dabei bildet al-Hudaida in diesem Riesengefängnis namens Jemen keine Ausnahme. Das vielleicht größte Leid im Land verursachen die willkürlichen Festnahmen und das Verschwinden unliebsam gewordener Personen. In Taizz wurden Schulen zu Gefängnissen umfunktioniert, in denen Unschuldige verschwinden und nie zurückkehren.[13] Aber auch in den

---

13 So erging es beispielsweise dem politischen Aktivisten Ayyoub al-Salihi, der am 29. Juni 2016 spurlos verschwand und über dessen Verbleib bis heute nichts bekannt ist. Verdächtigt werden bewaffnete Gruppen, die der Islah-

südjemenitischen Städten sterben etliche Gefangene in Haft.[14]

So vieles bliebe zu sagen über den Krieg in diesem Land. Ein Land, das nicht mehr uns, sondern den Kriegsmächten gehört. Was es heißt, fremd im eigenen Land zu sein, habe ich am eigenen Leib erfahren, als uns eine Gruppe Bewaffneter aus dem Südjemen in der Nähe der Stadt al-Dalea stoppte – einfach nur, weil wir aus dem Norden stammen. Erst als die Truppen der Emirate ihr offizielles Einverständnis gaben, ließ man uns weiterfahren. In Aden etwa ist ein Nebenkrieg um die Souveränität über die Stadt ausgebrochen. Ihn führen lokale Milizen mithilfe der »Befreier«, sprich: Saudi-Arabien und die Emirate. Die Kämpfer der südjemenitischen Separatistenbewegung kämpfen gegen die Truppen der Präsidentengarde, während die Luftwaffe der Vereinigten Arabischen Emirate den Internationalen Flughafen Aden bombardiert. So wurde mir bewusst, wie absolut symmetrisch und ähnlich sich Gegner sein können.

***

Im Grunde genommen gibt es nur Opfer in diesem Krieg, der nun in sein fünftes Jahr geht. Der Staat wurde ausgehöhlt und das Land zerteilt. Die Zahl der Toten beläuft sich auf mehrere Zehntausend. Trotzdem scheint der Krieg bei den meisten Intellektuellen im Land kaum moralische

Partei – der jemenitischen »Versammlung für Reform« – zuzurechnen sind. Die Partei ist verwandt mit den Muslimbrüdern und Teil der international anerkannten Regierung Hadi. Parteiloyale Milizen kämpfen gegen die Huthi.

14 Einem Bericht von Human Rights Watch vom 22. Juni 2017 zufolge sollen die Arabischen Emirate für die Verwaltung von einigen der Gefängnisse im Süden des Jemens verantwortlich und an der Folter von Häftlingen beteiligt sein.

Fragen aufzuwerfen. Fast niemand scheint sich zu fragen, was dieser Krieg tatsächlich für uns alle bedeutet. Was es bedeutet, dass Flugzeuge anderer Länder Luftangriffe auf unsere Städte fliegen. Was es bedeutet, dass so viele Unschuldige ums Leben kommen.

Manchmal versuche ich mir das mangelnde Gewissen unserer Kulturelite als Folge des Terrors durch die Kriegsmächte zu erklären. Aber wenn ich länger darüber nachdenke, wird mir klar, dass diese Intellektuellen, Medienleute, Journalisten und Menschenrechtler als Trägermedien des Terrors fungieren, weil sie sich auf die eine oder die andere Seite geschlagen haben.

Einige davon waren sogar meine Freunde. In Friedenszeiten sprachen wir miteinander über unsere Träume – es waren die gleichen. Jetzt aber haben sie uns denunziert, ihre Generäle gegen uns aufgehetzt und sind mitunter selbst zu blutrünstigen Jagdhunden geworden. Sie schnüffeln den Spuren unserer Texte hinterher, verraten uns und erklären uns für vogelfrei.

Als Jagdhunde schlagen sie an, wann immer sich ein jemenitischer Intellektueller gegen den Krieg ausspricht, gegen die Ermordung Unschuldiger, durch egal welche Kriegspartei, gegen unsere Verelendung und Auszehrung, gegen die Hypotheken des Krieges für die nächsten Generationen.

So gab es zum Beispiel eine breite Hetzkampagne gegen diejenigen, die einen Friedensaufruf an alle Kriegsparteien unterzeichnet hatten. Sie wurden verfolgt und als Verräter verschrien. Die Zeitung »Al-Hawiya«[15] veröffentlichte ihre Namen unter der Überschrift: »Die Neunte Kolonne –

---

15 »Al-Hawiya«, dt.: »Identität«, ist ein der Huthi-Bewegung nahestehendes Presseorgan. Chefredakteur ist Mohammad Ali al-Emad.

Agenten und Söldner der saudischen Aggression«. Auf
die gleiche Weise diffamieren von den Huthi finanzierte
Zeitungen[16] alle Journalisten, die sich gegen den Krieg
positionieren. Der Journalist Nabil Sabia[17] wurde von
Bewaffneten angeschossen, der Journalist Mohammad al-
Absi wurde ermordet.[18] Yahya al-Dschubaihi wurde unter
der Anklage »Nachrichtenaustausch mit dem Feind« von
einem Huthi-Gericht zum Tode verurteilt.[19] Dabei liegt das
Monopol für mediale Hetzjagden und Inquisitionsgeschrei
keineswegs bei den Huthi-Milizen. Jeder wird von regie-
rungsnahen Journalisten, Menschenrechtlern und Medi-
enleuten zur Zielscheibe erklärt, der die Ermordung von
Zivilisten durch die saudische Militärkoalition verurteilt,
die Korruption der offiziellen Regierung kritisiert oder
gar zum Frieden aufruft. Gleich werden dann Vorwürfe
laut, man sei der »Neutralität« schuldig oder gehöre zum
»weichen Netzwerk des Putsches«. Die Speerspitze dieser
Hetzkampagne bilden die Moderatoren und Moderatorin-
nen des Senders »Balkis«.[20] So beschuldigte die berühmte
Balkis-Moderatorin Aussan Shaher im Interview einen

16 Beispielsweise die Tageszeitung »Al-Thaura«, dt.: »Revolution«, die von Mili-
    zen gekapert wurde, sowie die Zeitung »La«, dt.: »Nein«. Deren Chefredakteur
    ist der der Huthi-Bewegung zugeneigte Journalist Salah al-Dakkak.
17 Der jemenitische Lyriker und Journalist hat das Attentat am 2. Januar 2016
    in Sanaa überlebt.
18 Mohammad al-Absi (1980–2016), jemenitischer investigativer Journalist. Er
    schrieb eine Reihe investigativer Berichte über Erdölgeschäfte und Korruption
    innerhalb der Huthi-Bewegung. Nachdem er zunächst Drohungen erhalten
    hatte, wurde er am 30. Dezember 2016 vergiftet.
19 Am 13. April 2017 erließ der Strafgerichtshof das Todesurteil gegen den Jour-
    nalisten Yahya al-Dschubaihi. Ein Jahr nach seiner Entführung und Inhaftierung
    wurde er jedoch wieder freigelassen. Sein Sohn Hamza blieb weiterhin in Haft.
20 Der Fernsehsender Balkis ist im Besitz der Friedensnobelpreisträgerin Tawak-
    kul Korman und wird von Qatar unterstützt.

Aktivisten, er sympathisiere mit den Huthi in Taizz. Daraufhin umstellten Kämpfer des Anti-Huthi-Widerstands sein Haus.[21] Die Ironie dabei: Immer sind diese Hetzer entweder Nutznießer der jeweiligen Kriegsmacht, oder sie leben in irgendeiner Metropole im arabischen oder europäischen Ausland – weit entfernt vom Krieg, der in ihrem Heimatland wütet. Was sie keineswegs davon abhält, weiterhin Noten für Patriotismus an diejenigen zu verteilen, die im Jemen ausharren und letztlich die von ihnen gesäten Stürme werden ernten müssen.

***

Wieder eine Explosion. Die Kerze schmilzt. Bald geht sie aus, aber sie hinterlässt eine Spur auf dem Sofatisch. Ich soll mich erinnern: Hier ist etwas verbrannt. Die Spuren des Krieges lassen sich nicht einfach beseitigen. Sie bleiben in unseren Seelen, in unserem Gedächtnis. Sie sind lebendig in der Erinnerung all derer, die den Krieg und seine Zerstörungskraft erfahren und ihre Liebsten verloren haben. Nur weil die Welt sich entschieden hat, vor uns den Vorhang fallen zu lassen, die Zahl und das Schicksal der Opfer zu vertuschen und die Kriegsverbrecher zu hofieren, können wir das Grauen dieses Krieges noch lange nicht vergessen.

Die Stimmen dieser Augenzeugen wurden festgehalten als ein Dorn im Auge der Mörder und der abgerichteten Jagdhunde, hinter denen sie sich verstecken. Sie sind eine Form des Widerstands gegen das Vergessen, gegen Ignoranz und Gleichgültigkeit. Aber auch eine Form des Trauerns und des Gedenkens an die Seelen der vielen Men-

---

21 Am 28. Mai 2017 umstellten Truppen des Anti-Huthi-Widerstands das Haus des Aktivisten Abdel Salam al-Shumairi in Taizz. Infolgedessen sah al-Shumairi sich gezwungen, aus der Stadt zu fliehen.

schen, die getötet wurden und deren Liebsten nichts weiter blieb als Erinnerungen.

Dieses Vorwort habe ich 2018 für die arabische Ausgabe verfasst. Der Krieg tobt aber noch immer, und noch immer fallen ihm täglich Jemeniten zum Opfer.

Bushra al-Maktari
Sanaa, im Februar 2020

Ich habe auf sie gewartet, aber sie kam nicht

Fatima Ali Fadel al-Misbahi

Nein, so klingelt sie nicht. Wenn meine Tochter Widad klingelt, drückt sie zart mit ihrem schmalen Finger auf den Klingelknopf, als würde sie eine Melodie spielen. Ihr Klingeln erkenne ich sofort. Mein Herz macht vor Freude einen Sprung und ich stürze zur Tür. Sollte ich die Klingel doch einmal überhört haben, klopfte Widad mit ihrem speziellen Klopfzeichen an die Tür – eine Tonabfolge, die nur sie klopfen konnte. Dann wusste ich genau, meine Tochter steht vor der Tür. Widad kam mich immer an ihren freien Tagen oder auf ihrem Rückweg von der Arbeit besuchen. Jedes Mal ließ ich alles stehen und liegen und rannte zur Tür, selbst wenn ich müde war vom Tag oder gerade in eine Arbeit vertieft. Wenn Widad zu Streichen aufgelegt war, hielt sie schon mal den Türspion zu, sodass ich sie nicht sehen konnte. Ich ließ mich darauf immer ein und rief: »Wer ist da?« Widad antwortete mit verstellter Stimme: »Ich bin gekommen, um dich zu entführen. Öffne die Tür, Fattoum![1]« Jedes Mal lachte ich aus vollem Herzen. Insgeheim dachte ich: »Sie ist anders als ihre Schwestern. Widad wird nie erwachsen werden, sie ist und bleibt mein Nesthäkchen.« Wenn ich die Tür aufmachte, warf sie sich in meine Arme und drückte mich fest. Mit ihr kamen

---

1 Anm. d. Übers.: Koseform von Fatima.

Licht und Leben ins Haus. Ein Haus, das heute leer ist. In dem es nicht das leiseste Geräusch gibt, kein Klopfen, kein Klingeln, gar nichts. Nur ein eingebildeter Klingelton und Hirngespinste in meinem Kopf. Wenn ich aus meinen Tagträumen erwache, fällt mir wieder ein, dass es Widad nicht mehr gibt. *(Sie schweigt und blickt sich um.)*

Widads Hochzeit lag etwa ein halbes Jahr zurück, und ich kann mich noch genau an das Fest erinnern: Im Januar lag damals eine erfrischende Kälte in der Luft, und wir hatten das Haus voller Verwandter und Nachbarn. Ungläubig fragte ich mich, wann dieses Mädchen so groß geworden war, dass sie jetzt heiraten konnte. Mir wurde richtig schwindelig, als ich begriff, dass Widad mich an dem Tag verlassen und zu ihrem Mann ziehen würde. Wie die Zeit raste! Während die Frauen im Reigen um sie herumtanzten, thronte Widad oben auf dem traditionellen Brautpodest, das im Jemen »Koscha« heißt. Während ich mich an meiner geliebten Tochter in ihrem weißen Kleid gar nicht sattsehen konnte, wurde das Trällern der Frauen immer lauter. Dann stieg Widad ins Hochzeitsauto, das sie zum Haus ihres Mannes bringen sollte. In Sanaa ist es Tradition, dass die Mutter der Braut nicht mitfährt, sondern sich im Festsaal von ihrer Tochter verabschiedet. Aber was kümmerte mich die Tradition? Schließlich ging es um Widad, meinen Augapfel! Selbstverständlich würde ich sie bis zum Haus ihres Bräutigams begleiten. Also saß ich neben Widad im Auto, die fröhlich klatschte und sich selbst feierte. Als ich sie so ausgelassen sah, verging meine Traurigkeit darüber, dass sie nun nicht mehr bei mir wohnen würde. Es dauerte zwar eine Weile, aber wie es so schön heißt, das ist nun einmal der Lauf des Lebens. Mit einem Wimpernschlag sind deine Kinder groß und leben ihr eigenes Leben. So pendelte ich mich langsam ein zwischen der Leere, die Widads Weggang hinterlassen hatte, und dem Versuch – auf dringenden Rat meiner Freundinnen –, meine Kinder endlich loszulassen. Zunächst begann ich, mein Leben um die Besuche von Widad und ihrem Mann herum zu organisieren. Bei mir hieß es immer: »Gleich kommt Widad«, oder »Komm, Widad, lass uns zusammen spazieren gehen.« – »Wollt ihr nicht heute zum Mittagessen kommen, Widad?« – »Ihr könntet doch heute bei uns übernachten, was denkst du, Widad?« – »Wann kommst du wieder, Widad?« *(Sie schweigt.)*

An Widads letzten Besuch erinnere ich mich noch gut. Sie kam nach der Arbeit mit ihrem Mann vorbei, und wir aßen zu dritt in der Küche zu Mittag. Ahmad saß rechts von mir und Widad links. An jenem letzten Tag habe ich Widads Gesicht lange betrachtet, weil sie so übermütig und lebendig aussah. Fast, als wollte sie alles noch einmal in sich aufsaugen. Die beiden sahen einander tief in die Augen und zogen sich dann gegenseitig damit auf. »Mama, morgen ist Donnerstag, da habe ich frei. Ich backe einen Kuchen für dich und einen für uns«, sagte Widad. »Ach, dann komme ich und helfe dir«, schlug ich vor, doch sie winkte ab: »Nein, Mama, ich will nicht, dass du dir zusätzliche Arbeit machst.« In mir war keine Vorahnung oder ein seltsames Gefühl. Ohne den geringsten Zweifel, sie am nächsten Tag wiederzusehen, verabschiedete ich mich von ihr. Lachend lief Widad die Treppe hinunter, wie immer. Nur blieb sie an diesem Tag minutenlang stehen und lächelte mich an. Als sie weiter die Treppe hinunterlief, winkte sie mir mit beiden Händen und drehte sich immer wieder zu mir um. »Kind, pass auf, wo du hintrittst«, rief ich, »sonst fällst du mir noch die Treppe runter!« Doch Widad winkte, bis sie unten war, und verschwand.

Am nächsten Tag rief ich sie wie immer an, doch sie ging nicht ans Telefon. Sie hat ja heute ihren freien Tag, dachte ich, da wird sie sich vielleicht einfach ausruhen. Aber dieser Tag zog sich so sehr in die Länge, und ich habe keine Ahnung, wie ich ihn rumgekriegt habe. Er war wie der längste Tag meines Lebens. Ganz matt war ich und fühlte mich sehr bedrückt. Das schob ich aber auf die allgemeine Situation, weil an dem Tag der Aufmarsch des Allgemeinen Volkskongresses[2] war. Wirklich, der ganz Tag lastete schwer auf mir, und ich habe keine Ahnung, wie ich die Zeit herumgekriegt habe.

Morgens um halb vier Uhr hörte ich die Explosion der ersten Rakete und rannte aus meinem Zimmer. Für einige Augenblicke war die Wohnung taghell erleuchtet und die Fensterscheiben klirrten. Fast, als sei die Rakete bei uns im Haus eingeschlagen. »Wo ist Widad?«, schrie ich. »Wo ist Ahmad?« Mir war, als würde ich ersticken. Ich bekam kaum Luft. Gleich, bestimmt kommen sie gleich, dachte ich. Sie suchten immer bei mir Zuflucht, wenn die Koalition ihre Luftangriffe auf den Attan-Berg flog. Zu jeder Tages- und Nachtzeit kamen sie zu mir. Sie wohnten ja nicht weit weg von hier, nur zehn Minuten, und ihr Nachbar fuhr die beiden dann immer. Als sie einen Monat zuvor auf den Attan-Berg gezogen waren, hatte ich schon ein mulmiges Gefühl gehabt. »Das ist viel zu gefährlich«, hatte ich ihnen gesagt. »Das ist doch nur vorübergehend, Mama«, erwiderte Widad, »schau, die Möbel sind noch alle eingepackt, auch das Schlafzimmer. Und in ein paar Tagen ziehen wir in eine andere Wohnung um.« In jenen Morgenstunden kamen sie

2 Die Volkskongress-Partei feierte am Donnerstag, den 24. August 2017, auf dem Al-Sabain-Platz ihr Gründungsjubiläum.

nicht. Meine Söhne und mein Mann versuchten, mich zu beruhigen. Meine Schwester sagte, Widad habe angerufen und gesagt, dass sie und ihr Mann sich gerade zum Weggehen fertig machten. Vorher wollten sie noch schnell ihre Nachbarin Maha al-Samei und deren Mann abholen, um sie unterwegs bei Verwandten abzusetzen.

Ich starrte aus dem Fenster, draußen fuhren Autos vorbei und ich redete mir ein:»Gleich klopfen Widad und Ahmad an die Tür. Aber erst setzen sie noch die Nachbarsfamilie ab. Ach, vielleicht sind sie das schon, da kommt ja ein Auto!« In dieser Zeit versuchte ich ganz bewusst, alle Kriegsbilder aus meinem Kopf zu verbannen. Nicht an zerfetzte Leichen zu denken oder an klagende Mütter und noch lebende Kinder, die unter Trümmern hervorgezogen werden. Die Zeit verstrich langsam, und ich behielt die Straße ganz genau im Auge. Nachbarn und Verwandte machten sich auf den Weg, um das Viertel abzusuchen. Sie wollten alle umliegenden Gassen nach Widad und Ahmad durchkämmen. Vielleicht steckten sie ja einfach irgendwo im Stau. Oder sie hatten es sich anders überlegt und waren zu Ahmads Eltern gefahren. Aber dann explodierte eine zweite Rakete, die auf den Attan-Berg gefeuert worden war. Ich wurde halb wahnsinnig. Mein Sohn rief Widad an, sie beruhigte ihn. Gerade seien sie noch bei ihrem Nachbarn. Doch während sie telefonierten, fiel die dritte Rakete und mein Herz setzte aus. Widads Stimme brach ab, und mein Sohn hörte durch den Hörer klirrendes Glas und umstürzende Gegenstände. Er hörte Widad schreien:»Oh, mein Gott!«, dann war sie weg. Wir riefen ihren Mann an. Der Hörer wurde abgenommen, doch seine Stimme schien weit entfernt. Wir hörten ihn stöhnen, aber er sagte nichts.

Draußen lag Dunkelheit über allem, und ich lauschte

angestrengt, ob ich Widads und Ahmads Schritte kommen
hörte. Doch die Nacht war bis auf die Sirenen der Rettungswagen totenstill. Jedes Mal, wenn ich die Sirenen hörte,
überlegte ich, ob vielleicht Widad in diesem Rettungswagen
lag. Bestimmt ist ihr nichts passiert, dachte ich. Höchstens
ein paar blaue Flecken. Dann rief mich mein Sohn vom At-
tan-Bergpass an: »Mama, Widads Haus ist weg.« In diesem
Moment fühlte ich meine Seele davonfliegen. Doch konnte ich mir immer noch nicht vorstellen, dass ihnen etwas
Schlimmes zugestoßen sein könnte. Die Nachbarsfrauen
beruhigten mich und erzählten, dass ihre Männer hinge-
fahren seien. Sie hätten vor Ort nachgesehen und Widad
sei unversehrt. »Sie haben sie aus den Trümmern gezogen,
und jetzt ist sie im Krankenhaus. Geh sie besuchen.« Also
packte ich eine Krankenhaustasche für Widad, mit allem,
was sie brauchen würde, Handtuch, Kleider, ein Stück Seife.
»Bestimmt wird sie hungrig sein. Was soll ich ihr wohl zu
essen machen?«, fragte ich. »Essen wird sie jetzt erst mal
nichts«, meinten die Nachbarinnen, »geh erst mal hin und
schau, wie es ihr geht.« Dass sie mir damit andeuten wollten, dass Widad nicht mehr am Leben war, wäre mir nicht
im Traum eingefallen.

Dann stand ich vor den Trümmern von Widads Haus. Alles
war weg, und es gab keinen Hauch Leben mehr. Eigentlich
hatte die Militärkoalition die Rakete auf das Haus des Viertel-Ältesten gefeuert. Aber von dem Gebäude, in dem Widad wohnte, war nur noch ein staubiger Steinhaufen übrig.
Als ich auf die Trümmer starrte, überlegte ich, wie all diese
Steine nur auf ihr gelegen haben konnten. Wie mussten sie
ihr die Luft abgedrückt und sie zerquetscht haben, stellte
ich mir vor und weinte, ohne überhaupt zu begreifen, was
passiert war. In diesem Moment fühlte ich mit allen Müt-

tern und Schwestern, mit allen Ehefrauen und Töchtern, die einen ihrer Liebsten in diesem Krieg verloren haben. Mich traf ein Schmerz, der mein Herz aussetzen ließ. Ein Schmerz, der dich dazu bringt, nur noch stumpf vor dich hinzustarren, auf dieses sinnlose Leben. *(Sie schweigt.)*

Es war zwölf Uhr mittags, als sie mir Widads Leiche nach Hause brachten. Tot sah ich sie vor mir liegen, obwohl ich ja noch nicht einmal ganz begriffen hatte, dass sie verheiratet und ausgezogen war. Ich schaute in ihr Gesicht und mir fiel ein, dass ihre Brüder sie erst gar nicht erkannt hatten. Eigenartig. Widad würde ich unter einer Million Menschen wiedererkennen! Das Muttermal in ihrem Gesicht, ihre Augen, die Augenbrauen, die Lider, die Gesichtsform, ihre Finger. Natürlich sahen ihre Züge jetzt ein wenig anders aus. Aber nie würde ich meine Tochter verwechseln. Meine Tochter, das Licht meines Lebens, war erloschen. Vor ein paar Tagen lag ich auf meinem Bett und starrte an die Decke, als ich plötzlich Widad vor mir sah. Ich sah sie rennen und lächeln. Sie lächelte genauso wie an jenem letzten Tag, als sie mich im Treppenhaus anlächelte. Sie lächelte, und ich konnte sehen, wie sich ihr Bild vor meinen Augen Stück für Stück auf die Zimmerdecke zeichnete.

Gestern kam ich an der Stelle vorbei, wo Widads Haus gestanden hatte. Der gesamte Hausrat war geplündert worden. Als ich nach Widads Hochzeitsalbum suchte, sah ich den Viertel-Ältesten vorbeigehen. Zuvor hatte ich ein Gespräch zwischen Nachbarsfrauen mit angehört, wonach der Viertel-Älteste angeblich vor dem Luftangriff geflohen war. Und als ich ihn sah, konnte ich nicht mehr an mich halten und schrie ihn mit meiner ganzen Wut und Trauer an: »Der liebe Gott soll dich bestrafen, dich und

die Koalition und die Huthi! Warum hast du den anderen
Anwohnern nicht gesagt, dass sie fliehen sollen, wenn du
wusstest, dass die Kampfjets das Viertel bombardieren
würden? Was haben meine Tochter und die anderen Zivilisten verbrochen, dass sie es verdienten zu sterben?«
Hoch und heilig schwor er, dass er bereits zu Kriegsbeginn
aus seinem Haus geflohen sei, doch es war mir egal. »Das
hilft jetzt auch nicht mehr«, sagte ich mir, »sie ist tot.« Und
ich schaute auf die Trümmer von Widads Haus, auf ihr
glückliches Nest, das sie sich eingerichtet hatten, und sah
das zerstörte Leben. Die Reste der ungeöffneten Umzugs-
kartons, Teile des originalverpackten Ehebetts, verbrannte Teppichreste und Vorhänge. Aber nirgends fand ich das
Hochzeitsalbum. *(Sie schweigt. Drei von Widads Freundinnen treten ein und bekunden ihr Beileid.)*

Nur noch eine kleine Tüte von Widads Sachen habe ich,
die Kleidung, die sie am letzten Tag ihres Lebens trug: eine
Hose, ein T-Shirt und ein blutdurchtränktes Haargummi.
Wenn meine Sehnsucht nach ihr überhandnimmt, wasche
ich dieses Haarband und wringe es mit aller Kraft aus. Ich
schaue zu, wie das letzte bisschen Blut in den Abfluss fließt,
und denke an all das Blut, das in diesem Krieg vergossen
wurde. Meine Gedanken sind bei Widad und all den un-
schuldigen Zivilisten, die dieser Krieg auf dem Gewissen
hat, und ich weine fast jedes Mal. Sie wurde mir genommen, als ich mich noch nicht einmal damit abgefunden hatte, dass sie zu ihrem Ehemann gezogen war. Sie war gerade
frisch verheiratet und hatte doch noch gar nichts von ihrem
Leben gehabt.

Jetzt wasche ich wieder das Blut aus dem Haargummi. In
meinen Ohren hallt traurig der Klang einer Türklingel und

ich weiß: Das ist nicht Widad. Widad wurde mir genommen. *(Sie verfällt in Schweigen.)*

Am Freitag, den 25. August 2017, um halb drei Uhr morgens beschoss die Militärkoalition mit vier Raketen das am Bergpass des Berges Attan in Sanaa gelegene Haus von Moassara Mohammad Moassar. In der ersten Wohnung, die getroffen wurde, starben Faed Ahmad Muthanna (3 J.) und Schuruq Ahmad Muthanna (8 J.), in der zweiten Wohnung die Eltern Bassem Sadek al-Scheich und Maha Abdelwahhab al-Samei. Schwer verletzt überlebte als Einziger von dieser Familie der Sohn Sam Bassem al-Scheich (5 J.). In einer weiteren Wohnung starben der palästinensische Staatsbürger Mahmoud al-Falastini (30 J.) und der sudanesische Staatsbürger Wael Abdelhafiz Farah (35 J.). In der vierten Wohnung starben Mohammad Mansour al-Rimi, seine Frau und seine Söhne sowie Nassiba Mohammad Saad al-Rimi. Aus der Familie überlebte nur das Mädchen Buthaina Mohammad Mansour al-Rimi (6 J.). In einer fünften Wohnung kam Fatima Ali Fadel al-Misbahis Tochter Widad Abdallah Mehdi (20 J.) ums Leben. Verletzt wurden ihr Mann Ahmad Lutf al-Assemi (30 J.) sowie zehn weitere Bewohner des Wohnhauses.

Kleine Flügel für Riem

Nassiba Abdel Malak

Kälte, Regen, Wind und Staub dringen durch die glaslosen Fenster ungehindert in unser Haus. Wir sind den Witterungen völlig ausgeliefert. Mein Mann hat die Fenster schon mehrmals repariert. Aber bei jedem Beschuss durch die Huthi kracht das Glas wieder klirrend über unseren Köpfen zusammen. Schließlich hat er es dabei belassen. Und ich bin froh darüber. Denn Riem ist dort. Ich spüre ihre Seele in der Luft, die in meine Lungen strömt. Sobald nachmittags ein kalter Wind ins Haus weht, fühle ich Riem darin, spüre, dass ihr Geist in der Luft mitschwebt. In der kalten Luft, die mir in die Knochen kriecht und mich daran erinnert, dass ich meine Tochter im Krieg verloren habe.

Wenn Kinder sterben, so sagen unsere Großmütter, kommen sie ins Paradies und werden Engel. So stelle ich mir Riem jetzt vor: Als Engel schwebt sie mit rosa Flügeln oben am Himmel im Paradies. Sie tanzt und lacht mit all den anderen Engeln, die wie sie ihr Leben im Krieg verloren haben. Kinder, die im Krieg sterben, hinterlassen im Herzen ihrer Mütter einen unermesslichen Kummer. Mein Kummer um Riem verschlingt mich ganz und gar.

Meine Erinnerungen an den Tag, als es geschah, begleiten mich wie ein nie endender Schmerz. Immer wieder erdrückt mich das Gefühl, an ihrem Tod Schuld zu haben. Manchmal gelingt es mir, diese zermürbenden Gedanken beiseitezuschieben. Ich versuche mich selbst zu beschwichtigen. Mir klarzumachen, dass es nur eine Reihe absurder Zufälle war. Dass es Schicksal war. Pures Pech, dass Riem mit ihrer Schwester Malak und anderen Kindern aus der Nachbarschaft vor dem Laden stand, genau in dem Moment, als die Granate einschlug. Und eigentlich sind es ja die Mörder, die schuld sind. Sie sind verantwortlich für unseren Schmerz. Dennoch nagen Schuldgefühle am Herz einer trauernden Mutter, die nichts wollte, als ihre Kleinen zu beschützen. Eine Mutter, die sie dennoch hinausrennen ließ, in den Tod.

Immer wieder flackern Erinnerungen in mir auf: Riem, wie sie mit ihren Schwestern Malak und Bushra spielt. Riem, als ihr Bruder Malik sie ärgert. Riem, die drollig ihre Großmutter nachahmt, neben ihr betet und sich neben sie schlafen legt. In diesen Momenten entferne ich mich weit weg vom Treiben der Welt, vom Dröhnen der Bomben. In diesen Momenten bin ich verschont von all dem Horror, der die Straßen von Bir Basha erfüllt, von unserem Viertel, in dem der Krieg unaufhörlich tobt.

Zu Kriegsbeginn flohen wir in unser Heimatdorf im Umland von Maqbana. Ungefähr zwei Monate blieben wir dort. Gefühlt aber waren es zwei Jahre, wie meine Tante Haddscha es ausdrückte. Unendlich mühsam war das Leben dort oben ohne Strom und Wasser. Um Holz zu holen, mussten wir jeden Morgen weit hoch auf die Berge steigen. Vor lauter Schmerzen platzten fast unsere Hände und Füße auf. Irgendwann hielten wir es nicht länger aus. Wir kehrten zurück nach Hause und reparierten die zerbrochenen Fenster. Drei Tage später aber geriet unser Haus unter Beschuss. Eine Granate schlug im Dach ein und zerstörte die

Wassertanks. Von da an sperrte ich meine Kinder im Haus ein und verbot ihnen, es zu verlassen.

Keine Ahnung, was mich an jenem Tag geritten hat, dass ich Riem und Malak doch hinunter in den Krämerladen schickte, um Chips für ihre kleine Schwester zu kaufen. Sie sprangen die Treppe hinunter. Riem hatte eine rosa Hose und ihre schicke Jacke an, das weiß ich noch wie heute. Erst zwei Tage zuvor hatte ich ihr die Haare geschnitten. Ständig stand sie vor dem Spiegel, schaute hinein und lächelte sich zu. *(Sie verstummt und kauert sich zusammen.)*
    Der Knall, als die Balkontür zuschlug, riss mich aus meinen Gedanken. Dichter Rauch quoll ins Zimmer. Meine kleine Tochter fing an zu weinen, ich nahm sie auf den Arm und ging hinunter. Unten stand stammelnd mein Mann: »Riem … Oh Gott!« Ich rannte auf die Straße. Die Stufen vor dem Krämerladen waren blutrot. Alles war voll Chips und Blut. Meine kleine Riem lag tot neben den anderen Kindern auf dem Boden. Sie alle hatten keine Köpfe mehr. *(Sie weint.)* Was hat meine Riem verbrochen, dass sie so etwas verdient hat? Sie war nur ein kleines Mädchen. Sie haben sie mir weggenommen. Mein Herz haben sie mir gebrochen.

Malak kann nicht mehr gehen. Ihr kleiner Körper steckt voller Granatsplitter. Jeden Tag erinnert sie sich, wie ihre Schwester sie bei der Hand hielt, als sie vor dem Laden auf ihre Freundinnen Ruba und Rafa warteten, um mit ihnen zu spielen. Immer wieder sagt sie: »Mama, Riem hatte gar kein Gesicht mehr. Die Granate hat das Gesicht meiner Schwester zerrissen.«

Wenn Malak über ihre Albträume spricht, höre ich wieder und wieder die Explosion der Granate. Tausendfach schlägt sie in Malaks Träumen ein. Vor meinen Augen erscheint meine Tochter Riem und mit ihr die anderen Kinder. Alle haben sie keine Köpfe mehr. Immerzu aufs Neue berichtet Malak die grausigen Einzelheiten. Schweißgebadet spricht sie im Schlaf. Erzählt vom zerfetzten Kopf ihrer Schwester auf der vierten Treppenstufe vor dem Krämerladen. In diesen Momenten nehme ich sie in die Arme und weine. Ein kalter Luftstrom weht ins Haus. Ich denke an Riem und male mir aus, wie sie in diesem Augenblick versucht, mit ihren kleinen Flügeln zu fliegen.

Am 3. Oktober 2016 um 16:15 Uhr bombardierten die Huthi-Milizen einen Krämerladen im Viertel Bir Basha in Taizz. Dabei starben Nassiba Abdel Malaks Tochter Riem Bashir (3 J.) und die Kinder Said Mohammad Said (10 J.), Mohammad Fawwaz Mohammad (10 J.), Bashar Mohammad Qaed (11 J.), Ali Abdo Said (9 J.), Majed Nasser Said (28 J.), Mohammad Abdullah Abdo (20 J.), Haitham Qaed Mansour (20 J.), Ismael Mohammad Ahmad (35 J.) und Assil Mahbub Ghaleb (17 J.). Nassiba Abdel Malaks Tochter Malak Bashir (8 J.) wurde verletzt.

Sechs Meter unter der Erde

Sabah Abdo Ahmad Farea

Meine Schwester sagt, dass der Tod meiner Kinder mich zu einem anderen Menschen gemacht hat. Manchmal denke ich, dass sie recht hat. Wenn ich mich heute betrachte und an diesen Tag vor einem Jahr zurückdenke, weiß ich: Gleichmut allein hat mein Herz gerettet. Aber Gleichmut kommt nicht von allein. Glaube niemandem, der das behauptet. Gleichmut muss erlernt werden. Ich wollte meine Kinder danach wirklich nicht sehen. Ich wollte sie so in Erinnerung behalten, wie sie waren: schön, unbeschwert und liebenswert. (*Sie schweigt.*)

Es war ein Tag wie jeder andere. Die Freundinnen meiner Tochter Nura sollten zu Besuch kommen. Ich weiß noch, wie sie sich gefreut hat. Seit Monaten hatte sie ihre Freundinnen nicht gesehen. Glücklich blickte ich in ihr strahlendes Gesicht. Ich war eine stolze Mutter. Meine einzige Tochter würde sich vielleicht bald verloben. Zwei Tage zuvor hatte uns ihre Tante besucht und für ihren Sohn um ihre Hand angehalten. Nura sagte: »Ich muss darüber nachdenken.« Diesen Tag, so fand ich, sollte sie ganz für sich haben und mit ihren Freundinnen genießen. Ich sagte zu Nura: »Ich besuche unsere Nachbarin Umm Lubna. Falls Wolken aufziehen, hole bitte deinen Bruder Schahab von der Straße.«

Es war Viertel nach vier, als ich das Dröhnen eines Kampfjets hörte. Der würde bestimmt gleich den Berg Nuqm bombardieren oder das Dorf Irrat Hamdan. Das

waren in unserer Gegend die nächstgelegenen Gipfel. Seit
Kriegsausbruch waren sie das Ziel besonders vieler Luftangriffe. Da fiel mir Schahab ein. Bestimmt würde er sich
jetzt draußen vor dem Flugzeuglärm fürchten. Jedes Mal,
wenn Schahab das Dröhnen hörte, klammerte er sich an
meinem Hals fest. »Ach, Schahab! Du schnürst mir ja die
Luft ab«, sagte ich oft ungeduldig zu ihm. »Aber Mama,
ich halte dich doch nur fest, damit du dich nicht vor den
Bomben fürchten musst«, behauptete er dann ängstlich.
Meine Nachbarin versuchte mich zu beruhigen: »Mach dir
keine Sorgen. Schahab ist sicher längst wieder zu Hause.«
Plötzlich zersprangen alle Fenster. Glassplitter flogen uns
um die Ohren. Die Wohnung meiner Nachbarin füllte sich
mit Rauch. Ihre Schwester sagte: »Ich schaue mal nach
Schahab, damit du beruhigt bist.« Und dann: »Oh Gott.
Dein Haus steht gar nicht mehr …« *(Sie schweigt.)*

Kannst du dir das vorstellen? Plötzlich ist dein Haus wie
vom Erdboden verschluckt. Mit allen, die darin waren. Ich
weiß noch, wie fassungslos ich war, als ich aus dem Fenster
meiner Nachbarin auf die Trümmer meines Hauses blickte. Aber ich weiß nicht mehr, wie ich es schaffte, die wenigen Meter dorthin zu kommen, wo eben noch mein Haus
gestanden hatte. Dort klaffte jetzt ein sechs Meter tiefer
Krater. Überall waren blutige Körperteile verstreut. Der
Kampfjet kreiste noch immer über unseren Köpfen. Dicke
Rauchschwaden hüllten uns ein.
    Wie hypnotisiert starrte ich auf die Trümmer. Auch das
Nachbarhaus lag in Schutt und Asche. Ich sah Gesichter
vor mir vorüberziehen, abgetrennte Gliedmaßen, Tote.
Mein Sohn Khaled wühlte auf der Suche nach seinen Geschwistern in den Trümmern und hielt plötzlich einen klei-
nen Fuß in der Hand. Da wollten meine Beine mich nicht

mehr tragen. Es war Schahabs Fuß. Das wusste ich nicht dank irgendeines Mutterinstinkts, nein. Ich erkannte die schwarze Hose, die ich ihm morgens angezogen hatte.

Wie im Nebel sah ich den Bewohnern des Viertels zu, die nach den Resten ihrer Liebsten suchten. Ich war weit weg, in einer anderen Welt. Völlig blicklos und gedankenleer. Als prasselte Regen auf meinen Kopf und meine Augenlider. Nichts sah ich außer Körpern, die gruben und gruben und gruben, um irgendeinen Mann zu finden, irgendeine Hand von irgendeiner Tochter oder irgendeinem Sohn. Ich irrte herum. Was einst mein Haus gewesen war, ließ ich hinter mir. Eine Frau aus der Nachbarschaft bemerkte mich. Sie brachte mich zu einer Arztpraxis in der Nähe, die völlig überfüllt war. Überall Verletzte, und mittendrin meine andere Nachbarin, die man gerade aus den Trümmern gezogen hatte. Sie weinte um ihre vier Kinder. Alle getötet. Ich umarmte sie. Wie in Trance sagte sie die Namen ihrer Kinder vor sich her. Schließlich begann sie zu schreien. Endlich sprach auch ich es aus, realisierte, was passiert war: »Sie haben Schahab getötet. Sie haben Nura getötet.« Ich lief aus der Praxis und wusste, ich würde meine Kinder nie wiedersehen.

Es heißt, Katastrophenopfer kehren nie freiwillig an den Ort des Geschehens zurück. Mich aber zog es dorthin. Unbedingt wollte ich zurück. Mein Bruder versuchte mich abzuhalten. Versuchte mich zu überreden, mit zu ihm zu kommen. Weinend flehte ich ihn an: Ich will zu meinem Haus! Obwohl mir bewusst war, dass es mein Haus nicht mehr gab. Dass es Vergangenheit war. Innerhalb eines Augenblicks von der Landkarte gelöscht. Meine Kinder Schahab und Nura getötet. Ebenso wie Nuras Freundinnen. Ich weiß nicht, was mir die Kraft gab. War es Gleichmut oder meine absolute Unfähigkeit zu begreifen, was passiert war? Auf jeden Fall stand ich da und starrte in den Abgrund. Ohne zu schreien, wie es trauernde Mütter oft tun, ohne mir die Hände vors Gesicht zu schlagen. Stumm stand ich in den Trümmern meines Hauses und blickte dorthin, wo nichts mehr war.

In diesem Moment spürte ich die Gleichmut in mir Gestalt annehmen. Sie durchfloss mich wie kühles Wasser. In dem Augenblick, als ich vor den Trümmern meines Hauses stand, in dem ich alles verloren hatte, blickte ich der unerträglichen Wahrheit ins Gesicht.

Sah den Abgrund, der sich vor mir auftat, und lotete seine Tiefe aus. Ich dachte an meine Tochter Nura. Dachte an sie, wie ich sie zuletzt gesehen hatte: fröhlich lachend mit ihren Freundinnen, während Schahab draußen spielte und sang. Ohne Angst vor dem Flugzeug, das ihn töten sollte.

Du kannst dir nicht vorstellen, welche Kraft dir Gleichmut nach einer Katastrophe geben kann. Aber damit einher geht auch eine gewisse Sprachlosigkeit, sagt meine Schwester. Bei aller Gleichmut träume ich davon, eines Tages wieder bei Nura und Schahab zu sein. Mit ihnen zusammen zu sein, beschützt in einem anderen, schönen Haus.

Meine Nachbarin, die ihre vier Kinder verloren hat, weigert sich, dorthin zu gehen, wo einst unsere Häuser standen. Sie nimmt einen Umweg, jedes Mal, wenn sie dort entlangmuss. Aber ich will nicht vergessen. An jedes Detail will ich mich erinnern, so wie es vor der Katastrophe war. Das gibt mir überhaupt erst die Kraft, mein Leben mit dem Rest meiner Familie weiterzuleben.

Ich bin nicht verrückt, wie meine Schwester behauptet. Am dritten Tag nach der Katastrophe wollte ich wieder dorthin gehen, wo mein Haus gestanden hatte. Ich über-

redete meine Schwester mitzukommen. Obwohl sie es für
Wahnsinn hielt. Sie sagte, ich sei nicht bei Verstand. Sie
weinte, als sie dort an ihre Besuche bei uns dachte, daran, wie Nura und Schahab ihr immer freudestrahlend ent-
gegengekommen waren. Ich weinte nicht. Ich starrte nur in
den Krater, der meine Familie verschluckt hatte, und versank in Erinnerungen. Dachte an all die Jahre in der Geborgenheit dieses Hauses, für das mein Mann ein Leben
lang gespart hatte. Unser Heim, das es nicht mehr gab. Das
jetzt ein Abgrund war.

Oft sehe ich vor meinem inneren Auge diesen Schlund,
diese Leere. Dann denke ich zurück an unser Haus, daran, wie erfüllt unser Leben dort war. Und an meine Tochter
Nura. Ich denke daran, was für ein glückliches Mädchen sie
war, wie jeder sie sofort in sein Herz schloss. Sie war so
jung, hatte das ganze Leben noch vor sich. Und an meinen Sohn Schahab, wie er immer durch die Gänge unseres
Hauses flitzte. In meiner Erinnerung war es das vollkom-
mene Glück. Und ich starre und starre hinunter in den
Schlund. Und schweige. Nichts wird mir je meine Kinder
zurückgeben. Weder Tränen noch Reue.

Am Dienstag, den 2. Juni 2015, um 17:30 Uhr bombardierten die
Flugzeuge der Militärkoalition das Haus, das Ali Ahmad Mohammad
al-Qabali, Ehemann von Sabah Abdo Ahmad Farea, in Irrat Hamdan,
einem Dorf im Gouvernement Sanaa, gebaut hatte. Dabei kamen
ums Leben: ihre Tochter Nura Ali Ahmad al-Qabali (19 J.), ihr Sohn
Schahab Ali Ahmad Mohammad al-Qabali (5 J.) und die Freundinnen
ihrer Tochter Lubna Sultan und Ishraq al-Za'ifi. Aus der Familie ihres
Nachbarn Qa'ed al-Atami wurden vier Kinder getötet: Radina al-Atami, Amira al-Atami, Abdo al-Atami, Adib al-Atami.

Wo ist denn deine Schwester, Sally?

Sally Hassan Hizaa Salah

Einfach alles taten meine Schwester Sara und ich gemeinsam. Es lässt sich jetzt gar nicht alles aufzählen. An Festtagen zum Beispiel schrubbten wir manchmal die Zimmerwände ab, während unsere Mutter und die anderen Schwestern Kuchen backten und Süßigkeiten zubereiteten. Sara und ich wischten in der kompletten Wohnung Staub und sangen wie zwei kleine Mädchen, die nie erwachsen werden wollen. Wir machten zusammen Hausaufgaben oder hörten Musik, nickten dazu mit den Köpfen und lachten. Nie waren wir voneinander getrennt. Alles teilten wir. Unsere Kleider kauften wir zusammen, gingen gerne im Partnerlook, schliefen im selben Zimmer und teilten uns ein Bett. Wir gingen auf dieselbe Uni, studierten an der gleichen Fakultät und hatten die gleichen Freundinnen.

Kürzlich bellte ein Hund so im Morgengrauen. Meine Mutter hörte ihn gar nicht, doch sein Gebell steigerte sich in der Dunkelheit in immer höhere Tonlagen. Schließlich wachten wir auf und öffneten das Fenster. Der Hund wurde noch hysterischer. Gegenüber unserem Haus hockte er auf dem Hügel und kläffte. »Immer wenn ein Hund so bellt, stirbt irgendwo auf der Welt ein Mensch«, sagte unsere Freundin, die vorübergehend bei uns wohnte, weil sie flüchten musste. Ich tat so, als hätte ich nichts gehört.

Doch das Bellen des Hundes im Morgengrauen bedrückte auch mich und weckte in mir Gedanken an den Tod, die Einsamkeit und an meine Schwester Sara.

Am Tag, als es geschah, standen wir nachmittags auf dem Balkon und blickten auf die Gassen der Stadt. Es wehte eine frische Brise, die wir einsogen. Wir lächelten uns an. In dem Augenblick hörten wir das Donnern der Granaten. Der Tod kam uns kurz in den Sinn. Überall um uns herum wütete er. Doch wir schoben die traurigen Gedanken gleich wieder beiseite. Wir reckten gerade unsere Hälse über die Brüstung, als eine weitere Granate das Gebäude nebenan erbeben ließ. Männer rannten panisch dorthin. Als wir sicher waren, dass niemand verletzt war, setzten wir uns wieder neben die Balkontür. Wir lachten über irgendetwas – was, das weiß ich nicht mehr. Sara zuckte auf ihre witzige Weise mit den Augenbrauen, wie sie es immer tat, wenn sie etwas beschreiben wollte und ihr die Worte fehlten. Ich musste furchtbar lachen.

Vom Donnern der Granate wurde ich ganz taub. Nichts konnte ich mehr hören. Der Raum füllte sich mit Staub, und mir fuhr ein stechender Schmerz durch den kleinen Finger. Ich rannte aus dem Zimmer. Meine Geschwister kamen angelaufen und mein Bruder beruhigte mich. Mein Finger war noch heil. In dem Moment fragte mich meine Mutter: »Wo ist denn deine Schwester, Sally?« Ich erinnere mich nur noch, wie ich zurück zu unserem Zimmer rannte und nie dort ankam. Ich rannte und rannte, doch das Zimmer rückte in immer weitere Ferne und mit ihm meine Schwester. Ich konnte sie nicht erreichen. Völlig außer Atem blieb ich stehen. Dort saß Sara. Ganz still saß sie und war nur ein ganz klein wenig zur Seite gesunken. Sie sah noch genau so aus, wie ich sie zurückgelassen hatte. Auf ihren Lippen lag ein leichtes Lächeln, fast so, als wären wir noch im Gespräch. Um sie herum hatte ihr Blut einen See gebildet. Ich trat näher und schüttelte Sara kräftig durch. Sie reagierte nicht. Ich rief ihren Namen, doch es kam kein Ton aus ihr heraus. »Meine Schwester antwortet mir nicht«, weinte ich. (*Sie weint.*)

Huthi töteten meine Schwester Sara an jenem Nachmittag. Es ist mir seitdem nicht mehr gelungen, vor die Tür zu gehen. Ich kann die Tatsache nicht akzeptieren, dass sie nicht mehr da ist. Mich schmerzen gar nicht so sehr all meine gemeinsamen Erinnerungen mit Sara. Der Schmerz geht viel tiefer. Mir ist, als habe ich erst durch sie überhaupt gelebt und sie durch mich. Das Leben an sich wurde aus mir herausgeschnitten. Aufrichtig beneide ich jeden, der seinen Erinnerungen entfliehen und dieser ganzen Tortur ein Ende setzen kann. Zunächst wollte ich auf eine andere Uni gehen und den Studiengang wechseln. Ohne Sara ertrage ich einfach den Alltag und seine Abläufe nicht mehr. An meinen allerersten Tag an der Uni nach ihrem Tod kann ich mich noch gut erinnern. Zu dem Zeitpunkt war sie schon mehrere Monate tot. Ich saß im Bus und blickte auf die Gesichter und Straßen, die sich im Busfenster spiegelten. Das allein reichte aus, mich an Sara zu erinnern und wie sie immer auf dem Platz neben mir gesessen hatte. Sofort begann ich zu weinen. Jedes kleinste Detail erinnert mich an Sara: die Gespräche meiner Freundinnen, ihr Lachen, das Rascheln der Baumkronen um die Dschabil-Universität, die Schritte der emsigen Studierenden auf dem Weg in den Hörsaal, wie wir auf den Gängen der Uni herumstanden, die Treppe hoch zum Dozentenzimmer, die uns immer miteinander verwechselt haben, das Plätschern des Brunnens, der Kioskbetreiber, der Kellner in der Cafeteria oder einfach die gesamte Geräuschkulisse des Unialltags. Jedes Detail erinnert mich an Sara.

Niemand bei uns zu Hause hat Sara vergessen. Sie ist einfach unvergesslich. Alle trauern um sie, ob in der Uni oder daheim. Meine Mutter weint ununterbrochen. In dunklen Nächten, wenn sie glaubt, allein zu sein, und ich sie weinen höre oder wenn beim Beten ihre Stimme zu zittern beginnt, weiß ich: Jetzt denkt sie an Sara. Murmelt sie im Schlaf etwas vor sich hin, weiß ich: Sie spricht von Sara. Aber ich kann den Gedanken nicht ertragen, dass Sara nicht mehr bei uns ist. Dass wir ihre Kleider weggeben oder ihre Fotos von den Wänden meines Zimmers abhängen, lasse ich nicht zu. Unser gemeinsames Zimmer ist noch genau so, wie es vorher war, und für mich ist es, als schlafe ich weiterhin mit ihr in einem Bett. Ich teile mit ihr meine Dinge, Erinnerungen und Geschichten. Wenn ich sie besonders stark vermisse, schaue ich unsere gemeinsamen Fotos an. Jedem, der versucht, Sara aus dieser Welt zu streichen, stelle ich mich entgegen.

All meine Erinnerungen an Sara sind unterlegt mit einer Stimme, die ununterbrochen fragt: »Wo ist denn deine Schwester, Sally?«
Die hat der Krieg geholt, Mama.

Am 19. September 2015 um 17:15 Uhr beschossen die Huthi-Milizen den Al-Hazmi-Minimarkt in al-Masbah al-Asfal in Taizz. Dabei kam Sallys Schwester Sara Hassan Hizaa Salah (22 J.) ums Leben.

Der Graben des Fischhändlers

Mohammad Ahmad Daghmosch

Wie ein Hund verkroch ich mich im Graben. Dann verging eine Ewigkeit. Mein Freund hatte schneller reagiert als ich. Bereits bei den ersten Salven des Apache-Helikopters, der uns durch die Wüste jagte, hatte er sich in Deckung gebracht. Ich weiß noch, wie ich über den Wüstensand rollte, um dem Tod auszuweichen. Spitze Steine rissen mir den Rücken auf, meine Hände und mein verwundeter Fuß bluteten. Doch meine Gedanken waren nur bei meinem Bruder Riad, der ein gutes Stück weg war. In Sicherheit, wie ich glaubte. Jetzt musste nur noch ich es schaffen. Als ich den Graben erreichte, herrschte tiefe Dunkelheit. Am Wüstenhorizont konnte ich nichts erkennen. Nur die rhythmischen Salven der Apache-Helikopter, die irgendwelchen Schatten hinterherjagten, ließen den Sand hell aufleuchten.

Das Bellen der streunenden Hunde wurde lauter. Sie rochen Blut. Ich konnte sehen, wie sie ihre Kreise um die Leichen zogen, die verstreut auf der Straße lagen. Ich verfolgte sie mit den Augen und duckte mich. Mein Freund redete mir gut zu. Bestimmt geht es Riad gut, sagte er. Bevor ich weitergerollt war, hatte mein Bruder blutend in unserem Versteck unter einem Baum gesessen. Ich versuchte mir Mut zu machen. Wahrscheinlich war er von den Schmerzen so erschöpft, dass er längst eingeschlafen war. Ich starrte in die Dunkelheit und mein ganzes Leben zog schnell und unsortiert an meinem inneren Auge vorbei: Zunächst sah ich mich als Kind beim Ballspielen in meinem Heimatdorf al-Dscharr.[1] Dann bin ich mittlerweile Vater und verkaufe Fisch, um meine Familie zu ernähren. Dazu gehören meine sechs Söhne, mein Vater, meine Mutter, meine Frau und mein Bruder. Ich sehe uns alle zusammen, lachend, bei einem Fest. Dann meine Mutter vor der Haustür, wo sie täglich für mich betet, bevor ich zur Arbeit gehe. Schließlich Riad, meinen kleinen Bruder, wie er Fliegen von den Fischen scheucht und sie vor möglichen Dieben schützt.

Riad begleitete mich immer auf meinen Touren, um Fisch zu verkaufen. Vor allem in den Schulferien kam er so gerne mit. Für ihn waren es Ausflüge, auf denen er viel Neues entdecken konnte. Wir begannen unsere Arbeit immer beim Fischkonsortium in al-Hudaida, wo wir Fisch einkauften. Dort waren die Preise niedriger als auf dem Fischmarkt. Um ihn frisch zu halten, lagerten wir den Fisch anschließend in einem kleinen Kühlschrank, der in meinem Kleinbus stand. Die ganze Zeit über passte Riad auf, dass keine neugierigen Kinder auftauchten, um uns Fische zu klauen und sich damit aus dem Staub zu machen. Dann setzte ich mich ans Steuer und mein Bruder kam auf den Beifahrersitz. Während der Fahrt blickte er aus dem Fenster, und ich konnte aus den Augenwinkeln seine vor Freude funkelnden Augen sehen. Dabei zählte er Bäume und Passanten oder schlief auch schon mal ein. Riad wurde es nie zu viel, mich nach al-Mazahen[2] oder al-Dscharrahi zu begleiten, um Fisch zu verkaufen. Wenn ihm beim Rausschauen langweilig wurde, holte er ein Schulbuch aus der Tasche.

---

1   Ein Dorf im Verwaltungsdistrikt al-Dscharrahi im Gouvernement al-Hudaida.
2   Ein Landstrich im Verwaltungsdistrikt al-Adain im Gouvernement Ibb im Landesinneren.

Wie ein zusammengerollter Hund lag ich neben meinem Freund im Graben und sah mich um. Das Rattern des Apache zerriss mir fast das Trommelfell. Die Munitionsgurte baumelten aus dem Helikopter und schaukelten über unseren Köpfen. Ein weißes Licht strahlte zu uns herüber. Ob sie wohl darauf warteten, dass wir freiwillig herauskamen, um uns zu töten? Ich würgte meine Angst hinunter. Mein Freund schwieg. Seine Augen glänzten in der Dunkelheit. Bestimmt grübelte er genau wie ich darüber nach, was wir tun könnten. Der alte Mann in der Hütte mit dem Palmendach fiel mir ein. Ihn hatte der Apache als Erstes ins Visier genommen. Er war über den Sand gerollt, so wie wir. Sein verzweifelter Schrei hallte in meinen Ohren: »Helft mir! So hilf mir doch jemand!« Bestimmt war er längst tot.

Wie lange wir in diesem Graben feststeckten, weiß ich nicht. Aber ich wusste genau, wie wir dorthin gekommen waren. Wir waren mit meinem Kleinbus gefahren und näherten uns dem Küstenstreifen. Mein kleiner Bruder neben mir auf dem Beifahrersitz. Es war morgens, vielleicht neun Uhr. Das Sonnenlicht wärmte noch nicht. Wir sangen vergnügt, voller Vorfreude auf die neue Gegend, in der wir gleich unseren Fisch verkaufen würden. Als wir ungefähr eine halbe Stunde vor der Durhaimi-Küste[3] auf den Küstenstreifen bogen, gingen wir in die Falle. Es gab kein Zurück. Wir steckten fest. *(Sein Sprechen wird zu einem Röcheln. Er stöhnt unter Schmerzen.)*

Den ganzen Küstenstreifen entlang lagen brennende Autos. Lkws und Busse standen in Flammen, ein Pick-up voller Zwiebeln lag umgekippt und qualmend mitten auf der

---

3 Ein Verwaltungsbezirk an der Küste im Gouvernement al-Hudaida.

Schnellstraße. Ängstlich überholten wir sie. Wir konnten nicht umkehren, denn der Apache schoss auf jedes Auto aus der Gegenrichtung. Ich geriet in Panik. Was sollte ich nur tun? Wir saßen mitten in der Hölle. Es ging weder vorwärts noch rückwärts. Stehen bleiben konnten wir auch nicht. Also fuhr ich noch ein Stück. Ein Lastwagen mit Wassertank lag umgekippt und brannte aus. Davor noch ein Lastwagen, der in Flammen aufgegangen war. Genauso wie ein großer Pick-up, dessen Ladung ich nicht ausmachen konnte. Den Fahrer konnte ich auch nicht sehen, wahrscheinlich war er tot oder geflohen. Vorsichtig fuhr ich um die Wagen herum und weiter vorwärts. Überall verstreut lagen unzählige verkohlte und zerfetzte Leichen. Die Küstenstraße war gepflastert mit toten Autofahrern, Passanten, Hunden und Katzen. Fliegen umschwirrten die Leichen, die Luft war geschwängert von einem unerträglichen Verwesungsgeruch. Wir fuhren weiter. Der Apache beschoss zunächst in einiger Entfernung einen Pick-up und flog dann in unsere Richtung. Als er uns unter Beschuss nahm, traf eine Patrone meinen Reifen.

Vorsichtig lenkte ich mein Auto weiter und parkte es neben einem Baum. Mein Bruder und ich setzten uns darunter. Wir rührten uns nicht vom Fleck. Irgendwann würde der Apache schon aufhören, uns zu beschießen. Dann würde ich schnell das Auto reparieren, und wir könnten weiterfahren. Doch der Apache ballerte immer noch alles nieder, was sich auch nur ansatzweise bewegte. Also blieben wir in unserem Versteck unter dem Baum. Die Zeit kroch langsam dahin. Wir waren durstig und hungrig, hatten aber weder etwas zu essen noch zu trinken. Bis der Apache endlich sein Feuer einstellte, saßen wir von elf Uhr vormittags bis um neun Uhr abends fest. Ich holte tief Luft und be-

gann, Fluchtpläne zu schmieden. Da warf der Helikopter
eine Bombe auf den Baum und verschwand.

Weißt du, wie eine Streubombe ihre Opfer tötet? Sie ex-
plodiert in der Luft zu klitzekleinen tödlichen Splittern. So
kleine Splitter, dass sie mit bloßem Auge fast gar nicht zu
sehen sind. Im ersten Moment glaubst du, es wäre überstanden. Doch dann spürst du die Splitter wie Pfeile in deinen Körper eindringen, spürst, wie sie ihn durchlöchern.
Niemals zuvor hatte ich so etwas gesehen: Der Tod kam in
klitzekleinen Teilen auf mich zu. Kleiner, kleiner und kleiner wurden sie, drangen in meinen Körper und verletzten
meinen Bruder lebensgefährlich. Aus Riads Kopf floss Blut.
Als ich gerade seinen Kopf an den Baum stützen wollte,
begann der Apache erneut, den Baum zu beschießen. Da
rollte ich in den Graben.

Müdigkeit übermannte mich. Mein Körper fühlte sich taub
an. Ich hatte viel Blut verloren. Um mich wach zu halten,
kniff ich mich ins Bein, doch meine Glieder kribbelten, als
lebte ein ganzes Ameisenvolk unter meiner Haut. Wenn
ich die Lider öffnete, erschienen Gespenster vor meinen
Augen, die wie Erinnerungen waren, mein Leben zeigten
und meinen Tod. Fliegen leckten an meinem Blut. Versuchte ich sie zu verscheuchen, kamen sie beharrlich wieder.
Irgendwann gab ich auf und ließ sie gewähren. Dachte an
die Ausdauer unserer Angreifer. Ihnen hatte es nicht genügt, uns unter Dauerbeschuss aus einem Kampfhelikopter
heraus zu verfolgen. Nein, sie hatten uns die ganze Zeit
aufgelauert, während wir uns unter dem Baum versteckten,
um letztlich eine Streubombe auf uns zu werfen. Was hatten wir ihnen getan? Wir waren Zivilisten. Warum wollten
sie uns unbedingt töten? *(Er weint.)*

Als ich auf die Uhr sah, war es zwei Uhr nachts. Fünf Stunden schon lag ich in diesem Graben. Der Helikopter war weg. Sein Rattern war nicht mehr zu hören. Auch das Hundegebell war verstummt. Oder war ich vielleicht taub geworden? Aber nein, ich hörte Schritte. Schritte, die durch den Sand stolperten und sich näherten. Mein Freund und zwei andere, die ich nicht kannte, leuchteten mir mit einer Taschenlampe ins Gesicht. »Wasser«, sagte ich nur, »ich will Wasser.« Sie gaben mir etwas zu trinken. Einer verband meinen Fuß. Barmherzige Hände trugen mich zum Auto. Ich umarmte Riad und weinte bitterlich. Er war tot, sein Körper kalt. Riads Augen starrten ins Leere. Sie suchten noch den Greis aus der Hütte, fanden von ihm aber keine Spur. Mein toter Bruder lag neben mir. Sicher weiß ich es nicht, aber ich muss das Bewusstsein verloren haben. Im Krankenhaus kam ich wieder zu mir. Neben meinem Bett weinten zwei Frauen, die ich nicht erkannte. Noch immer bin ich verhaftet in jener Nacht, in der ich durch den Graben rolle, in alle Ewigkeit.

Am Donnerstag, den 16. März 2017, beschossen saudi-arabische Apache-Kampfhubschrauber den Küstenstreifen bei al-Hudaida. Dutzende Zivilisten kamen dabei ums Leben. Um neun Uhr abends warf ein saudi-arabischer Apache-Hubschrauber eine Streubombe auf Passanten ab. Mohammad Ahmad Daghmoschs Bruder Riad Mohammad Daghmosch (10 J.) wurde getötet sowie ein alter Mann mit ungeklärter Identität. Ich besuchte Mohammad Ahmad Daghmosch im Amal-Krankenhaus in al-Hudaida. Zum Zeitpunkt meines Besuchs waren die durch die Bombensplitter verursachten Wunden noch frisch, und er stand stark unter Schock.

Der Stoff, aus dem die Scharfschützen sind

Sakher Abdeldschabbar Mohammad

Jedes Mal, wenn ich in den Augen meines Vaters seine Traurigkeit sehe, fällt es mir wieder ein. Dann verliere ich jegliche Geduld und will mich rächen. Scharfschützen sind niederträchtige Wesen, Kriechtiere, Insekten, sie haben nichts Menschliches an sich und ähneln uns in keiner Weise. Sie töten aus purer Mordlust. Hätten sie nur ein bisschen Mut, würden sie zur Waffe greifen und es draußen auf der Straße mit uns aufnehmen, von Mann zu Mann. Aber dafür ist ein Scharfschütze zu feige. Lieber versteckt er sich oben auf dem Gebäude. Es macht ihm Spaß, uns in Angst zu versetzen und zu beobachten, wie wir unser komplettes Leben nach ihm ausrichten. Ein Scharfschütze positioniert sich im Dunkeln und zielt aus dem Schatten heraus auf uns. Seinen Opfern das Leben zu nehmen, genießt er regelrecht. Wann genau der Scharfschütze in unser Leben trat wie ein böser Dämon, der unsere Tage und Nächte beherrscht, weiß ich nicht mehr. Vielleicht schliefen wir oder kehrten gerade dem Krieg unbekümmert den Rücken zu. Plötzlich hieß es, dass die Huthi das Al-Saudi-Haus erstürmt hätten. Es ist das höchste Gebäude hier in der Gegend, von dem man das ganze Viertel überblicken kann. Von dem Zeitpunkt an begann der Scharfschütze, täglich Passanten aus dem Hinterhalt niederzuschießen. Wir passten unseren Alltag seiner Existenz an. Er wurde ein fester Bestandteil unseres Lebens, unserer Angst und unserer Albträume.

Das Zimmer im Al-Saudi-Haus, das der Scharfschütze bezog, lag genau gegenüber unserer Küche. Wir sahen ihn nie, hörten nur die Geschichten seiner Opfer und konnten sie manchmal in der Gasse oder auf der Hauptstraße liegen sehen. Uns war klar, dass der Scharfschütze da war und nur darauf wartete, dass wir an ihm vorbeiliefen. Auf die kleinste Unaufmerksamkeit von uns wartete er, um uns umzubringen. Vielleicht nahm er gereizt noch einen Zug von seiner Zigarette, angeödet von unseren Vorsichtsmaßnahmen, während wir verzweifelt versuchten, seine Bewegungen im Dunkeln vorauszuahnen. Vielleicht sang er auch schon im Siegesrausch ein Lied und lachte über unsere Todesangst. Der Scharfschütze verwandelte das Al-Saudi-Haus in ein Objekt des Grauens, das für die Menschen in unserem Viertel von Tag zu Tag bedrohlicher und größer zu werden schien. Irgendwann war es so weit, dass das Leben in unserer Nachbarschaft nur noch von der Angst vor dem Scharfschützen bestimmt wurde. Unsere Häuser lagen neben dem Zentralgefängnis im Omran-Bezirk. Der Anti-Huthi-Widerstand hatte sich auf den Höfen positioniert und die Huthi im Salih-Park. Unser Haus stand mittendrin, doch wir wollten nicht fliehen. Wir fürchteten, dass die Huthi unser Haus plündern würden. So, wie sie es schon mit so vielen anderen Häusern in unserem Viertel getan hatten.

Wir hatten unsere täglichen Abläufe schon ein ganzes Kriegsjahr lang darauf abgestimmt, unser Leben vor dem Al-Saudi-Scharfschützen zu schützen. Wir hielten die Küchentür verschlossen, saßen in unserer Wohnung und erlebten mit, dass immer mehr Menschen dem Scharfschützen zum Opfer fielen. Wir bewegten uns wie Phantome durch unsere eigenen vier Wände und waren belagert von einem Tod, der durch das Fenster kam. In der hintersten Ecke des Wohnzimmers bauten wir eine provisorische Küche, die für den täglichen Bedarf ausreichte. Den Kindern war es strikt verboten, die Küche zu betreten. Doch all diese Sicherheitsvorkehrungen verhinderten nicht, dass der Scharfschütze meinen kleinen Bruder erschoss.

Wenn ich nur an diesen Tag denke, steigt die Wut in mir hoch. Es war die Zeit, als wir noch nicht den Tod unserer Mutter verkraftet hatten. Die unablässigen Tränen meines Vaters ließen uns die meiste Zeit schweigen. Ich gab mir alle Mühe, ihn und meine kleinen Geschwister so gut es ging zu schonen. Ständig behielt ich die Kleinen im Auge, damit sie bloß nicht der Küche zu nahe kamen. Noch heute ist es mir unbegreiflich, wie sich mein kleiner Bruder Nasser und meine Schwester Scheimaa an jenem Tag doch davonschleichen und in die Küche gehen konnten. Nasser wollte wohl das restliche eisgekühlte Wasser in eine Thermoskanne füllen, die in der Küche stand. Dann weiß ich nur noch, wie mein Vater lossprintete, als Nasser schrie: »Papaaaa!«

Wie mein kleiner Bruder Nasser in den Armen meines Vaters liegt, im Hintergrund das mit Pappkarton zugeklebte Küchenfenster gegenüber vom Al-Saudi-Haus; dieses Bild werde ich einfach nicht los. Ich stelle mir vor, wie die Patrone all unsere lächerlichen Vorsichtsmaßnahmen einfach umgangen und wie sich der Scharfschütze wohl gefreut hat, als er meinen Bruder tötete. Rachsucht ist ein furchtbares Gefühl. Sie frisst sich ins Herz und drückt dich nieder. Doch einfach abstellen lässt sie sich nicht.

Würden sie ihren Krieg nur unten auf den Straßen führen, empfände ich nicht so viel Hass für sie. Aber dass sie ein Kind zu Hause in seiner Wohnung erschießen, ließ mich fast selbst zur Waffe zu greifen, um mich zu rächen. Es ist blanker Hass, den ich empfinde, weil sie sich anmaßen, einfach die Stadt abzuriegeln und Zivilisten in ihren Häusern zu töten. Als meine Mutter erkrankte, konnten wir ihr nicht helfen, weil al-Dehi abgeriegelt war. Auf der Suche nach einem Arzt trugen wir unsere Mutter auf dem Rücken durch die Stadt. Da wir aber keinen fanden, mussten wir nach Sanaa fahren. Dieses elende Leben unter der Blockade, all die Erniedrigungen und Demütigungen, die wir über uns ergehen lassen mussten, machen mich so wütend.

Meine Rachefantasien rauben mir die Kraft. In meiner Vorstellung setze ich dem Mörder meines Bruders tausendfach die Waffe an den Kopf und töte ihn. Doch mein Zorn wird dadurch nicht besänftigt. Ebenso wenig half, dass Männer aus dem Viertel den Scharfschützen des Al-Saudi-Hauses töteten und seine Leiche auf die Straße schleiften. Mein Bruder wurde dadurch nicht wieder lebendig, und es gibt noch genug von dieser Sorte, die weiterhin Zivilisten töten.

Kummervoll seufzt mein alter Vater, und ich weiß, dass er gerade an Nasser denkt. Es quält mich zutiefst, ihn so gebrochen zu sehen, und ich kann nicht anders, als auf Rache zu sinnen. Obwohl ich weiß, dass sie zerstörerisch ist und nichts bringt. Aber ich fühle mich so hilflos und wütend.

Am 28. Mai 2016 erschoss ein Huthi-Scharfschütze Sakhers kleinen Bruder Nasser Abdeldschabbar Mohammad (10 J.) in ihrer Wohnung in der Nähe des Zentralgefängnisses von Taizz. Seine Schwester Scheimaa Abdeldschabbar Mohammad (11 J.) wurde verletzt.

Nicht einer ist mir geblieben

Selwa Ali Mohammado

Taha schläft jetzt, sodass ich mich ein bisschen ausruhen kann. Da fällt mir wieder auf, wie leer das Haus ist, seit sie alle weg sind. Ohne das Lärmen der Söhne meines Bruders ist die Stille bedrückend. Es fehlen die Gespräche meiner beiden anderen Brüder, deren Stimmen nicht mehr durch die Räume klingen. Nur noch mich gibt es in dieser Düsternis und meinen Bruder Taha, über dessen Atemzüge ich wache. Wenn er aufblickt, sind seine Augen irgendwo in die Ferne gerichtet und es ist nicht klar, wohin er schaut und was er sieht. Ich bin erwachsen geworden, aber Taha nicht. Bei ihm, der nur ein Jahr jünger ist als ich, ist die Zeit stehen geblieben. Gehirnschwund lautet die Diagnose der Ärzte. Taha begreift nicht, was um ihn herum passiert. Er hat gar nicht mitbekommen, wer alles gestorben ist und wer nicht. Die Drehungen und Wendungen des Lebens gehen zum größten Teil an ihm vorüber. Er hat alle Zeit der Welt, und manchmal beneide ich ihn um dieses fehlende Bewusstsein.

Nach dem Tod unserer Mutter vor ungefähr einem Jahr hatte Taha einen Anfall, bei dem er seinen Körper durchbog und sich kaum beruhigen ließ. Meine Brüder Ahmad und Mustafa hatten Taha immer mit mir zusammen betreut, ihn mit nach draußen genommen und mit ihm gespielt. Heute füllt Tahas Betreuung meinen kompletten Tag aus. Ich bin eine alleinstehende Frau und muss Taha von einem Ort zum nächsten hinterherrennen. Wie bei einem kleinen Kind muss ich ständig aufpassen, dass er sich nicht verletzt. Ein kleines Kind von neunundzwanzig Jahren. Ich füttere ihn, wiege ihn in den Schlaf, und wenn er endlich eingeschlafen ist, werden meine Albträume lebendig.

Im Haus ist kein Leben mehr, seit sie weg sind. Geblieben sind mit mir nur noch Taha und meine Schwägerin, deren Mann und Kinder auch tot sind. So sitzen wir isoliert, jeder in seiner eigenen Welt, und weinen über den Verlust unserer Liebsten. Ich habe meine zwei geliebten Brüder verloren, sie waren alles, was ich in diesem Leben noch an Familie besaß. Manchmal befällt mich zu Hause das Gefühl, an meinen Erinnerungen zu ersticken. Am liebsten ginge ich dann raus, irgendwohin, weit weg. Doch das ist nicht möglich, ich muss hierbleiben, in der Gefangenschaft dieser vier Wände.

An den Tag, als alles zusammenbrach, erinnere ich mich noch gut. Mein Bruder Ahmad hatte uns auf einen Ausflug ans Meer mitgenommen. Laut brachen sich die Wellen an den Felsen am Strand. Ganz nah flogen die Möwen an uns vorbei. Worüber wir uns unterhielten, weiß ich nicht mehr, es kommt mir so vor, als läge alles hinter einem schweren Vorhang verborgen. Aber ich erinnere mich noch gut an ein Gefühl von Frieden und Vertrautheit, das uns umgab. Die kleinen Söhne meines Bruders, Ramzi und Ramez, lachten mit Taha, der viel mehr ein Kind war als sie. Er war ganz verzaubert von den sich brechenden Wellen, den Möwen und Raben. In mir war keine Angst oder Trauer. Ein wenig vielleicht über den Tod meiner Mutter, der noch kein Jahr zurücklag. Aber ich war glücklich mit der Familie meines Bruders. Nie hätte ich gedacht, dass dies die letzten schönen Augenblicke meines Lebens sein würden.

Wenn ich manchmal ganz bei mir selbst bin, gelingt
es mir, meinen Bruder Mustafa vor mir zu sehen, so, wie
ich ihn zuletzt in Erinnerung habe: Er kommt gerade ganz
frisch aus dem Bad, noch tropfnass, und lacht uns an. Eine
halbe Stunde später hörten wir die Explosion der ersten
Rakete, die ganz in der Nähe eingeschlagen sein musste.
Wir wussten aber nicht genau, wo. Mein Bruder Ahmad
kam nach Hause, weil er nachsehen wollte, ob bei uns alles
in Ordnung war. Die Koalition habe den Präsidentenpalast
bombardiert, erzählte er und fügte hinzu: »Ich gehe jetzt
auf eine Trauerfeier bei unserem Nachbarn Mohammad
Abdo.« Die Kinder scharten sich um ihn und wollten unbedingt mit.

Wie immer um diese Zeit kochte meine Schwägerin gerade das Mittagessen, und ich bereitete Tahas Milch zu, die
er immer mit seiner Medizin trinken muss.

Dann hörte ich ein schrilles Pfeifen, das mir fast das
Trommelfell zerriss. Die Rakete schlug ein. Ein Erdbeben,
war mein erster Gedanke. Die Hauswände zitterten, der
hölzerne Paravent fiel um und eine dichte Staubwolke
vernebelte die Wohnung. Nichts konnte ich mehr sehen.
Schreie aus der Nachbarschaft waren zu hören, und Taha
sprang plötzlich auf und rannte zur Tür. Ich lief ihm nach
und hielt ihn fest. An diesem Tag war mein ältester Bruder zu Besuch, der normalerweise weit weg wohnt und zu
dem ich kein enges Verhältnis habe. Auch er kam und kam
nicht zurück. Endlich war er da und sagte mir, dass meine
beiden Brüder und die Kinder meines Bruders tot waren.
(Sie weint.)

Noch immer kreiste das Flugzeug über uns. In den
Trümmern der eingestürzten Häuser gruben schemenhafte
Figuren nach den Überresten der Toten. Dicker Staub hing
in der Luft und hüllte alles ein. Nur die Silhouetten der

Männer waren zu sehen, die sich im Schein ihrer Taschenlampen und Handys bewegten. Als ich sie aufzählen hörte,
wer tot oder verletzt war und wer überlebt hatte, wurde
ich fast wahnsinnig. Tonlos weinte ich und versuchte mit
aller Kraft, mich zusammenzureißen. Für Taha, der panisch
durchs Haus rannte und vom Knall des Raketeneinschlags
völlig aufgelöst war. Er konnte nicht begreifen, was passiert war, und ich tat einen Teufel, es ihm zu sagen. Ihm zu
sagen, dass sie das Haus bombardiert hatten, in dem die
Trauerfeier stattfand. Ihm zu sagen, dass seine Brüder und
Dutzende anderer Trauergäste tot waren, begraben unter
eingestürzten Häusern.

Erst als Taha sich wieder beruhigt hatte, nahm ich wahr,
was um mich herum geschah: Vor der Haustür stand ein
Rettungswagen. Dort sah ich die Leichen meiner Brüder
Ahmad und Mustafa und die von Ahmads Söhnen Ramez
und Ramzi. Ahmads Körper war in zwei Hälften gespalten.
Mustafas Gesicht wollten sie mich nicht mehr sehen lassen, weil es zu entstellt war. Das sei mir egal, sagte ich. Und
dass ich sein Gesicht sehen wolle, ganz egal, wie es aussah.
(Sie weint und schluchzt.) Sie haben Mustafa getötet, meinen wunderschönen Bruder. Dreißig Jahre war er alt und
hatte soeben erst um die Hand einer Frau angehalten. Er
hatte kein Gesicht mehr. Sein Kopf hatte nicht einmal mehr
einen richtigen Umriss. Um ihn herum gab es nur noch die
Silhouette einer Blutlache. Als ich die Decke von seinem
Gesicht anhob, sah ich mit eigenen Augen, dass eine Hälfte
seines Kopfes fehlte. Als wären seine Stirn und sein Haar-
ansatz mit einem Messer einfach abgesägt worden. Dort,
wo zuvor sein Gehirn war, gab es nichts mehr. *(Ihre Stimme überschlägt sich, sie weint.)* Ich sah zu Taha herüber, der
mich einfältig angrinste. Sein Schweigen und seine geistige

Umnachtung brachten mich fast um. Taha verstand nicht, was geschehen war. Er wusste nicht, dass Mustafa tot war. Mustafa, der ihn immer überall mit hingenommen hatte.

In allen Winkeln unseres Hauses spüre ich den Tod. Er steckt in den Wänden, den Zimmern und in der Küche. Meine Gedanken sind bei meinen Brüdern und meinen Neffen. Ich denke an ihre Stimmen, ihre Lebendigkeit und an ihre Träume. Mein Neffe Ramez saß am Morgen des Tages, als es passierte, auf meinem Schoß. »Ich hab dich lieb, Tante«, sagte er. – »Ich hab dich auch lieb, Ramez.« – »Ich vermisse die Oma so. Wann kommt sie uns denn mal wieder besuchen? Oder besuchen wir sie?«, fragte er. »Mein Junge, wie kommst du jetzt darauf?«, fragte ich. »Weil ich sie so vermisse! Sie stopft sich immer ihre Wasserpfeife und dann erzählt sie mir Geschichten! Ich vermisse Omas Geschichten!«

Omas Geschichten handelten jedenfalls nicht von diesem Horror, der mein Leben heute ist. Seit dem Tod meiner Brüder ist mir nichts mehr geblieben. Vor Taha darf ich auf keinen Fall weinen, weil er sonst vielleicht einen Anfall bekommt. Manchmal fragt er mich: »Wo ist Ahmad? Wo ist Mustafa?« Dann sage ich ihm: »Sprich mir nach: Gott habe sie selig.« Natürlich versteht er nicht, was ich sage. Doch er schaut dann brav zum Himmel und für mich heißt das, er bittet Gott um Gnade für sie. Wer es war, der Taha wenige Tage nach dem Unglück gesagt hat, dass seine Brüder und Neffen getötet wurden, weiß ich nicht. Doch Taha fragte mich: »Schwester, ist Ahmad tot?« Und ich musste antworten: »Ja, Taha.« – »Ist Mustafa tot?« – »Ja, lieber Taha.« – »Sind Ramzi und Ramez tot?« – »Ja, Taha.« – »Sie sind einfach weggegangen und haben mich allein gelassen!

Sie sind einfach weggegangen und haben mich allein gelassen!« Ich versuchte Taha zu beruhigen und weinte bitterlich über meine Brüder und meine eigene Verlassenheit.
Einen weiteren Anfall hätte ich nicht verkraftet.

Heute bin ich allein. Die Kampfjets der Militärkoalition
haben meine Brüder sinnlos getötet. Sie sind schuld daran, dass ich sie nicht mehr sehen und mit ihnen leben
kann. Jetzt bin ich einfach nur noch vorhanden, so wie die
Mauern dieses leeren Hauses. Es gibt niemanden, der nach
mir sieht und fragt: »Was hast du denn, Selwa?« Dabei ist
Selwa so müde. Sie schluckt ihren Kummer hinunter, damit Taha sich nicht fürchtet. Denn außer Selwa hat Taha
niemanden auf dieser Welt.

Am 22. September 2016 bombardierte die Militärkoalition um
9:00 Uhr morgens eine Trauerfeier im Viertel Hayy al-Hunud in al-
Hudaida. Getötet wurden neben Dutzenden von Zivilisten auch Sel-
was Bruder Ahmad Ali Mohammado (40 J.), dessen Söhne Ramez
Ahmad Ali Mohammado (8 J.) und Ramzi Ahmad Ali Mohammado
(4 J.) sowie ihr Bruder Mustafa Ali Mohammado (30 J.).

Tod am Kai

Adel Ahmad Rassam

Ob ich wache oder schlafe, immer und überall verfolgen mich verzweifelte Hilfeschreie. Wie viele Menschen es waren? Das weiß ich nicht. An einige Gesichter kann ich mich noch erinnern. Menschen aus der Nachbarschaft. Wie wir waren sie vom Berg Tawanik[1] geflohen. Hände streckten sich nach mir aus. Ich erinnere mich an den Kopf meines Sohnes, der auf meinem Schoß lag. An seinen vom Körper abgerissenen Kopf. Größer und größer wird er, bis er den ganzen Himmel ausfüllt. Ich erinnere mich an immer mehr tote Körper und Menschen, die gerade ihren letzten Atemzug aushauchen. Aus der offenen Halsschlagader meines Jüngsten schießt Blut, das Weinen meiner kleinen Tochter reißt mich zurück in die Gegenwart. Ich packe meinen verletzten Sohn auf meinen Rücken und nehme meine Tochter an der Hand. Wir laufen weiter, stolpern über Leichen. Lassen die toten Körper meines Sohnes und meiner Frau zurück. Wir drehen uns nicht um. Das Grollen der Wellen, die wütend gegen die Kais am Hafen schwappen, faucht uns hinterher. *(Er schweigt.)*

Als jener Tag anbrach, raunten wir Nachbarn uns im Morgengrauen zu: »Gleich wird der Berg den Huthi in die Hände fallen, und sie werden uns aus unseren Häusern vertreiben.« Flugzeuge warfen Raketen ab und bombardierten

---

1 Ein Berg im Viertel al-Tawahi in Aden.

den Berg gegenüber, sodass auch das Berggestein unter unseren Füßen bebte. Panik lag in der Luft. Sie schwirrte zwischen den Menschen umher wie ein wirrer Geist. Jeder für sich dachte daran zu fliehen. Wir hörten, dass es unten Boote für die Flüchtenden geben sollte, um sie in Sicherheit zu bringen. An die Dunkelheit, die den Berg umhüllte, erinnere ich mich gut. Strom gab es keinen. Es gab kein Leben mehr, dort, wo die Menschen geflohen waren. Kein Laut war zu hören, nur Hundegebell hallte durch die einsame Nacht, unterbrochen von explodierenden Huthi-Granaten und Raketen der Koalitionsflugzeuge. Mit meiner Familie besprach ich, dass wir uns bei Morgengrauen den Berg hinabwagen würden. Wir nahmen nur mit, was wir am Leibe trugen. Voller Angst warteten wir auf den Tagesanbruch und ließen alles zurück.

Wir brachen um sechs Uhr morgens auf und stiegen die steinernen Stufen hinab. Ich trug unsere Tochter auf dem Rücken, meine Frau und unsere beiden Söhne liefen neben mir her. Noch heute höre ich den Hall unserer Schritte an jenem Morgen. Das Herz meiner Tochter schlug mit meinem im gleichen Takt, wir bewegten uns abwärts, im Wettlauf mit der Zeit und unserer Angst.

Zum Rhythmus unserer Schritte gesellte sich das tapsende Geräusch von Hundepfoten. Neugierig liefen sie neben uns her. Vor lauter Angst war ich nicht in der Lage zu sprechen. Mein Ziel war nur, den Hafenkai rechtzeitig zu erreichen. Ich trieb meine Frau und meine Kinder an, sich zu beeilen. Wir liefen mit unseren Schatten um die Wette. Wenn ich mich umblickte, konnte ich nur unsere schmalen Silhouetten erkennen und die Steinstufen, die wir hinabstiegen.

Wir erreichten den Kai um zehn Uhr morgens. Alle Berg-
bewohner, vermutlich Hunderte, schienen sich dort versammelt zu haben. Genauso ängstlich wie wir blickten sie
sich sorgenvoll um. Auch sie waren entweder von unserem
Berg oder vom Berg gegenüber geflohen. Manche kamen
auch aus al-Tawahi. Einige hatten ein paar Habseligkeiten
dabei, andere nur sich selbst und ihre Kinder, genau wie
wir. Ich erkannte unseren Nachbarn Wahid al-Moz mit seinen Kindern. Ihr Haus stand auf dem Berg etwas oberhalb
von unserem. Seine ganz Familie war gekommen. Nur der
Großvater hatte sich geweigert, zu fliehen. Lieber wollte er
oben bleiben und auf das Haus aufpassen.

So stand ich mit meiner Familie da. Wir sahen, wie das
erste Boot mit etwa zwanzig Menschen ablegte. Der Gedanke, dass sie überleben würden und auch wir bald an der
Reihe wären, gab uns Hoffnung. Wir mussten uns nur noch
ein wenig gedulden. *(Er schweigt.)*

Die Hitze war unerträglich. Die Sonne stand hoch am
Himmel und ihre Strahlen versengten unsere Gesichter
und Köpfe. Einige Männer vertrieben sich die Zeit, indem sie sich miteinander unterhielten. In unserer Nähe
saßen Frauen in einer Ecke zusammen und erzählten sich
ihre Leidensgeschichten vom Krieg. Sie sprachen von
Blockaden und Hunger, von Hitze und fehlender Strom-
versorgung. Mit einem Ohr hörte ich ihnen zu, während
meine Augen den Horizont absuchten. Irgendetwas in
jener reglosen Luft riet mir, wachsam zu bleiben. Meine
Tochter hüpfte ausgelassen um mich herum und riss mich
in meine unmittelbare Umgebung zurück. Meine Familie
behielt ich im Blick. Dass sich auch ja keines der Kinder zu
weit entfernte. Wann genau das Wasser brausend aufstieg
und über uns hinwegtoste, weiß ich nicht mehr. Auch das

Dröhnen der Granate, die Huthi auf uns abfeuerten, hörte ich nicht. Doch ich weiß noch, wie wir uns flach auf den Kai legten, unsere Arme schützend über unseren Köpfen. Minuten vergingen. Dann wummerte eine weitere Granate in unsere Richtung. Als ich wieder aufblickte, rollte mir der Kopf meines Sohnes auf den Schoß. *(Seine Stimme bricht. Seine Augen füllen sich mit Tränen.)*

Habe ich etwas vergessen? Ich glaube nicht. In meinem Kopf fliegt alles durcheinander, in einem ewigen Krieg, der über den Meeresspiegel tobt, und mittendrin die Geister von Menschen in Todesangst, von Menschen, die gnadenlos umgebracht werden. Gerade, wenn ich beginne, ins Leben zurückzufinden, etwa wenn ich mich um die Behandlung meines Sohnes kümmere und versuche, das Geld für die Krankenhauskosten aufzutreiben, erinnert mich meine mittlerweile dreijährige Tochter wieder an jenen Morgen. Sie spricht manchmal zu sich selbst und erzählt sich ausführlich den Hergang der Katastrophe. Ab und zu kauert sie sich zu uns, wenn Besuch da ist, und fragt: »Papa, weißt du noch, wie meine Mama und mein Bruder gestorben sind? Die Huthi haben den Kopf meines Bruders weggeschossen und sie haben Mama umgebracht!« Alles würde ich geben, damit sie es vergessen kann. Aber sie will nicht. Die Hinterbliebenen wollen ihre Toten nie vergessen. Genauso wenig wie die Gesichter der Mörder.

Am 6. Mai 2015 um 10:30 Uhr morgens nahmen Huthi-Milizen am Kai des Hafens in al-Tawahi in Aden Boote unter Beschuss, auf denen sich fliehende Zivilisten befanden. Dutzende wurden getötet, darunter Adel Ahmad Rassams Frau Ibtissam Mohammad Abdo und ihr Sohn Najazi Adel Ahmad Rassam (10 J.). Sein zweiter Sohn wurde verletzt. Die komplette Familie seines Nachbarn Wahid al-Moz verlor ihr Leben. Nur der auf dem Berg zurückgebliebene Großvater überlebte.

Niemand will hören, was uns geschehen ist

Folteropfer aus dem Zeidiya[1]-Gefängnis

Du weißt nie, wann sie kommen, um dich zu holen. Vielleicht bist du gerade zu Hause und fühlst dich in Sicherheit. Vielleicht bist du dabei, ins Bett zu gehen, oder spielst mit deinen Kindern. Plötzlich klopft es an deine Tür. Kann sein, dass du durch die Straßen gehst, alleine oder mit Freunden ins Gespräch vertieft, und plötzlich bist du verschwunden. Du weißt nie, wann sie kommen. Sie aber wissen es ganz genau. Du weißt nie, welche Anklage sie sich ausdenken oder warum sie dich verschwinden lassen. Und ich hatte nicht die leiseste Ahnung, aus welchem Grund sie mich mitnahmen.

Nach getaner Arbeit kaufte ich wie immer etwas zum Abendessen für meine Familie ein. Es war in einer Gasse, nicht weit von unserer Wohnung, abends um neun Uhr. An das genaue Datum oder den Wochentag kann ich mich nicht erinnern. Ich weiß im Grunde genommen nur noch, dass ich mich umschaute, weil ich ein Auto gehört hatte und plötzlich ein Geländewagen neben mir anhielt. Weder an das Modell noch an die Gesichter meiner Entführer kann ich mich erinnern. Sie stießen mich ins Auto und ich

---

1 Das Zeidiya-Gefängnis liegt im Verwaltungsdistrikt al-Zeidiya im Gouvernement al-Hudaida.

wehrte mich nicht. Es waren fünf bewaffnete Männer, das weiß ich noch, und ein Fahrer, von dem nichts zu sehen war. Nur zwei Finger, die eine brennende Zigarette hielten und nervös die Asche wegschnippten. Danach weiß ich gar nichts mehr. Ich schlug die Augen erst wieder auf, als der Wagen vor dem Gefängnis hielt.

Sie klagten mich an, dass ich als Soldat außerhalb der Stadt für die offizielle Regierung kämpfen würde. »Aber ich bin doch kein Soldat«, rief ich. »Ich bin Kaufmann. Mit dem Krieg habe ich überhaupt nichts zu tun!« Doch sie glaubten mir nicht und verhörten mich jeden Tag aufs Neue. Und jeden Tag sagte ich das Gleiche aus. Als sie von meinem Geschrei genug hatten, hieß es: »Dann müssen wir dich eben mit anderen Mitteln zu einer Aussage bringen.« Andere Mittel. Die mir mein Menschsein nehmen sollten. Denn was bliebe von meinem Menschsein übrig, wenn der Körper gegen den eigenen Willen aussagt? Doch mein Körper hielt durch, trotzte der Folter und widerstand der Versuchung, eine Schuld zu gestehen, die ich nicht habe. Monatelang hielt ich durch. Sie hängten mich kopfüber an der Decke auf. Während sie abwechselnd mit der Peitsche auf mich einschlugen, sah ich auf ihre Füße. Zwischen den Schlägen schrien sie: »Gestehe! Nun sag schon die Wahrheit!« Sie wurden richtig wütend und folterten mich immer weiter. Irgendwann ließen sie mich oder eher meinen leblosen Körper, der ich nur noch war, in Ruhe. Höchstens am Stärkegrad meiner Schmerzen konnte ich ablesen, wie die Zeit verging. Vielleicht noch am Hunger und an der Zwanghaftigkeit meiner Gedanken, die mir durch den Kopf gingen. Jeder Zentimeter meines Körpers ächzte vor Schmerz. Um schlafen zu gehen, musste ich mich immer erst Stück für Stück vom Boden auflesen. Doch was heißt hier schlafen: Anfangs dachte ich ständig an meine Familie und fragte mich, wie es im Gefängnis mit mir weitergehen würde. Dann übertönten die Schmerzensschreie aus dem sogenannten Frauenflügel alles, sodass meine Müdigkeit wie weggeblasen war.

Wir Insassen unserer Sammelzelle zogen verängstigt die Köpfe ein und vergaßen kurz unser eigenes Unglück. Die Menschen in dem anderen Flügel waren Gefangene wie wir, allerdings wurden sie »Dawa'esch«[2] genannt. Wie viele es waren, wussten wir nicht. Es gab keinerlei Kontakt zu ihnen. Sie waren weit entfernt von uns untergebracht. Nur manchmal kreuzten sich durch die Gitterstäbe hindurch zufällig unsere Blicke.

Die Namen meiner Zellengenossen habe ich größtenteils vergessen. Aber nicht ihre Gesichter und traurigen Geschichten. Ein Insasse etwa wurde einige Monate vor mir festgenommen, weil er Waren von al-Hudaida an die saudische Grenze transportiert hatte. Man hängte ihm eine beliebige Anklage an. Seine Familie weiß bis heute nichts über die Umstände seiner Entführung. Ein anderer Gefährte verkaufte Jasmin-Sträußchen am Muschrif-Tor und wurde festgenommen, weil man befand, dass er irgendwie verdächtig aussah. Einem anderen verbrannte die Folter das Gesicht. Der Viertel-Älteste[3] hatte ihn denunziert, weil er

---

2 »Dawa'esch« ist im üblichen Sprachgebrauch eine despektierliche Bezeichnung für IS-Anhänger. Huthi-Milizen verwenden sie für alle politisch anders Denkenden, um einen Anlass zu haben, sie zu inhaftieren.

3 Anm. d. Übers.: Theoretisch wäre der Viertel-Älteste ein Mann, der mit dem Einverständnis eines Großteils der Bewohner eines Viertels diese repräsentiert, indem er bestimmte Probleme löst und Streitigkeiten schlichtet, die keine Einmischung von Polizei und Justiz erfordern. In der Realität aber ist die Arbeit des Viertel-Ältesten heute von sicherheitspolitischer Natur und steht meistens

angeblich die Angriffe der Militärkoalition gutheißen würde. Fast alle unsere Geschichten ähnelten sich, und die An-
klagen gegen jeden von uns waren durchweg konstruiert.
Im Zeidiya-Gefängnis waren wir völlig von der Außenwelt
abgeschottet. Niemand fragte nach uns, weder Verwandte
noch Freunde. Oft dachte ich an meine Familie. Vier Monate waren schon vergangen, und noch immer wussten sie
nicht, wo ich war. Ich war doch nur kurz hinausgegangen,
um einzukaufen, und nie wieder zurückgekehrt. Ob sie
wohl an jenem Abend noch etwas zu essen bekommen hatten? Oder waren sie ohne Abendessen ins Bett gegangen?
Über solche Dinge nachzudenken, hielt mich wach, als auf
einmal alles anders wurde.

Es war um neun Uhr abends, und wir machten uns zum
Schlafen fertig, als ich die Explosion der ersten Rakete hörte. Wir schrien um Hilfe und baten den Wärter, unsere Zel-
lentür aufzuschließen, damit wir nicht verbrennen würden.
»In Gottes Namen, bitte, öffnet uns die Tür«, weinte mein
Zellengenosse. Als die zweite Rakete explodierte, verloren wir das Bewusstsein. Viele meiner Mitinsassen verbrannten. Selber wurde ich durch Raketensplitter verletzt.
Im Frauenflügel, wo die Rakete der Militärkoalition eingeschlagen war, verbrannten sechzig Gefangene bei lebendigem Leib. Uns andere brachte man ins Krankenhaus. Von
dort sind mir nur noch die Muschrifin[4] in Erinnerung, die
überall herumliefen. Weil der Dieselkraftstoff ausgegangen
war, fiel die Kühlung in der Leichenhalle aus. Also wurden

in direkter Verbindung mit der Politischen Staatssicherheit bzw. dem Inneren
Geheimdienst.

4 Die »Muschrifin« gehören der Huthi-Bewegung an und werden in allen
   staatlichen Einrichtungen als Beobachter eingesetzt. Ihre Machtbefugnisse in
   den von Huthi kontrollierten Gebieten wachsen zunehmend.

die verbrannten Leichen auf einen Transporter geladen. Dabei gerieten ihre Körperteile völlig durcheinander und die Angehörigen konnten sie nicht mehr identifizieren. *(Er weint.)*

An die Geschichte von Yassin Taher Ahmads Vater kann ich mich noch gut erinnern. Warum Yassin verhaftet wurde, haben wir nie erfahren. Von dem Raketenangriff erfuhr sein Vater erst, als ihm mitgeteilt wurde, dass sein Sohn im Gefängnis verbrannt war. Er weinte nicht, sondern kam nur und nahm stoisch den Leichnam entgegen, um ihn in seinem Heimatdorf zu begraben. Doch sie übergaben ihm nicht den Leichnam seines Sohnes. Einem Soldaten im Krankenhaus war ein Fehler unterlaufen. Er hatte anstelle von Yassins Leichnam den eines Huthi-Anführers in die Kühlung zu den Toten des Frauenflügels gelegt. So standen die Huthi-Kämpfer eines Tages bei Yassins Vater vor der Tür, um sich den Leichnam zurückzuholen, den er für seinen Sohn gehalten hatte. Vor den weinenden Augen des armen Vaters, der nun seinen Sohn zum zweiten Mal verlor, gruben sie den Leichnam wieder aus.

Das, was im Zeidiya-Gefängnis geschah, blieb im Zeidiya-Gefängnis. Niemand weiß, was uns angetan wurde. Wir allein, die wir zusehen mussten, wie unsere Mitinsassen verbrannten, wissen es. Wir wurden grundlos verhaftet und verbrachten unsere Tage bei Folter, Hunger und Krankheit, bis letztlich die Militärkoalition vielen von uns ein noch traurigeres Ende setzte.

Am 29. Oktober 2016 um 21:00 Uhr bombardierten die Kampfjets der Militärkoalition mit zwei Raketen das Zeidiya-Gefängnis in al-Zeidiya, einem Verwaltungsdistrikt im Gouvernement al-Hudaida. Dabei kamen 59 Insassen ums Leben. Die meisten waren politische

Gefangene der Huthi-Milizen. An den Leichen wurden bei der Iden-
tifizierung Folterspuren gefunden. Sowohl die Huthi als auch die Militärkoalition bemühten sich nach dem Bombardement, das Zeidiya-
Massaker, das ein Doppelverbrechen war, zu vertuschen. Um das
Leben des Zeugen zu schützen, habe ich auf eine Namensnennung
verzichtet.

Wir sind gleich wieder da, Mama

Munira Mahiub Qa'ed al-Humaidi

Ein Lachen hallt durch die Winkel des öden Hauses. Ich
strecke meine Hand ins Dämmerlicht, taste mich durch
dunkle Ecken, streiche über Bilderrahmen, die eine gespens-
tische Leere umgrenzen. Ich will ihre Gesichter berühren,
eines nach dem anderen. Und streichele meine Hand. Da
lacht meine Tochter Aya auf und läuft vor mir davon. Ich
folge ihr durch die Zimmer des Hauses, steige hinter ihr
die Treppen hinauf. Sie verschwindet. Ich höre ihre Schritte über die Zimmerdecke tapsen, ducke mich zusammen.
Immer wieder hallt ihr Lachen hinter den Wänden auf.
Ich höre sie rufen, ganz wild vor Freude: »Gleich, Mama,
gleich! Ein paar Minuten noch und dann kommen wir
runter«, »Keine Angst, wir sind gleich wieder da, Mama.«
Hand in Hand steht sie mit ihrer kleinen Schwester Raghad
auf der Treppenstufe. Genauso sah ich sie zum allerletzten
Mal. Wo seid ihr denn, meine Mädchen? Aya, wo bist du?
Wo bist du, Raghad? Ich renne hinter ihnen her. Da ver-
klingen die Stimmen und ihr Gelächter versiegt. Stille und
Finsternis kommen zu mir zurück und ich starre ins Zwie-
licht. Plötzlich öffnet sich in der Zimmerdecke ein unsicht-
barer Vorhang zum Dach. Licht durchflutet jeden Winkel
des Hauses, und die Stimmen schwellen wieder an. Ganz
lebendig, kraftvoll. Mein Mann Abdulkarim lächelt mich
liebevoll an. Genauso, wie er es beim allerletzten Mal getan

hat. Aber jetzt stülpt sich das Licht nach innen und wird zu einem tiefen Graben voll tosendem Wasser. Das Wasser schleudert meinen Mann hin und her. Mit bloßen Händen paddelt er um sein Leben. Es erschöpft ihn. Fast ertrinkt er. Da nimmt ihn Aya an der einen Hand und Raghad an der anderen. Gemeinsam ziehen sie ihn ans Ufer. Moment mal – das war doch genau der Traum, den mein Mann mir erzählte. Zwei Wochen bevor die Mädchen getötet wurden und er ihnen in den Tod folgte! Mein Kleinkind auf dem Arm, winke ich ihnen verzweifelt zu: »Nehmt mich mit!« Aber die Stimmen und das Lachen sind verklungen. Ich bin noch immer dort, wo ich vorher war, und starre auf Wände in blauen Zimmern. *(Sie weint bitterlich, schluchzt, steht auf und setzt sich wieder.)*

Es ist die Mittagsstunde am 14. August 2015. Die Sonne schien hell zu uns herein durch die Fenster, die auf die Gassen der Stadt hinausgingen. Der Lärm der Nachbarn vermischte sich mit dem Getöse der Luftangriffe auf die Vororte der Stadt. Es war Freitag, und der Ruf des Muezzins erhob sich über den Dächern. Er verbreitete den Frieden, nach dem ich mich die ganze Zeit sehnte. Mein Mann ging zum Gebet in die Moschee, während ich das Mittagessen auf den Herd stellte. Es gab Kabsa, gewürzten Reis mit Fleisch und Rosinen. Sanft rührte ich im Topf, bis das Essen gar war. Den Lärm der Bomben, die in Intervallen auf die Stadt fielen, ignorierte ich. Ich lebte in meiner eigenen kleinen Welt. Mit meiner Familie, die meinem Leben einen Sinn gab und der ich mich mit meinem ganzen Wesen verschrieben hatte: mein geliebter Mann, meine beiden Töchter und meine zwei kleinen Söhne. Ein paar Minuten noch, dann können wir essen, dachte ich.

Aya und Raghad hatten so gebettelt, Wasser aus dem Tank
vom Dach holen zu dürfen. »Geht bitte nicht da hoch, Kinder«, hatte ich gesagt. »Ihr hört doch die Bomben.« Aber
meine Mädchen wollten unbedingt: »Wir gehen nur ganz
schnell Wasser holen und kommen sofort wieder, Mama.«
Kurz darauf brachte Aya den ersten Wasserbehälter. »Es
fehlen nur noch zwei, Mama«, sagte sie. »Wir rennen
schnell rauf und holen sie.« Und weg waren sie. Schon im
Treppenhaus riefen sie mir noch zu: »Wir sind gleich wieder da, Mama. Keine Angst. Wir kommen gleich wieder.
Wir sind gleich da.« Das beruhigte mich ein bisschen. *(Ihre
Stimme ist mit einem Mal tränenerstickt. Sie weint bitterlich.)*

Die Wucht der Explosion löschte die Flamme des Gas-
herds. Ich hörte das Dröhnen der Granate. Es klang näher
als alle Granateneinschläge, die ich während des Krieges
gehört hatte. Mein kleiner Sohn kam in die Küche gerannt.
Mit Schrecken dachte ich an meine Töchter. Es ist mir ein
Rätsel, wie ich zu ihnen gekommen bin. Bin ich gerannt?
Trugen meine Füße mich überhaupt noch? Bin ich geflogen? Ich weiß es nicht. Aber ich weiß noch, dass ich mir
sagte, bestimmt sind sie hier, als ich im Stockwerk über
uns ankam, dort, wo mein Onkel wohnt, der auch mein
Schwiegervater ist. Sie spielen doch so gerne mit ihren
Cousins und Cousinen. Überall in der Wohnung suchte ich
sie, aber ich fand sie nicht. »Wo sind Aya und Raghad?«,
rief ich, und alle sahen mich schockiert an. Die letzte Treppe hinauf aufs Dach rannte ich. Oben angekommen, gab
es nur Stille, Granatenstaub und den Geruch von Blut.
Niemand war mir gefolgt. Meine Töchter auf dem Boden,
in einem stillen Teich aus Blut. Ayas Hand lag schützend
vor ihrer Schwester. Ihr Fuß war nur noch ein Klumpen

Fleisch. Blicklos starrten mir ihre ängstlich aufgerissenen Augen entgegen. Erde bedeckte Raghads Gesicht und ihren Körper. Berühren konnte ich sie nicht. Ich schrie nur und schrie, ohne eine Antwort. *(Sie weint jetzt im Stehen und blickt sich um.)*

Erst als ich meine Augen wieder aufschlug, hörte ich die anderen Frauen weinen, die mir gefolgt waren. Von da an lebte ich nur noch mit Beruhigungspillen. Mein Leben hing an einem gefährlich dünnen Faden zwischen Hoffnung und Realität. Zu sehen, wie gefasst mein Mann war, machte mir klar, wie schlimm es um mich stand. Meine Töchter zu verlieren, hat mir das Herz herausgerissen. Wenige Wochen danach sprach ich mit meinem Mann: »Ich will ein neues Kind, ein Mädchen. Ich will schwanger werden, will mich an einem anderen Leben festhalten.« Es klappte. Ich wurde schwanger und trotzte dem Tod mithilfe eines kleinen Wesens, das in meinem Bauch heranwuchs. *(Sie schweigt.)* Aber der Krieg war noch nicht fertig mit mir. Etwa drei Wochen nach dem Tod meiner Töchter war ich hier in diesem Zimmer. Das Haus war voller Trauergäste. Mich beschlich ein eigenartiges Gefühl, und ich war ganz außer mir. Ich klammerte mich an meinen Mann und flehte ihn an, das Haus nicht zu verlassen: »Bitte, geh nicht raus, Abdelkarim. Mir geht es nicht gut.« Jedes Mal, wenn ein Gast das Haus verließ, fürchtete ich, ihn nie wiederzusehen. Auf seine warmherzige Art beruhigte mich mein Mann: »Sorg dich doch nicht so, Munira. Beruhige dich. Du bist nur erschöpft.« Als der Muezzin zum Nachmittagsgebet rief, kam ein Kind aus der Verwandtschaft weinend hereingerannt: »Abdelkarim wurde von einer Patrone getroffen! Abdelkarim wurde angeschossen!« Auf der Intensivstation hieß es, er würde überleben. Mein Onkel suchte nach mir: »Wo ist Munira?«, hörte ich, und als er mich sah: »Abdelkarim ist … Es tut mir so leid. Aber du lebst.¹« Aber wer sagt denn, dass ich lebe? Das ist kein Leben. In mir ist alles tot und zerstört. Sie haben mir alles Schöne genommen. Nach dem Tod meines Mannes klammerte ich mich an meine kleinen Kinder und an das Ungeborene in meinem Bauch. Sie waren das Einzige, das noch eine Verbindung zu meinem Mann darstellte. Aber auch das wurde mir genommen. Wenige Wochen nachdem mein Mann getötet worden war, schlug neben unserem Haus eine Bombe ein. Panisch sprang ich auf, um meinen kleinen Sohn zu schützen. Am Morgen danach verlor ich Blut und damit auch mein ungeborenes Kind.

Jeden Tag besuchte mich mein Onkel Mohammad al-Haddad und sah nach mir. Mich trösteten seine Besuche, sie gaben mir Hoffnung. »Ich werde dich nie allein lassen«, sagte er, »Munira, du bist nicht allein. Solange ich da bin, passiert euch nichts.« *(Sie weint.)* Doch auch diese Hoffnung haben sie mir geraubt. Die Huthi beschossen das Haus meines Onkels in der Dschamal-Straße und töteten ihn. Für mich ist alles vorbei und gestorben. *(Sie weint bitterlich.)* Manchmal weiß ich nicht, ob ich lachen oder weinen soll. Ist es nicht absurd, wie hartnäckig der Tod mich verfolgt? Seit dies geschah, verlasse ich das Haus nicht mehr. Unablässig bleibe ich zwischen diesen vier blauen Wänden. Hier bin ich bei meinen Töchtern, meinem Mann und meinem ungeborenen Kind. Wir unterhalten uns mit-

---

1 Anm. d. Übers.: »T'iisch«, »Du sollst leben«, ist ein Ausspruch, den man auf Arabisch oft als Beileidsbekundung hört. Es ist gleichzeitig eine Art Euphemismus für den Tod. Man wünscht dem Hinterbliebenen das Leben und umgeht so, den Tod des anderen oder die eigene Trauer anzusprechen.

einander, ganz so, als wären sie noch am Leben. Ich kann ihr Lachen hören und ihre Schritte. Meine Familie hat all ihre Fotos vor mir versteckt, all ihre persönlichen Dinge. Aber die brauche ich gar nicht, um mich zu erinnern. Sie sind auch so bei mir, zu jeder Zeit. Nachts, wenn meine Kinder schlafen, gehe ich in mein Zimmer. Dann bin ich endlich alleine mit den Erinnerungen an meinen Mann und meine Töchter.

Vor ein paar Tagen wollte mein Kleiner unbedingt raus. Als wir auf der Straße waren, begann es in Strömen zu regnen. Plötzlich hatte er Angst und zitterte wie Espenlaub, ohne dass ich wusste, was los war. Anfangs versuchte ich ihn zu beruhigen. Ganz so, wie es Mütter eben tun. Doch es wurde nicht besser. Auf einmal fielen mir Aya und Raghad ein. Ich dachte daran, wie sie in ihrem Blut lagen, auf dem Dach, und wie mich Ayas Augen anstarrten. Ohne Vorankündigung taucht dieses Bild oft vor mir auf. Alles, was ich dann sehe, sind Ayas panisch aufgerissene Augen neben ihrer kleinen Schwester. Unfähig, mich zu bewegen, stand ich im Regen, mitten auf der Straße. Wie an jenem Tag auf dem Dach. Mein kleiner Sohn zitterte vor Angst, aber ich war wie gelähmt, konnte nichts tun. Keine Ahnung, wie lange es dauerte, bis endlich eine Passantin stehen blieb und meinen Sohn in den Arm nahm, während ich noch immer Aya und Raghad vor Augen hatte.

Allein für meine zwei Kinder bemühe ich mich, am Leben zu bleiben. Doch kann ich gar nichts mehr tun. Außer zu Hause darauf zu warten, dass meine Familie zurückkehrt zu mir. Meine Familie, die der Krieg mir entrissen hat. Welchen Sinn hat dieser Krieg? Schreie ich jetzt laut auf, würde mich da oben jemand hören? Gibt mir irgendjemand meine Töchter, meinen Mann, mein Ungeborenes und meinen Onkel zurück? *(Sie schluchzt herzzerreißend. Ich versuche sie zu beruhigen. Ihr Schluchzen vermischt sich mit dem Dröhnen einer Granate, die neben dem Haus einschlägt.)*

Mein Leben war so schön. Aber alles Schöne haben sie mir genommen. Sie haben mich gleich mit getötet. Zerstört. *(Sie weint.)* Bitte, sag mir: Welchen Sinn hat dieser Krieg, der meine Familie umgebracht hat? Wozu dieses Morden, all die Zerstörung? Um was kämpfen die Kriegsgegner überhaupt? Was, um alles in der Welt, ist es wert, dass so viele Menschen sterben?

Ich sage es dir. Es geht um gar kein Anliegen, das es wert wäre. Weder die Huthi mit ihrem Salih noch der Hadi hat eines. Alle, alle kämpfen sie nur um Macht. Letztendlich werden sie die Macht unter sich aufteilen. Unser aller Blut, das vergossen wurde, werden sie vergessen. Wäre nur ein Hauch Menschlichkeit in ihnen, hätten sie diesen Krieg längst beendet.

All meine Freude ist verloren. Das Licht meines Lebens ist verloschen. Finsternis umgibt mich. In dieser Finsternis höre ich die Stimmen meiner Töchter. Raghad und Aya rufen: »Mama, wir sind gleich wieder da! Mama, hab keine Angst.« Doch ich habe Angst. Angst vor jedem Tag.

Am Freitag, den 14. August 2015, um 12 Uhr mittags bombardierten die Huthi-Milizen das Haus von Munira Mahiub Qa'ed al-Humaidi und ihrem Mann im Viertel »al-Tahrir al-Asfal« in Taizz mit einer Howitzer-Granate. Ihre Töchter Aya Abdelkarim Abdallah Abdelwahhab (12 J.) und Raghad Abdelkarim Abdallah Abdelwahhab (10 J.) kamen dabei ums Leben. Ihr Mann Abdelkarim Abdallah Abdelwahhab wurde am 28. November 2015 erschossen, ihr Onkel Mohammad al-Haddad starb am 21. März 2016 durch eine Granate der Huthi-Milizen, die in sein Haus einschlug.

Der Apache fängt keine Fische

Bachit Ahmad Abdallah

Ich will mich nicht erinnern. Ich bin müde.
*(Bachit schweigt und starrt an die Decke, von der die Farbe
abblättert. Seine Füße schauen unter dem Krankenhauslaken
hervor. Während seine Freunde versuchen, ihn mit Witzen
aufzuheitern, sieht Bachit alles und jeden nur mit zornigen
Blicken an.* »Nimm es ihm nicht übel«, *sagt einer seiner
Freunde zu mir.* »Er hat viel durchgemacht, als er die anderen
rettete.« *Bachit horcht auf und beginnt zu erzählen.)*

Unser Boot war das Erste, das sie in jener Nacht beschossen. Wir hatten zwar die Scheinwerfer des Helikopters
gesehen, die den schwarzen Nachthimmel über dem Meer
anstrahlten. Gehört aber hatten wir sein Rattern nicht.
Fast geräuschlos war er plötzlich am Himmel aufgetaucht.
Einen Augenblick lang erschraken wir, weil er so unerwar-
tet da war, doch dann vergaßen wir ihn wieder. Nie wären
wir auf die Idee gekommen, dass er unser Boot angreifen
würde. Wir vermuteten, dass er irgendwohin unterwegs
war und nur zufällig vorbeiflog. Schließlich gab es hier
nichts, das sich zu beschießen lohnte! Nichts. Nur ein paar
Fischer, die sich mit harter Arbeit ihr tägliches Brot verdienten. Wir hatten aber keine große Zeit zum Überlegen
mehr. Um sieben Uhr abends begann der Apache damit,
unser Boot zu beschießen. Mittags gegen dreizehn Uhr
waren wir vor al-Hudaida in See gestochen und waren zu
diesem Zeitpunkt also etwa sechs Stunden auf dem Meer.

Gerade waren wir in der Gegend um die Insel Sandal[1] angekommen, die wir immer zum Fischen ansteuerten. Dort
ist es immer schön ruhig. Es gibt keine Militärbasen oder
Kämpfer, nur ab und an ein paar Fischerboote. Als nun der
Apache tatsächlich begann, auf uns zu feuern, versuchten
wir, den Schüssen auszuweichen und unsere Köpfe zu
schützen. Doch bot unser kleines Boot überhaupt keine
Deckung.

Ganz gezielt schoss der Apache auf uns. Mitten auf dem
Meer waren wir auf einem Boot gefangen. Niemand konnte
unsere Hilfeschreie hören, wie laut wir auch schrien. Weit
und breit war niemand zu sehen, nicht einmal andere Fischerboote. Nur das dunkle Meer unter einem schwarzen
Himmel. Ich ließ mich zwischen meine toten und verwundeten Freunde fallen und gab keinen Laut von mir. Nicht
einmal zu atmen wagte ich. Als der Apache sicher war, dass
sich auf unserem Boot nichts mehr rührte, verschwand er
wieder. Genauso plötzlich, wie er aufgetaucht war. *(Eine
Krankenschwester kommt ins Zimmer und unterbricht Bachits Erinnerungen. Sie fragt mich: »Filmen Sie Bachit gerade? Wenn ja, dann warten Sie noch kurz, dass ich ihm ein
neues Laken gebe.« Ich schüttele verneinend den Kopf. Bachit
erzählt weiter.)*

Ich begriff erst, als ich meine Augen öffnete, dass ich auch
verwundet war. Reglos lagen meine Freunde da. Ich wollte aufstehen, konnte mich aber kaum bewegen. Doch ich
nahm all meine Kraft zusammen und schaffte es. Meine
Freunde Abdallah Daabusch und Abdallah Ali Dschaber
waren tot. Ihre Körper hatte der Apache mit Schüssen

---

1 Insel im Gouvernement al-Hudaida.

durchsiebt und über Deck floss ihr Blut. *(Seine Stimme erstickt und er verstummt.)*

Ich schaute mich nach meinen restlichen Freunden um: Sie lagen verwundet und bewusstlos da. Als ich bei meiner Suche auf dem Boot nichts fand, um meine Wunde abzubinden, verlor ich die Hoffnung, das Ganze zu überleben. All meine verbliebene Konzentration und Energie steckte ich in die Rettung meiner Freunde. Trotz meiner Verwundung war ich immerhin noch bei Bewusstsein. Woher ich die Kraft und Ausdauer nahm, ist mir ein Rätsel. Denke ich heute daran zurück, kommt es mir vor, als sei ich während dieser Stunden jemand anderes gewesen. Ein vollkommen selbstloser Mensch, der nur Augen für den Schmerz der anderen hat und um ihr Überleben kämpft. Aber wie sollte es gelingen zu überleben? Wir waren alle verwundet und es gab kein Verbandszeug auf diesem durchlöcherten Boot, das sich zusehends mit Wasser füllte. Verzweifelt sah ich mich um. Wenn nichts geschah, würden wir bald sterben. So suchte ich das Boot nach irgendetwas ab, das uns vor dem Ertrinken retten würde. Nach einiger Zeit gelang es mir unter größter Anstrengung, mich und meine verwundeten Freunde an den Füßen zusammenzubinden. So konnte niemand aus dem Boot fallen, und wenn doch, würden wir alle gemeinsam ertrinken. Anschließend legte ich mich neben meine toten Freunde.

Wir alle kamen aus dem Dorf al-Sabari[2] und kannten uns gut. Wir waren füreinander eigentlich mehr als Freunde, fast schon wie Brüder. Von denen ich zwei an jenem Tag verlor. Seitdem wir mit der Fischerei begonnen hatten, fuh-

---

2 Ein Dorf im Gouvernement al-Hudaida.

ren wir immer gemeinsam zum Fischen in jene Gegend, die nur 16 Kilometer von der Insel Turfa entfernt ist. Hier war es für uns Fischer immer sicher gewesen. Nie hatten wir davon gehört, dass die Militärkoalition Fischerboote bombardiert und Fischer auf so grausame Weise getötet hatte. Wir hätten uns doch nie aufs Meer gewagt, wenn wir das geahnt hätten. Doch was konnten meine Freunde dafür? Warum wurden sie getötet? *(Er verstummt.)*

Unser Boot, das der Apache durchlöchert hatte, trieb einsam übers Meer. Mir war es egal, wohin es uns trug. Wir waren verwundet und harrten unseres Schicksals. Als wir zweiundzwanzig Stunden nach dem Apache-Beschuss immer noch auf See waren, fuhr ein Fischerboot vorbei. Es war bereits der nächste Tag, etwa um fünf Uhr nachmittags. Die Zeit, in der die meisten Fischerboote in See stachen. Die Fischer retteten uns, zogen unser Boot an Land und brachten uns ins Krankenhaus.

Diese zweiundzwanzig Stunden, in denen wir verwundet und erschöpft auf dem Meer trieben, waren die längsten, düstersten und traurigsten Stunden meines Lebens. Wie es für mich war? Was ich fühlte? Nie wieder will ich daran denken.

Am Mittwoch, den 15. März 2017, nahm um 19:00 Uhr ein saudischer Apache-Kampfhubschrauber ein Fischerboot unter Beschuss. Dabei wurden der Fischer Bachit Ahmad Abdallah verwundet sowie seine Freunde Essam Mu'ali, Hamdi Sayyed, Mohammad Rabid und Hassan Dschaadar. Bachits Freunde Abdallah Ali Dschaber und Abdallah Daabusch Moussa Dschamal kamen ums Leben. Ich habe Bachit im Aqsa-Krankenhaus in al-Hudaida besucht.

Von irgendwoher kam noch ein »Ach«

Azzija Abdo Mohammad Saleh

Sobald ich die Explosion einer Granate oder das Dröhnen eines Flugzeugs höre, will ich nur noch weg. Reiße unsere Haustür auf und laufe ziellos auf die Straße. Dann renne und renne ich, um vor dem Dämon zu fliehen, der mir meine Familie entrissen hat. Aber wo auch immer ich hinkomme, verfolgt mich dieser Dämon. Und so renne und renne ich und kann gar nicht aufhören. Solange ich renne, wird mir leichter und meine Erinnerungen lassen endlich von mir ab. Manchmal halten mich meine Eltern fest, sie sagen: »Dir passiert schon nichts, Azzija. Alles wird gut.« Doch ich halte mir nur die Ohren zu und will ihren Trost nicht hören. Jedes Mal, wenn ich mich vor meinen Erinnerungen schützen muss, verkrieche ich mich so in mich selbst. Ich denke an nichts, und um mich herum gibt es nur einen gleißend weißen Himmel. Keine Leichen, keine Schreie, keine Hilferufe, keine abgetrennten Köpfe. In diesen Momenten des Friedens werden meine Kinder wieder lebendig und kehren zu mir zurück. Wie in alten Zeiten sind wir wieder beisammen. Aber mit dem nächsten Knall eines Schusses, der Explosion einer Granate oder dem Dröhnen eines Flugzeugs kommt der Dämon wieder. All meine Erinnerungen sind auf einen Schlag wieder da. (*Sie verfällt in Schweigen und duckt sich zusammen.*)

Direkt danach tat mein Mann alles, um mich das Unglück
vergessen zu lassen. Wir flohen aus unserer Wohnung. In
jener Nacht schrie und brüllte ich, das weiß ich noch. Die
Wirkung der Beruhigungsmittel ließ gerade wieder nach,
und gewaltsam schubste ich jeden von mir weg. Nur noch
zurück nach Hause wollte ich, zu meinen Kindern. Ich
konnte nicht schlafen und sah vor meinem inneren Auge
nichts als ihre Leichen. Die Bilder gingen mir nicht aus
dem Kopf. Wir mieteten eine neue Wohnung in Hoban.
»Bis zu deiner Operation kannst du hier zur Ruhe kommen«, sagte mein Mann. Das Krankenhaus lag ganz in der
Nähe. Die Beruhigungsmittel reichten nicht, um meine Erinnerungen zum Schweigen zu bringen. Jedes Mal ließen
mich der Granatenlärm und die Explosionsgeräusche der
Raketen panisch zusammenzucken. Ich zitterte und bekam
Fieberanfälle. Mein armer Mann tat mir wirklich leid. Er
war durch meine Erkrankung, den Tod seiner Kinder und
seiner ersten Frau völlig ausgezehrt. Also mussten wir
weg vom Lärm der Granaten und zogen nach Sanaa. Zehn
Monate lang lebten wir dort, zehn Monate, die vorbeiras-
ten wie nichts. In dem Dämmerzustand, in dem ich mich
immer befand, hatte ich überhaupt kein Zeitgefühl mehr.
Wovon die anderen redeten, bekam ich gar nicht mit. Ich
sah nur, dass sie um mich rum waren, konnte selbst aber
nicht sprechen. Ich war wie festgefroren in jenem einen
Moment. Nur die erneuten Luftangriffe schafften es jedes
Mal, mich aus meiner Apathie zu reißen. Die Angst kehrte
zurück, ich weinte und wollte nur noch weit weglaufen. Als
mein Zustand sich nicht besserte, beschloss mein Mann
irgendwann, zurück in unsere alte Wohnung nach Taizz zu
ziehen. Er meinte, dass es das Beste wäre, zum Unglücksort zurückzukehren, um sich den Erinnerungen zu stellen
und mit dem Geschehenen Frieden zu schließen. Aber das

konnte ich nicht. In unsere Wohnung zurückzukehren war
für mich, als wären von da an die Tore meines Gedächtnis-
ses für alle Gespenster weit geöffnet. Es war, als würde die
Wunde wieder aufgerissen, sodass ich alles erneut durch-
lebte, was mit meinen Kindern, der Erstfrau meines Mannes
und mit unserer Nachbarin passiert war. An dem besagten
Morgen trug die Erstfrau meines Mannes ein neues Kleid.
Um mich herum plapperten munter meine Töchter Rahab
und Rana und mein Sohn Hamza lachte. Das Nächste, an
das ich mich erinnere, ist, wie er auf einmal tot am Boden
lag. *(Sie schluchzt. Die im Zimmer versammelten Frauen versuchen sie zu trösten. »Sprich weiter, Azzija, nur Mut.« Sie
lächelt gedankenverloren. Nachdenklich scheint sie mit ihren
Augen etwas in den Gesichtern der Frauen zu suchen. Dann
seufzt sie und erzählt weiter.)*

In der Stadt herrschte Krieg und riss den Bewohnern die
nur scheinbar schützenden Häuser über ihren Köpfen weg.
Erst als wir auf den Straßen die Kämpfer sahen, wurde uns
bewusst, was geschah. Doch damals dachten wir noch nicht
an den Tod. Meine Angst begann, als von den Hügeln, auf
denen die Huthi Posten bezogen hatten, das Aschbat-Viertel
mit Granaten beschossen wurde. Die Explosionen erschüt-
terten unser Haus in seinen Grundfesten. Wir wussten nie,
wo eine Granate eingeschlagen hatte. Das Schlimmste war
die Panik der Männer, die wir durch die Straßen des Viertels
rennen hörten. Zunächst gab es keine Opfer, aber uns alle
hatte die Angst gepackt. Viele flohen aus dem Viertel, und
ich erinnere mich an Gruppen von Frauen auf der Straße,
die von ihren Kindern umringt waren. Die Panik war ihnen
förmlich anzusehen, als sie besorgt und mit den Schlüsseln
ihrer verlassenen Wohnungen in der Hand darauf warteten, dass ihre Männer zurückkehrten. Nur unser Haus und

das Haus meines Schwagers und meiner Schwester blieben stehen und blickten einfältig auf den Krieg. Fliehen kam für uns nicht infrage. Mein Mann war strikt dagegen: »Unsere Familie ist viel zu groß. Wo sollen wir denn bitte schön hin?«, meinte er. Aber meine älteste Tochter Rana bat uns, auch zu fliehen, so wie alle anderen. Ihr Flehen höre ich, als wäre es gestern gewesen. Nachdem ihr Vater eine Flucht endgültig ausgeschlossen hatte, rief sie wütend: »Ihr werdet dieses Haus erst verlassen, wenn es den ersten Toten gibt!« Ach, meine Tochter, hätten wir bloß auf sie gehört. (*Sie weint bitterlich.*)

In mir fühlte ich eine eigenartige Hitze aufwallen, als würde ich in einem unsichtbaren Feuer verbrennen. Ich besprenkelte mein Gesicht und meinen Körper mit Wasser, doch die Hitze stieg weiter. Ich wollte rausgehen, mir ein wenig die Beine vertreten und zur Ruhe kommen. Aber ich verwarf den Gedanken wieder. Es war besser, ich bliebe hier im Erdgeschoss, wo meine gesamte Familie versammelt war. Hier war es immerhin nicht so gefährlich, meinten wir. Die Fenster gingen in keine Richtung, aus der eine Granate kommen könnte. So hatten wir gedacht, als wir das obere Stockwerk verließen und uns hier unten verschanzten. Denn oben war eine Granate eingeschlagen und hatte Wassertanks und Fenster zertrümmert. Ich begann, das Frühstück für die Familie vorzubereiten, und meine Töchter putzten die Wohnung. Die anderen Frauen der Familie und die Nachbarinnen waren im anderen Zimmer versammelt, das zur Straße lag. Die Männer waren gegenüber im Haus meines Stiefsohnes. Plötzlich hagelte es Granaten auf unser Viertel. Die Erste schlug im Nachbarhaus ein. Einige Splitter flogen zu uns rüber. Etwas später, um kurz vor elf, ging ich Mittagessen machen und hörte die zweite Granate gar nicht, die in unserem Innenhof einschlug. Sie traf eine Zimmerecke, und später erfuhr ich, dass Mohammad, der Sohn meines Mannes aus seiner anderen Ehe, als Erster verwundet wurde.

Am Rauch erstickte ich fast und konnte nichts mehr sehen. Der Staub drang mir in Augen und Nase. Als er sich einige Minuten später legte, sah ich vom Anfang des Wohnzimmers bis zu seinem Ende hin nichts als Leichen. Auf dem Boden war keine Stelle mehr, wo man noch hätte gehen können, ohne auf tote Körper zu treten. Als Ersten erkannte ich ganz hinten meinen Sohn Hamza. Ein großes Loch klaffte in seinem Kopf und sein Gehirn lag daneben. *(Sie weint.)* Meine Hände waren in Blut getaucht, als ich versuchte, das gallertartige Fleisch aufzuklauben, um es zurück in seinen Kopf zu drücken. Ein spitzer Granatsplitter durchbohrte meinen Körper, was ich nicht einmal merkte, weil ich verzweifelt versuchte, das Gehirn meines Sohnes wieder an seinen Platz zu bringen. Mir war bewusst, dass er nicht mehr lebte. Sobald aber dieser Gedanke in mir aufkam, schlotterten meine Hände umso mehr. Also versuchte ich es weiter. Als ich mich einmal umblickte, sah ich die Erstfrau meines Mannes ausgestreckt auf dem Boden liegen. Dann sah ich Rahab und Rana, meine Töchter, zwei reglose Leichen. Auch unsere Nachbarin Sabah lag mit ihren zwei Töchtern leblos da. Nur ihre Tochter Hiba lebte noch. Ihr Blut warf Blasen, als ihr Atem röchelnd aus einem Loch in ihrem Rücken drang. Die Augen meiner Nachbarin starrten mich an. Sie murmelte kraftlos etwas, das ich nicht verstand. Mir schien, sie würde mich um etwas bitten. Ihre angstvoll auf mich gerichteten Augen und ihre Lippen, die versuchten, Worte zu formen, sehe ich noch genau vor mir. *(Sie weint.)*

War dies ein Albtraum oder Realität? Das Blut meines Sohnes triefte an mir herab, mein Gesicht war geschwollen und voller Granatsplitter. In dem Moment kam mein Mann herein. Da wusste er noch nicht, dass die Granate fast alle Menschen im Zimmer getötet hatte. Aber dann sah er sie. Seine erste Frau, seine Töchter, seinen Sohn und schließlich die Familie unserer Nachbarin. Er beugte sich über seine Frau, drückte sie an sich und rannte zurück auf die Straße: »Oh, nein, meine Kinder! Es tut so weh!« *(Azzija weint. Eine Frau, die mitten im Raum sitzt, sagt immer wieder:* »*Danke Gott, Azzija. Danke Gott.*« *Azzija verstummt und blickt die Frau nur entgeistert an.)*

Ich blieb zurück, zwischen all den Leichen, und war selbst auch wie tot. Nur meine Hände lebten noch. Sie zogen eine eigenartige Art Kraft aus dem Versuch, das Gehirn meines Sohnes wieder an seinen Platz zu bringen. Plötzlich hörte ich aus einem der Münder ein »Ach«. Es war ein Seufzen, ein letztes Ausatmen, wie von jemandem, der gerade mit starken Schmerzen gerungen hatte. Kam es von meiner Tochter? Oder von meinem Sohn? War es die Erstfrau meines Mannes, meine Nachbarin oder deren Tochter? Danach wurde alles still. *(Sie weint.)*

Schlafen kann ich gar nicht mehr. Es helfen keine Beruhigungsmittel und auch keine Schlaftabletten. Beim Psychologen war ich schon. Der riet mir zu einem streng geregelten Tagesablauf und sagte: »Gehen Sie jeden Tag mindestens fünf Minuten spazieren, dann wird es Ihnen besser gehen.« Aber es geht mir nicht besser. Obwohl sich mein Mann so sehr bemüht, mir eine ruhige Umgebung zu verschaffen.

Ich träume nicht mehr und befinde mich im immer gleichen verängstigten Wachzustand und warte auf ein Unglück. Tagelang bleibe ich wach und wünschte nur, dass ich einmal von meinen Kindern träumen könnte. Aber vielleicht will Rahab mich gar nicht im Traum besuchen. Vielleicht ist sie mir noch böse. Schließlich wollte sie, dass wir fliehen. *(Sie weint. Dann ist Granatenlärm zu hören. Vermutlich werden vom Postamt Granaten auf das Hotel Sofitel gefeuert. Azzija schreit und springt auf. Sie will davonlaufen und die Frauen versuchen sie zu beruhigen:* »*Die Granate ist vom Hassem-Regiment,*[1] *die schießen von al-Aschbat auf das Sofitel.*« *Azzija wird wütend:* »*Ja, und was soll das? Die werden von dort gleich zurückschießen, und unsere Häuser liegen genau dazwischen!*« *Sie murmelt etwas mit erstickter Stimme.* »*Du musst etwas Wasser trinken*«*, sage ich ihr. Sie trinkt einen Schluck und beruhigt sich ein wenig.)*

Ich weiß nicht, was mit mir geschieht, sobald ich diese Geräusche höre. Wahrscheinlich, weil es Geräusche des Todes sind, denke ich. Irgendwo wird in diesem Moment in der Stadt ein Mensch getötet oder eine Familie ausgelöscht. Keine Medikamente und auch kein Besuch beim Psychologen helfen mir dabei, Frieden mit meinem Unglück zu schließen. Nichts hilft. Sobald ich die Granaten höre, erinnere ich mich an jenen Moment: An all die Leichen und die Blutlachen in unserem Wohnzimmer. Denke an dieses letzte, flache »Ach!« von einem meiner Liebsten, der oder die gerade aus dem Leben schied, während meine Hände krampfhaft und eigentlich ohne Hoffnung im Kopf meines Sohnes herumwühlten.

---

1 Gruppierung des salafistischen Anti-Huthi-Widerstands in Taizz.

Am Morgen des 10. Mai 2015 beschossen Huthi-Milizen das Haus von Mansour Diwan Hazem im Viertel al-Aschbat in Taizz. Dabei kamen die Kinder von Azzija Abdo Mohammad Saleh ums Leben: Hamza Mansour Diwan Hazem (11 J.), Rahab Mansour Diwan Hazem (21 J.) und Rana Mansour Diwan Hazem (16 J.). Außerdem wurden Nadschiba Ali Mohammad Saeed (50 J.), die Erstfrau ihres Ehemannes, deren Sohn Mohammad Mansour Diwan Hazem (17 J.), ihre Nachbarin Sabah Saeed Othman al-Maqtari (45 J.) und deren Tochter Hiba Fouad Ali Mohammad (17 J.) getötet. Genau wie ihre Tochter Marwa Mansour Diwan und weitere Zivilisten wurde auch Azzija Abdo Mohammad verletzt.

Ein verglühter Silberring

Hafsa Hassan Mohammad Minaus

Mit aufgerissenen Augen starrte ich in die Flammen. Vor mir sah es aus wie in der Hölle. Alle flüchteten: die Arbeiterinnen und Arbeiter, die Chefs und der Gärtner. Menschen, die ich vom Sehen kannte, mit denen ich ab und zu einige Worte wechselte und meine Arbeitsschichten in der Fabrik absprach. Alle wirkten jetzt, als hätten sie den Verstand verloren. Dabei rannten sie um ihr Leben. Ihre Namen weiß ich nicht mehr, wie so vieles andere auch nicht. Woran ich mich aber noch gut erinnere, ist das vollkommen planlose Gedränge, als sie alle auf den Hof der Fabrikanlage hasteten. Oder dass es ein wenig später Raketensplitter auf den Hof hagelte und alle Richtung Haupteingang hetzten. Mancher, der vorbeieilte, schützte seinen Kopf mit den Armen und murmelte: »Großer Gott!« Seit jenem düsteren Morgen hallt mir das Knirschen der hastigen Schritte auf den Kieseln im Innenhof noch immer in den Ohren. Genau wie die anderen lief ich anfangs wie blind herum. Plötzlich aber auf halber Strecke, als ich die Feuersbrunst etwas hinter mir gelassen hatte, fühlte ich einen Druck im Herzen. Oh nein. Meine Schwester Faiza war ja gar nicht hier und rannte weg wie wir alle! Sie musste noch drin sein, in der Chipsfabrik. *(Sie weint.)*

Die Bilder lösen sich auf. Sie verglühen, wie mein Leben. Bilder wie das vom todtraurigen Gesicht meines Vaters, vom Gesicht meiner Mutter oder das Bild der wimmernden

Trauerweiber bei uns zu Hause, alle lösen sie sich auf. Nur
das eine Bild habe ich noch ganz deutlich vor Augen, das
Bild der fliehenden Menschen an jenem Morgen. Auch ich
rannte, aber in die entgegengesetzte Richtung. Ich rannte
in Richtung Chipsfabrik. Während ich lief, flehte ich die
Rettungskräfte und Arbeiter an, meine Schwester zu retten. Ein Arbeiter schrie mich an: »Sie werden die Fabrik
ein zweites Mal bombardieren! Siehst du denn nicht das
Flugzeug über uns? Flieh, Schwester, flieh!« Sie achteten
nicht auf mein Flehen und Weinen. So lief ich weiter bis zur
Fabrikhalle, wo meine Schwester Faiza mit ihren Kolleginnen Taqiyya und Salwa sein musste. Gewiss arbeitete Faiza
einfach stur weiter. Sie war immer unglaublich diszipliniert
in ihrer Arbeit. Nie sah man sie untätig in der Fabrik. Es lag
ihr nicht, ihre Zeit zu vertrödeln. So wie ich sie kannte, arbeitete sie bestimmt einfach weiter, ganz egal, wie groß die
Gefahr war. Vielleicht hatte sie die Rakete gar nicht gehört,
als sie krachend im Dach des Hangars einschlug? Oder war
sie doch vor den Flammen davongelaufen wie die anderen?
Presste sie wohl gerade ihre Lippen so zusammen, wie sie
es sonst immer tat, wenn sie nicht mehr weiterwusste? Jemand erzählte mir schließlich, dass die Rakete genau in der
Fritteuse mit dem siedend heißen Öl gelandet war. Dort
arbeitete Faiza – genau in dieser Fabrikhalle voller Gas,
Diesel und Pappkartons.

Ich rannte zum Hangar. Krampfhaft ignorierte ich die Rufe
der Arbeiter, das kreisende Flugzeug und das Feuer. Ein Arbeiter packte mich am Arm und versuchte mich aufzuhalten. Wir rangen miteinander, ich wehrte mich, er riss mich
zurück und ich kämpfte gegen ihn. Kämpfte gegen ihn und
eine Welt, die meine Schwester und ihre Kolleginnen einfach verbrennen ließ. Sie alle ahnten nicht, dass ich bei kla-

rem Verstand war und keineswegs einen hysterischen Anfall hatte – wie es eine meiner Freundinnen später nannte.
Nur an eines dachte ich, als ich auf die Feuersbrunst zulief:
an meinen Vater. Was sollte ich ihm nur sagen, wenn er
mich nach Faiza fragte: »Ich habe sie verbrennen lassen
und bin mit den anderen weggerannt«? Ich konnte doch
nicht ohne Faiza nach Hause kommen. Und als ich sah, wie
die Feuerzungen die Fabrikhalle verschlangen, wollte ich
nur noch eines: zu meiner Schwester hineinlaufen und mit
ihr sterben. *(Sie weint bitterlich.)*

Nachdem man mich mit Gewalt aus der Fabrik gezerrt
hatte, stellte ich mich vor den Bus. Der Fabrikvorstand
war gerade auf dem Heimweg und dabei, sich von den Arbeitern zu verabschieden. Doch ich ließ ihn nicht vorbei.
Ich schrie ihn an und zerrte ihn aus dem Bus: »Retten Sie
meine Schwester und die anderen Arbeiter und Arbeiterinnen in der Fabrik!« Er entwischte mir, keine Ahnung,
wohin. Die Firmenchefs sind nicht weniger schuldig am Tod
meiner Schwester und ihrer Kolleginnen als die Rakete. Sie
hatten den Arbeiterinnen und Arbeitern verboten, die Fabrik zu verlassen, sodass sie drinnen verbrannten. Bevor
die Militärkoalition an jenem Morgen die Al-Aqel-Lebensmittelwerke bombardierte, war sie einen Luftangriff auf das
Präsidentenhaus im Viertel al-Nahdein geflogen. Anfangs
hörten wir das Getöse der Kampfjets, dann folgte der Knall
der Explosion. Wir überlegten, ob wir nicht besser nach
Hause gehen sollten. Die Fabrik war vorher schon einmal
bombardiert worden, und der Chef hatte damals zu uns
gesagt: »Wenn ihr einen Kampfjet hört, dann geht einfach.
Dafür müsst ihr nicht extra um Erlaubnis bitten.« Wir liefen
auf den Geländehof und hatten Angst vor einem Luftangriff.
Wir fanden Mohammad al-Khalidi, den Fabrikleiter, und
baten ihn um Erlaubnis, frühzeitig nach Hause zu gehen.

Darum sollte er für uns Yasser al-Aqel, den Betriebsvor-
stand, persönlich bitten. Doch der Fabrikleiter sagte nur:
»Aber die Lage ist doch ganz entspannt. Wir haben euch
für alle Fälle Busse bereitgestellt.« Danach wurde er nicht
mehr gesehen. Also gingen wir zu Saleh al-Mutawwea, dem
Leiter der Chipsabteilung, und bettelten ihn an, nach Hause
gehen zu dürfen. Er aber drohte uns: »Wer die Fabrik verlässt, braucht morgen gar nicht erst wiederzukommen.«
Kaum hatte er zu Ende geredet, bombardierten die Kampfjets schon die Chipsfabrik und meine Schwester Faiza verbrannte, und mit ihr elf weitere Kolleginnen und Kollegen.

Meine andere Schwester Iman überlegt, die Militärkoalition zu verklagen, weil sie für den Tod unserer Schwester
verantwortlich ist. Außerdem die Leiter der Al-Aqel-Fa-
brik, die die Arbeiterinnen und Arbeiter einsperrten wie
Tiere. Die Vorgesetzten brachten sich selbst in Sicherheit
und ließen die anderen einfach verbrennen. Wenn mein
Vater Iman reden hört, wird er immer ganz stumm. Sein
Blick schweift dann weit in die Ferne, und ich weiß genau, was er denkt. Nämlich, wie schwer unser Leben seit
Faizas Tod geworden ist. Faiza hatte sich immer um alles
gekümmert. Manchmal, wenn Iman wieder mit der Klage
gegen die Fabrikleitung anfängt, sagt er ihr hoffnungslos
und mit niedergeschlagener Stimme: »Kind, wir können es
mit denen da oben doch gar nicht aufnehmen.« Auch ich
bin unsicher. Manchmal aber denke ich wie Iman: Alle, die
Schuld am Feuertod meiner Schwester und der anderen Ar-
beitenden in der Fabrik haben, sollten zur Verantwortung
gezogen werden.

Am Morgen des Unglückstages hatten wir mit den Kolleginnen Reis gekocht. Es war überhaupt das erste Mal, dass

wir in der Fabrik ausprobierten, etwas für uns zu kochen. Sonst hatten immer alle jeweils bei sich zu Hause zu Mittag gegessen – wir wohnten ja in der Nähe – und waren anschließend zurück zur Arbeit gegangen. Mein Arbeitsplatz war in der Maispuffer-Halle, gleich gegenüber der Chips-Halle, wo meine Schwester arbeitete.

Bevor Faiza an jenem Tag in die Chips-Halle ging, blieb sie kurz in ihrer Arbeitsmontur stehen und sagte: »Fangt bloß nicht ohne mich mit dem Mittagessen an. Wenn ihr ohne mich esst, bin ich ganz traurig.« Das waren die letzten Worte, die ich von Faiza hörte. Nur noch als verkohlte Leiche sah ich sie wieder. *(Sie weint.)*

Wir saßen in einem Gang des jemenitisch-deutschen Krankenhauses und warteten. Eine nach der anderen sahen wir die Leichen eintreffen. Verkohlte Körper ohne Gesicht, zusammengestopft in schwarzen Müllsäcken. Nach einiger Zeit teilte uns jemand vom Krankenhaus mit, dass Faiza mit einigen ihrer Kolleginnen ins Polizeikrankenhaus verlegt worden war. Natürlich war mir klar, dass kein Mensch so ein Feuer überleben konnte und die Arbeiterinnen aus der Fabrikhalle alle lebendig verbrannt sein mussten. Dennoch klammerte ich mich in einem Winkel meines Herzens irgendwie an diese klitzekleine Hoffnung, dass Faiza überlebt haben könnte. Hatte sie nicht schon vor Monaten einmal einen Luftangriff auf die Al-Aqel-Werke überlebt?

Der Korridor des Polizeikrankenhauses war brechend voll. Überall Verwundete vom Raketenangriff auf die Fabrik und mittendrin eine Aufseherin, die uns auch verboten hatte, die Fabrik zu verlassen. Jetzt weinte sie: »Ich bin schuld. Ich bin schuld an ihrem Tod!« Ich schenkte ihr gar keine

Beachtung. Von ihresgleichen hatte ich wirklich genug. Schwarze Plastiksäcke wurden ohne Unterlass an meinen Augen vorbeigeschoben. Es gelang mir nicht, sie zu zählen. Ich hörte das laute Klagen der Mütter und Väter und redete mir ein, Faiza sei noch am Leben. In dem Moment trat ein Verantwortlicher aus der Pathologie auf mich zu und bat mich, meine Schwester zu identifizieren. *(Sie weint.)*

Im Keller war es kalt. Nichts an diesem unheimlichen Raum wirkte lebendig, alles schien wie ein Vorspiel für den Tod. Ich dachte an die Tausenden von Toten, die schon in diesem Raum gewesen sein mussten. An deren Verwandte, die ihre Gesichter identifizieren sollten. Ich starrte vor mir auf den Leichnam. Alles, was ich sah, war ein deformierter, verbrannter Haufen Mensch. Ich sagte zu mir selbst: Das ist doch nie und nimmer Faiza. Das ist doch gar nicht ihr Körper. Die Hälfte des Körpers, der vor mir lag, war zerquetscht. Der obere Teil war komplett verbrannt und sah aus wie gegrillt. Beim unteren Teil quollen die Gedärme heraus. Ich sah in ihr Gesicht. Sie hatte keine Augen mehr. Keine Nase. Nein. Das war nicht meine Schwester. Ich berührte die verbrannten Haare und hielt sie ein wenig fest. Entfernt erinnerten sie durchaus an Faizas langes blondes Haar. Noch immer waren Strähnchen erkennbar, auch wenn sie jetzt eher ins Bronzefarbene tendierten. Dann blickte ich auf ihre verbrannten Hände und erkannte den Silberring an ihrem Finger. *(Sie weint.)*

Meine Mutter sitzt jeden Tag vor Faizas Zimmertür und weint. Es belastet sie schrecklich, dass Faiza ihr böse war, bevor sie starb. Am Abend zuvor hatten sie sich gestritten. In der Nacht vor dem Unglück war sie bis zum frühen Morgen immer wieder zu Faizas Zimmer gegangen, um sich zu entschuldigen. Sie tat es aber nicht: »Ich hätte mich so gerne mit ihr vertragen«, erzählte sie mir, »aber irgendwie konnte ich mich nicht dazu durchringen. An der Tür bin ich immer wieder umgekehrt.« Meine Mutter kann es sich nicht verzeihen, dass Faiza ihr gegenüber im Bösen von uns gegangen ist. Alles, was sie sagt, ist von Schuldgefühlen durchdrungen. Alles hat für sie einen bitteren Nachgeschmack. In ihren Träumen wird sie davon verfolgt, wie sie Faiza um Verzeihung bittet. Manchmal spaziert sie im Innenhof des Hauses, denkt an Faiza und weint.

Ab und zu sagt sie Faizas Satz laut vor sich hin: »Solange ihr mich habt, Mama, seid ihr auf niemanden angewiesen.« Dann läuft sie zu Faizas Zimmer und bricht in herzzerreißendes Schluchzen aus. Hört mein Vater sie in diesen Momenten, wirkt er noch älter, als er es ohnehin schon ist. Und in meinen Albträumen funkelt ein verglühter Silberring.

Am Dienstag, den 9. August 2016, um 10:30 Uhr morgens bombardierten die Kampfjets der saudisch geführten Militärkoalition die Al-Aqel-Chipsfabrik in Sanaa. Dabei kamen zwölf Fabrikarbeiterinnen und Fabrikarbeiter ums Leben. Auch Faiza Hassan Mohammad Minaus (20 J.), die Schwester von Hafsa Hassan Mohammad Minaus. Ihr Körper war so verbrannt, dass sie von ihren Hinterbliebenen nur noch anhand des Silberrings an ihrem Finger identifiziert werden konnte.

Der Hund bellt nicht mehr

Nawwal Seif Abdo Taher

Eine Wohnung habe ich nicht mehr. Ich hause hier in diesem Laden, seit der Krieg in der Stadt ist. Ich weiß nicht mehr, wie viel Zeit seit unserer Flucht vergangen ist. Schon lange habe ich kein Zeitgefühl mehr. Auch an das Datum des Tages, als wir flohen, kann ich mich nicht erinnern. Doch ich weiß noch, wie heiß es war. Durch das Viertel hallte der Ruf des Muezzins zum Nachmittagsgebet. Er überlagerte sich mit dem Lärm der Granaten, die die Huthi über dem Ussaifira-Markt abwarfen. Dies war die Gegend, in der wir wohnten. Aus Angst vor Scharfschützen, die vorbeigehende Fußgänger niederschossen, blieben wir immer mal wieder stehen. Eigentlich hatten wir absolut nicht fliehen wollen. Aber nachdem eine Granate in unser Haus eingeschlagen war, fürchteten wir um das Leben unserer Kinder und beschlossen, fortzugehen. Wir packten unsere wenigen Kleidungsstücke in einen einzigen Koffer und ließen alles andere zurück: unsere Möbel und unser komplettes kleines Leben.

Jetzt haben wir keine Wohnung mehr und leben auf vier Quadratmetern. Wir, das sind mein Mann, unsere drei Kinder und ich, meine schwangere Schwester mit ihren zwei Töchtern und ihrem Mann, der gleichzeitig der Bruder meines Mannes ist. Es ist fast unmöglich, sich auf so einer kleinen Fläche zu bewegen, ohne einander auf die Füße zu treten. Wir Erwachsenen gehen ganz vorsichtig, um einander nicht anzustoßen. Die Kinder aber haben die paar Quadratmeter in einen kleinen Spielplatz verwandelt. Nur ein paar Pappkartons trennen unsere zwei miteinander verwobenen Welten. Sie markieren eine symbolische Linie, die besonders nachts wichtig wird, damit unsere Kinder ihre Grenzen kennen. Tagsüber aber hocken wir oft zusammen beim Frühstück, Mittag- und Abendessen. Meine Schwester und ich sitzen beieinander und machen uns Sorgen darüber, wie wir über die Runden kommen sollen. Wir denken an unser Leben vor dem Krieg, als wir noch eine eigene Wohnung hatten und unsere Männer als Autoscheibenputzer arbeiteten. Was sie verdienten, reichte kaum zum Überleben. Aber wir hatten so immerhin eine gewisse Sicherheit und waren nicht auf Almosen angewiesen. Heute lebt mein Mann in einer eigenen Welt und spricht mit seinen Geistern.

Nur ein blauer Vorhang schirmt uns vom wilden Straßentreiben ab und eine Metalltür, die wir der brütenden Hitze wegen aber nur nachts schließen. Der Laden hat keine Fenster, sodass wir nicht mal eben lüften können. Deshalb lassen wir die Metalltür fast immer offen. Und wenn sich der blaue Vorhang bewegt, wissen wir, dass Besuch kommt. Eigentlich leben wir auf der Straße. Wir hören das Hupen der Autos, das Geschrei der Leute und überhaupt alles, was in unserem Viertel vor sich geht. Wenn irgendwo eine Schlägerei ausbricht, warten wir ängstlich ab, wie sie ausgeht. Jedes Mal, wenn wir einen hungrigen Verrückten schreien hören, zerfließen unsere Herzen vor Mitleid. Wenn wir von all dem Lärm, der unsere Tage und Nächte aushöhlt, müde werden, schließen wir unsere Augen in dieser Dunkelheit zwischen den abblätternden Wänden.

Seit Kriegsbeginn spielt sich unser ganzes Leben in diesem kleinen Raum ab. Während der heißen Monate ist die Luft zum Schneiden dick, sodass wir kaum atmen können. Dann fällt uns erst richtig auf, wie lange wir schon hier im Exil sind. Das Weinen der Kinder mischt sich mit den Streitereien der Erwachsenen zu einem ununterbrochenen Refrain, und auf den kalten Fliesen frieren uns im Winter die Füße ab. Unsere Gelenke werden steif auf den zerschlissenen und durchgelegenen Matratzen.

Über all mein Elend und meine Zukunftsangst kann ich vielleicht noch hinwegsehen. Auch darüber, wie erniedrigend es für uns ist, von anderen abhängig zu sein. Doch mein Kummer über meinen kleinen Sohn Mohammad lässt sich nicht verdrängen. Wenn er stumm dasteht und sich nicht von der Stelle rührt, während ihm ein schwaches Lächeln über die Lippen huscht, empfinde ich nur noch Bitterkeit. Wenn er sich vorsichtig mit den Händen an der Wand entlangtastet, um nicht hinzufallen, würde ich am liebsten sterben. Jedes Mal bekomme ich einen Kloß im Hals, wenn er mit seinen Cousins spielt und hinfällt, ohne sich zu beklagen. Wenn er in der Ladentür steht und die Nachbarskinder draußen ausgelassen spielen hört, zieht ein trauriger Schatten über sein Gesicht und mir wird sterbenselend zumute. Wenn er einmal kurz sein Leiden vergisst, hinaus auf die Straße rennt und die Autos quietschend und hupend bremsen, damit sie ihn nicht überfahren, bleibt Mohammad wie angewurzelt stehen und ich stürze weinend hin zu ihm. Wacht er klatschnass geschwitzt aus seinen Albträumen auf und erzählt mir wieder von diesem Hund, der ihn immerzu anstarrt, verliere ich die Geduld. Dann erzähle ich meinem Mann von Mohammads Albträumen. Doch der führt nur seine langen wirren Selbstgespräche und interessiert sich nicht für das, was ich sage. All meine Versuche, ihn aus seinem Trauma herauszuholen, haben nicht geholfen. Auch zu einem Psychologen konnte ich ihn nicht bringen. Also bin ich hier verhaftet, gefesselt und verliere langsam meinen Verstand.

An dem Tag, als das Trauma meines Mannes begann und er anfing, sich in jene Innenwelt zurückzuziehen, von der ich nichts weiß, wohnten wir gerade einen Monat in diesem Laden. Wir ahnten noch nicht, dass uns das Unglück hierher, gefolgt war. Ich stand hinter diesem blauen Vorhang hier, und Mohammad wartete vor der Eisentür darauf, dass die Nachbarskinder zum Spielen rauskommen würden. Wenige Minuten später hörte ich eine Granate einschlagen. Und da sah ich auch schon Mohammad in den Armen seines Vaters, der ihn hereintrug. Zuerst dachte ich, er sei tot, und hatte schreckliche Angst. Überall um den Laden herum lagen Leichen verstreut. *(Sie verfällt in Schweigen.)*

Die Granatsplitter hatten den Körper meines Sohnes durchsiebt und sein Fuß war zertrümmert. Das Schlimmste aber war, dass er sein Augenlicht verlor. Ein Granatsplitter hatte sein rechtes Auge getroffen und die Ärzte konnten es nicht retten. Ihm blieb nur noch das linke Auge, das aber auch noch immer voller Splitter ist. Damit sieht er weniger als fünfzig Prozent und droht völlig zu erblinden. Wir waren in allen Krankenhäusern in der Hoffnung, wenigstens sein linkes Auge retten zu können. Doch immer lautete die Diagnose, dass Mohammad so schnell wie möglich zur Behandlung ins Ausland müsste. Nur so bestünde vielleicht eine Chance, dass sein linkes Auge nicht erblinde.

So vergehen die Tage und Monate. Wir treten hilflos auf der Stelle und schaffen es nicht, auch nur das Geld für

unser Essen zusammenzukratzen. Gleichzeitig rückt Mohammad täglich der völligen Erblindung näher. Manchmal
sitzt er stumm in der Ecke. Während seine Cousins um ihn
herum spielen, tanzen die Dinge vor seinem linken Auge
einen verschwommenen Tanz. Er kann sie nicht mehr aus-
einanderhalten, sagt er. Ewige Dunkelheit legt sich über
ihn. Mohammad erzählt mir, dass der Hundeschatten, den
er seit dem Unglück unaufhörlich sieht, immer deutlicher
wird. Ohne zu bellen, starre der Hund ihn unentwegt an.
Mohammads wunder Körper zittert dann wie Espenlaub,
und ich wiege ihn in den Schlaf. Doch er wälzt sich in
seinem Bett hin und her. Mit zunehmender Dunkelheit
wird das Gemurmel meines Mannes wieder lauter, der mit
Menschen spricht, die nur er alleine sieht.

Ich wohne hier in diesem Laden, und in meinem Kopf
dröhnt der Lärm der Straße. Ich warte darauf, dass irgendein Wohltäter anklopft, um uns etwas zu essen vorbei-
zubringen, damit wir nicht verhungern. Wütend bin ich
nicht. Krieg ist Krieg.

Nawwal Abdo Taher lebt mit ihrem Mann, ihren Söhnen, ihrer
Schwester und deren Mann und Söhnen in einem Laden neben dem
Hazmi-Lebensmittelgeschäft im Viertel al-Masbah al-Aala in Taizz.
Der klitzekleine Laden schützt weder vor Kälte noch vor Hitze, auch
zum Wohnen eignet er sich nicht. Nawwal, ihre Familie und die
Familie ihrer Schwester leben von sporadischen Spenden, die sie
erhalten. Am 21. September 2015 wurde ihr Sohn Mohammad Moaz
Ahmad Khaled (9 J.) von den Splittern einer Granate getroffen, die
die Huthi-Milizen auf Passanten in der Nähe des Ladens abgeworfen
hatten. Mohammad wurde an beiden Augen verletzt und drohte zu
erblinden. Seit diesem Ereignis ist Nawwals Ehemann psychisch angegriffen. Als ich sie in dem Laden besuchte, in dem sie leben, fragte

mich Mohammad: »Tante, wann ist der Krieg eigentlich vorbei, damit ich wieder auf die Straße Fußballspielen gehen darf?« Mohammad wusste nicht, dass er nie wieder sehen würde.

Es ist nicht mehr unsere Stadt

Eine Verwandte aus der Familie von
Abdelhamid Mohammad al-Qaderi

Abdelhabib taucht in meinem immer wiederkehrenden Albtraum gar nicht auf. Irgendwo im Dschahmiliya-Viertel[1] sprudelt darin eine schwarze Flut hervor. Mir ist völlig unklar, wo all das dunkle, trübe Wasser plötzlich herkommt. Ohne Unterlass strömt dreckige Jauchebrühe von überallher. Sie dringt heraus aus den Lehmhäusern, Moscheen und alten Läden. Gebäude und Menschen versinken in der schwarzen Flut, die den Himmel verdunkelt hat und sich ihren Weg durch die Stadt bahnt. Eine Stadt, die ertrinkt. Dieser Traum kehrte in den letzten drei Monaten vor Kriegsbeginn immer wieder zurück. Erst später wurde mir klar, dass diese schwarze Flut den Krieg darstellte, der uns schon bald mit sich fortreißen und unser Leben zerstören würde.

Bevor diese schwarze Flut des Krieges über uns hereinbrach, lebten wir behütet in unserem Haus direkt neben der Polizeizentrale von Taizz. Genau wie unsere Eltern und Großeltern vor uns erblickten wir in diesen alten Lehmhäusern das Licht der Welt. In diesen Straßen gingen wir zur Schule und später an die Uni. Genau wie alle anderen

---

1 Eines der ältesten Viertel von Taizz, in dem die Auseinandersetzungen und der Krieg konfessioneller Natur sind, weil sich Teile der Bevölkerung zum schiitischen Zweig der Zaiditen zählen und andere wiederum zur sunnitisch-schafiitischen Rechtsschule.

wuchsen wir hier auf, heirateten und lebten ein durchweg friedliches Leben. Wir fühlten uns sowohl der Stadt wie auch den Menschen zugehörig. Wer hätte gedacht, dass es eines Tages so weit kommen würde? Dass unsere Abstammung uns zum Verhängnis wird, dass sie zum Tatbestand wird, für den wir verdienen, getötet und liquidiert zu werden. In unseren schlimmsten Träumen hätten wir uns das nicht ausmalen können. Nie wären wir auf die Idee gekommen, mir nichts, dir nichts für unsere Mitmenschen nur noch Zugezogene aus einem Landstrich namens Anis[2] zu sein. Dabei sind wir hier geboren! Wir blicken mit den Menschen unseres Viertels auf ein gemeinsames Leben zurück, wir teilen viele Erinnerungen aus guten und schlechten Zeiten; heute schielen sie nur noch misstrauisch zu uns herüber und denunzieren uns, wann immer es geht. Diese Entwicklung ist mir unbegreiflich. Wie konnten die zarten Bande der Koexistenz und Nächstenliebe zwischen uns so zerschnitten werden. Heute werden wir gehasst. Wir, die wir noch nie jemandem etwas zuleide getan haben. Je heftiger der Krieg mit der Zeit tobte, umso mehr fürchteten wir um unser Leben. Wir flüchteten aus unserem Haus, als die Nachricht verbreitet wurde, dass die Militärkoalition bald die Polizeizentrale bombardieren würde. Wir flohen aus der Stadt, in der wir geboren und aufgewachsen sind, und gingen nach Sanaa. Wir kehren zurück, redeten wir uns zu, wenn der Krieg vorüber ist. Abdelhabib aber wollte unbedingt bleiben: »Das hier ist meine Stadt. Das sind meine Leute. Mir wird nichts passieren.« *(Sie weint.)*

An jene Augusttage kann ich mich noch gut erinnern. Der Granatenlärm hallte durch die ganze Stadt. Die Anti-

---

2 Landstrich im Gouvernement Dhamar.

Huthi-Widerständler hatten die Huthi aus dem Stadtteil vertrieben und die Polizeizentrale besetzt. Die Bewohner atmeten auf und setzten darauf, dass der Widerstand endlich für Sicherheit sorgen würde. Aber weit gefehlt. Stattdessen nahmen die Widerständler zahlreiche Unschuldige fest. Anwohner, die weder mit dem Krieg noch mit den diversen Frontlinien etwas zu schaffen hatten. Unter verschiedenen Vorwänden waren sie von Nachbarn denunziert worden. Seither sind sie verschwunden und für ihre Familien unauffindbar. Wir hörten, dass eines Tages Al-Qaida-Mitglieder unter der Führung von al-Harith al-Azi[3] unser Haus gestürmt hätten, während Abdelhabib noch schlief. Nachbarn berichteten uns auch, dass Abdelhabib von Emad al-Sanaani[4] und Ali al-Duabi[5] entführt worden wäre. Oder dass Ali al-Duabi in der Polizeizentrale auf Abdelhabib geschossen habe. Ja, sie hätten ihn morgens gesehen, wie er mit einer Waffe auf Abdelhabib schoss und Abdelhabib verblutet sei. Die Nachbarn sagten, sein eigener Bruder, der schon seit Jahren mit al-Qaida liebäugelte, habe Abdelhabib denunziert. Angeblich, weil Abdelhabib nicht beten würde. Oder weil Abdelhabib nicht fasten würde und ein Ketzer sei. Genau darum sei er entführt und ermordet worden: weil er ein Ungläubiger sei. Gleichzeitig weigerten sich aber genau diese Nachbarn, eine Zeugenaussage zu machen, obwohl sie uns gegenüber behaupteten, all das mit eigenen Augen gesehen zu haben. Vermutlich fürchteten sie, dass wir am Ende doch die Wahrheit herausfinden würden. Anschließend ließen sie ihre Telefonnummern ändern.

---

3 Al-Qaida-Anführer in Taizz.
4 Hochrangiges Al-Qaida-Mitglied in Taizz.
5 Hochrangiges Al-Qaida-Mitglied in Taizz (kam am 27. September 2015 ums Leben).

Wieder andere meinten, es sei Raubmord gewesen. Weil Abdelhabib einen nagelneuen Nissan besaß. Andere Nachbarn riefen uns an, weil sie gesehen haben wollten, wie Al-Qaida-Mitglieder am helllichten Tag in Abdelhabibs Nissan durch die Stadt gekurvt seien, als wollen sie uns damit sagen: »Ja, wir waren das. Wir haben ihn umgebracht und bestohlen. Aber ihr werdet euch nie trauen, etwas zu sagen.« Und tatsächlich wagten wir es nicht, etwas zu sagen. Zuletzt hieß es noch, Abdelhabib wurde umgebracht, weil er mit den Huthi-Rebellen gemeinsame Sache gemacht und gegen die Widerständler gekämpft habe. Als wir das hörten, mussten wir dann doch fast lachen. Diese Lügner. Abdelhabib war bei der revolutionären Jugend und gehörte zu denen, die gegen das Ali-Abdullah-Salih-Regime auf die Straße gegangen waren! Auch der Krieg hatte an seiner Haltung nichts geändert. Nur hatte er eben auch für alle anderen religiösen Institutionen und Parteien, die in der Stadt den Ton angaben, nicht gerade viel übrig. Er war ein friedlicher Mensch und arbeitete als Aufseher bei der Schulbehörde, hat nie in seinem Leben eine Waffe angefasst und war mit allen im Reinen.

Andere behaupteten, Abdelhabib wurde getötet, weil seine Vorfahren aus Dhamar stammten. Das war der Grund, weshalb er quasi zwangsläufig Sympathien für die Huthi hegen musste, anders könne es gar nicht sein. Völlig erschüttert waren wir, als wir erfuhren, dass sie auch den jungen Khalil al-Anisi getötet und seine Leiche in den trockenen Wasserlauf geworfen hatten. Länger schon hatten wir es kommen sehen. Das Getuschel der Nachbarn und ihre Blicke. Wie sie in letzter Zeit immer so kurz angebunden zu uns gewesen waren. In ihrem Verhalten hatte etwas Herablassendes gelegen und gleichzeitig etwas Misstrauisches. Es wurde gemunkelt, wir seien Huthi oder Sayyids.[6] Obwohl wir den ganzen Kult um die Nachkommenschaft des Propheten nicht einmal anerkennen! Mit den Huthi und ihrem Salih haben wir erst recht nichts am Hut! Trotzdem steckten sie uns einfach in diese Schublade, weil es ihren Hass gegen uns rechtfertigte. Wir haben immer in dem Glauben gelebt, Söhne und Töchter dieser Stadt zu sein, die wir lieben. Wir waren überzeugt, dass niemand das Recht hätte, uns aufgrund unserer Abstammung zu verleumden.

Von einigen hörten wir wiederum, dass sie mit eigenen Augen gesehen hätten, wie Abdelhabib umgebracht wurde. Doch wenn wir sie nach seinem Leichnam fragten, drucksten sie herum. Ja, da habe es einen Leichnam gegeben, der auf dem Gelände der Polizeizentrale begraben wurde. Das müsse dann wohl Abdelhabib sein. Dann wieder hieß es von anderer Seite, wir sollten den trockenen Wasserlauf absuchen. Dort würden die Anti-Huthi-Widerständler ihre Gegner hinrichten. Es habe an dem Tag geregnet, als Abdelhabib umgebracht wurde. Also könnte es durchaus sein, dass die Leiche vom Regen davongespült wurde. Meiner Großmutter erzählte jemand, dass er irgendwo in der Altstadt seinen Kopf baumeln sah. Doch als wir ihn um eine Zeugenaussage baten, stritt er alles ab. Sie ist am Ende vor Kummer um ihren Neffen Abdelhabib gestorben.

Wohin ließ man Abdelhabib verschwinden und warum? Was soll Abdelhabib getan haben, dass sie uns so das Herz

6 Sayyids sind Menschen, die ihre Genealogie auf den Propheten Mohammad zurückführen. Der Huthi-Clan gehört zu den Sayyid-Familien und rechtfertigt damit seinen Herrschaftsanspruch. Mit demselben Anspruch herrschten im Jemen während Jahrhunderte die Imame, bis nach der Revolution von 1962 die Republik ausgerufen wurde.

brechen mussten? Wurde er überhaupt umgebracht oder steckt er irgendwo in einem Verlies? Manchmal starren wir einfach nur auf die Haustür und machen uns beim leisesten Knarzen Hoffnungen: »Jeden Augenblick klopft Abdelhabib an die Tür! Ach, wie würden wir uns freuen! Bestimmt hören wir gleich die Hupe seines neuen Nissan, den er sich letzten Monat gekauft hat. Wir werden rausgehen und ihn bestaunen. Sobald Abdelhabib reinkommt, muss er uns von seinem Hochzeitstermin und den ganzen Vorbereitungen für das Fest erzählen.« Dann aber werden wir müde vom langen Warten. Verzweiflung breitet sich aus und uns kommt in den Sinn, was die Leute alles gesagt haben. Keine einzige dieser Gruselgeschichten können wir glauben. Alle Gefängnisse haben wir nach ihm abgesucht. Als wir ihn nirgendwo fanden, baten wir ein paar Nachbarn, doch noch einmal beim Wasserlauf zu suchen. Aber sie fanden ihn nicht.

Es gab keine Leiche, die uns die Trauer erleichtert hätte. Viele Leichname tauchten erst lange Zeit nach dem Mord wieder auf. Wie etwa die eines alten Mannes, den die Huthi erschossen haben. Erst ein Jahr danach wurde er auf dem Dach seines Hauses gefunden. Alle, die behauptet hatten, sie hätten Abdelhabib tot gesehen, fürchteten sich vor einer Zeugenaussage. Auch wir hatten Angst und informierten deshalb weder das Rote Kreuz noch irgendeine andere Hilfsorganisation. Wir fürchteten, al-Qaida könnte sich rächen und weitere Familienmitglieder töten. »Sucht nicht weiter nach Abdelhabib, ihr werdet beobachtet«, warnten uns einige Nachbarn, die es gut mit uns meinten.

Jedes Mal, wenn wir an unseren geliebten Abdelhabib denken, wenn wir daran denken, dass wir bis heute nicht

wissen, was wirklich passiert ist, fühlen wir uns schrecklich machtlos und gedemütigt. Haben ihn wirklich die
Fundamentalisten getötet? Und wenn ja, warum? Sind sie
schon derartig blind vor Hass? Uns sind die Hände gebunden. Wir können nicht mehr schlafen und trauern ununterbrochen um Abdelhabib, obwohl wir nicht wissen, ob
er wirklich tot ist. Erst wenn wir seine Leiche mit eigenen
Augen gesehen haben, werden wir das wirklich glauben
können. An Taizz zu denken versetzt uns jedes Mal einen
Stich. Aber es ist nicht mehr unsere Stadt.

Am 19. August 2015 entführte eine Al-Qaida-Einheit, die den Anti-
Huthi-Widerstand in Taizz unterstützt, Abdelhabib Mohammad al-Qaderi (38 J.). Bis heute weiß seine Familie nichts über seinen Verbleib,
und sie hat ihn bei keiner offiziellen Stelle als vermisst gemeldet. Um
das Leben der Zeugin zu schützen, bleibt sie anonym.

Eine Geschichte, die ruhen will

Sumayya Ahmad Said

Vor einer Woche habe ich ein Kind bekommen. Ich habe es Usseid genannt. *(Sie kaut nervös an ihrem Fingernagel.)* Nach meinem Erstgeborenen. Den sie umgebracht haben.

Ich will nicht daran denken, was geschehen ist. Mein Mann und ich, wir versuchen zu vergessen. In den ersten Tagen danach dachten wir ununterbrochen an unsere Kinder. Immerzu mussten wir weinen. Nach einer gewissen Zeit litt jeder von uns nur noch still vor sich hin. Wenn Mohammads Blick ins Weite schweift und seine Augen sich verdunkeln, weiß ich: Jetzt vermisst er gerade unsere Kinder. Er spricht nie über sie. Frage ich ihn, hüllt er sich in Schweigen. Dann weine ich. Das macht ihn noch trauriger und er zieht sich weiter in sich zurück, und so weiter und so fort. Das Beste ist, dachte ich irgendwann, ihm gegenüber die Kinder gar nicht mehr zu erwähnen. Meinen Schmerz behalte ich für mich. Schließe ihn in mein Herz. So wuchs der Schmerz mit der Zeit in uns an. Mittlerweile beherrscht er fast unser ganzes Leben. Mohammad soll wegen mir nicht noch trauriger werden. Er ist so bemüht zu vergessen. Ohnehin wird er durch sein verletztes Auge täglich an das Unglück erinnert. Ein Glasauge als ständiges Mahnmal. *(An dieser Stelle sage ich ihr, dass ich ihren Mann bereits getroffen habe. Sogleich fließen ihre Tränen in Strömen, sodass ich die Aufnahme stoppe.)*

Unsere Trauer behalten wir beide so gut wie möglich jeweils für uns. Wir reißen sonst die Wunden des anderen nur immer wieder von Neuem auf. Direkt nach dem Unglück sind wir zunächst geflohen. Zogen ein ganzes Jahr lang von einer Wohnung in die nächste. Anschließend kehrten wir in unser Viertel zurück. Sofort war alles wieder da. Hier erinnert mich alles an meine Kinder, alles hier bringt mich zum Weinen.

Das wollte ich nicht. Niemals wollte ich zurückkehren. Aber ich habe nachgegeben. Hier ist schließlich der Laden meines Mannes. Nachdem unsere Wohnung, die direkt an den Laden angrenzte, zerbombt war, haben wir diese gemietet. Alles hier im Viertel erinnert mich an meine Kinder. Das Straßenleben, die Stimmen, das Kinderlachen, das von unten zu mir heraufschallt. *(Sie kaut an ihren Nägeln und verstummt.)* Wenn mich jemand besucht, bekomme ich jedes Mal einen Weinkrampf und kann gar nicht aufhören. In diesen Momenten erkenne ich mich selbst nicht mehr. Ach, ich habe das Gefühl, ich kann sowieso nicht mehr denken. Manchmal spreche ich gar nicht mehr. Das macht Mohammad umso trauriger. Sobald ich eine Granate höre, rufe ich: »Die wird uns jetzt umbringen.« Wenn sie an uns vorbeigeflogen ist, muss ich an das Haus denken, in das sie jetzt einschlägt. An die Leichen, die toten Kinder, die schluchzenden Mütter. Und wünsche mir, in einem unterirdischen Zimmer zu leben, abgeschirmt von all dem Bombenlärm und den Todesnachrichten.

Zu Kriegsbeginn war ich im ersten Monat schwanger. Ich hatte einen Abgang. Später starben auch noch meine anderen Kinder. *(Sie weint.)* Doch was an meiner Geschichte ist schon besonders? Sie ist genauso wie die Geschichten Tausender anderer Frauen, die ihre Kinder im Krieg verloren haben. Jedes Haus in dieser Stadt birgt eine Geschichte, die ruhen will, die nicht aufgerührt werden will. *(Ihre Augen schweifen in die Ferne.)* Ich bin müde. Immer bin ich so müde. Andauernd sitze ich in diesem Zimmer mit Blick auf die Gassen des Viertels. Das Lachen und Lärmen der Kinder dringt durch das Fenster von der Straße zu mir herauf. Wie eh und je toben die früheren Spielkameraden meiner Kinder auf den Gassen, als wäre nichts geschehen. Das Leben um mich herum geht weiter, ohne Rücksicht auf mich zu nehmen. Der Krieg hat mir meine Kinder genommen. Zurück bleibt mir nur die Erinnerung.

Die Erinnerung, wie mein erstgeborener Sohn Usseid und meine Tochter Rahma immer auf die Straße zum Spielen gingen, während ich zu Hause beispielsweise aufräumte oder Mittagessen kochte. Ab und zu riefen sie absichtlich etwas lauter, damit ich wusste: Sie sind noch da. Sie sind in der Nähe. Das war ein Signal. Es gab mir das Gefühl von Sicherheit. Doch was bringt es, jetzt davon zu erzählen? Wenn ich daran denke, dass sie tot sind, verliere ich den Verstand. *(Sie weint.)*

Ich erinnere mich noch an mein letztes Gespräch mit meinem Onkel. Ich stand im Zimmer unserer damaligen Wohnung im Souterrain. Wie an jedem anderen Tag auch spielten die Kinder um mich herum. Ihr Lärmen gab mir Sicherheit. Mein Onkel nahm meinen Sohn Azzedin auf den Arm und sagte zu mir: »Ich werde ihn mal mit nach draußen nehmen, damit er sich ein bisschen an der frischen Luft austoben kann.« Niemals hätte ich gedacht, dass ich ihn nie wiedersehen würde. *(Sie weint.)*

Gleichzeitig hatte ich so eigenartige Beklemmungen in der Brust. Ich bekam kaum Luft und fragte mich: »Was ist es

denn heute so heiß in unserem Souterrain? Warum ist es
plötzlich so dunkel, obwohl das Licht brennt?« Als er hin-
ausging, sagte mein Mann Mohammad noch zu mir: »Der
Anti-Huthi-Widerstand hat die Kairo-Burg[1] befreit. Jetzt
ist die Lage sicher. Lass die Kinder doch draußen spielen.«
Rahma hatte genau gehört, was ihr Vater gesagt hatte. Sie
nahm ihre Zwillingsschwester bei der Hand und lief mit ihr
auf die Straße. Die anderen Kinder rannten hinterher. Ich
weiß bis heute nicht, wie ich das zulassen konnte. *(Weint
bitterlich.)*

Die Wucht der Explosion zerriss die Wände unserer Wohnung. Um mich herum wurde es finster. Ich schrie nach
meinem Mann, dass er die Kinder hereinholen solle. Doch
es kam keine Antwort. Nur ein Schrei. Wie der eines Tieres
auf der Schlachtbank. Es war Mohammads Stimme. Mir
wurde übel, und ich rannte auf die Straße. *(Sie weint und
kaut an ihrem Fingernagel. Dann streckt sie ihre Finger aus
und begutachtet sie.)* Wieder rief ich nach meinem Mann.
Das Blut, das aus seinem Auge lief, fiel mir gar nicht auf.
Ganz bleich war er und starrte auf die umherliegenden
Leichen. Dann fiel er in Ohnmacht. Ich rannte durch den
Hof und schrie, schrie und schrie. Ich fand die Leichen meiner Kinder. *(Sie weint.)* Sah das blutüberströmte Gesicht
meines Onkels. Er atmete noch und sprach mit erstickter
Stimme. Worte, die ich nicht verstand. Sein Finger zeigte
auf meine Kinder. Von einem Ende des Hofs rannte ich
zum anderen und blieb stehen. Erst als mein Blick auf meine Söhne Usseid und Azzedin fiel, wurde ich ohnmächtig.
Später wurde mir erzählt, dass Usseid gerade mit seinem

---

1 Anm. d. Übers.: Eine historische Burg aus dem 12. Jahrhundert in der Altstadt
   von Taizz. Sie liegt auf dem Berg Sabr und überblickt die Stadt.

Bruder »Helikopter« spielte, ihn herumtrug und durch die Luft wirbelte, als die Bombe beide tötete.

Die toten Körper meiner Kinder Usseid, Azzeddin und Rahma lagen dicht beieinander. Nichts anderes nahm ich mehr wahr. Ich sah nur sie. Hörte die anderen Verwundeten daneben gar nicht, die mich um Hilfe anflehten. Ich stand einfach nur da und blickte auf meine Kinder. Mein Sohn Usseid lag leblos am Boden. Im Rücken meiner Tochter Rahma klaffte ein großes Loch. Als ich sie so sah, wurde ich halb wahnsinnig. Ich weinte und schrie. Niemand antwortete mir. Ein älterer Mann trug Azzedin von mir weg.

Ich bekam ihn nicht zu Gesicht. Meine Tochter Mauada war verwundet. Als die Granate einschlug, war sie bei ihrer Zwillingsschwester und sah mit eigenen Augen, wie Rahma weggeschleudert wurde. Die Nachbarn wollten mich schonen. Sie behaupteten, meinen Kindern sei nichts geschehen. Usseid sei noch am Leben und selbst Rahma habe überlebt. Ich glaubte ihnen kein Wort. Ich hatte doch das klaffende Loch in ihrem Körper gesehen. Sie konnte gar nicht mehr am Leben sein.

Nur durch Zufall erfuhr ich endgültig, dass sie tot waren, als ich am nächsten Morgen aus dem Haus trat. Männer und Frauen standen um einen Rettungswagen versammelt. Ein Mann zeigte mir meinen Jungen Azzedin. Aber berühren durfte ich ihn nicht mehr. *(Sie weint.)*

Meine Tochter Mauada steht noch immer unter Schock. Ihre Zwillingsschwester Rahma war ihre Spielgefährtin. Ihre beste Freundin. Sie hat sie verloren und wurde selbst verwundet. Bis heute hat sich ihr Zustand nicht verbessert. Sie ist immer geistesabwesend und versteckt sich, wenn jemand Fremdes im Haus ist. Niemand darf in ihrem Beisein den Namen ihrer Schwester erwähnen. Bei Spielen mit den Kindern in der Nachbarschaft geht sie jedem, der es trotzdem macht, aus dem Weg. Sie weigert sich bis heute, zur Schule zu gehen. Dorthin ging sie gemeinsam mit ihrer Schwester. Einmal hat sie es versucht und kam weinend nach Hause zurück.

Zu jeder Gelegenheit besuche ich meine Kinder auf dem Friedhof. Noch immer kann ich nicht glauben, dass sie tot sind. Es ist schmerzhaft, ständig in Erinnerungen zu leben. Denn im Grunde ist mir die ganze Zeit bewusst, dass meine Kinder, sosehr ich mich auch dagegen wehre, der Vergangenheit angehören. Dass sie nicht zum gegenwärtigen Leben gehören. Mein Mann versteckt vor mir die Fotos unserer Kinder. Sobald ich sie sehe, weine ich. Das will er verhindern, denn es bringt ihn um. Heimlich aber hat mir eine Freundin die Fotos besorgt. Und die wiederum verstecke ich vor meinem Mann.

Ununterbrochen denke ich an meine Kinder. Jeden Tag verfluche ich die Huthi, die sie mir weggenommen haben. Besuch möchte ich am liebsten keinen. Ich will alleine weinen.

Am Freitag, den 20. August 2015, um 16:30 Uhr wurde eine Gruppe Kinder in der Nähe des Ladens von Sumayya Ahmad Saids Mann Mohammad Qassem Raschid al-Chadami in al-Dabu'a in Taizz von einer Granate der Huthi-Milizen getroffen. Dabei kamen Sumayya Ahmad Saids Kinder Usseid Mohammad Qassem Raschid al-Chadami (8 J.), Rahma Mohammad Qassem Raschid al-Chadami (6 J.), Azzedin Mohammad Qassem Raschid al-Chadami (2 J.) ums Leben ebenso wie der Mann ihrer Tante Ahmad Ali Ali Ahmad al-Chadami (25 J.) und weitere Kinder.

Im Schatten des Mangobaumes

Ali Ahmad Dschaber al-Ahdal

Sie sind ununterbrochen in meinen Gedanken. Unablässig erscheinen sie mir im Traum. Im Traum tragen mich ihre Stimmen davon, ihre Gespräche, ihr Lachen, ihre lebendige Nähe. Auf all meinen Wegen, so stelle ich mir vor, gehen sie mit mir. Im Haus, auf dem Hof, am Markt. Wenn meine Tagträume enden, wird mir wieder klar: Jetzt sind sie im Innern der gleichen Erde, auf der sie groß geworden sind. Ihre Fotos, die meines Sohnes und meiner Enkelkinder, trage ich bei mir, in meinem Portemonnaie. Ich sehe sie mir oft an. Und erzähle ihnen von meinem Leben. Was für eine Durststrecke das Leben ist, ohne sie! Erzähle ihnen vom Regen, auf den ich vergeblich warte. Vom Mangobaum, der jetzt endlich Früchte trägt, die sie nie kosten werden. Wie müde ich meines Lebens bin, ohne sie. Von meinen Gelenkschmerzen, meiner chronischen Bronchitis und der tiefen Trauer ihrer kranken Großmutter, die immerzu an sie denkt und weint. Wie es in meinem Herzen aussieht, weiß nur Gott. Wem sonst soll ich mein Leid klagen? Ich bin krank, und die Trauer um meinen Sohn, um meine Enkelkinder geben mir den Rest. *(Er blickt auf die Trümmer des Hauses seines Sohnes und rechnet nach, wie alt jeder von ihnen war.)* Hosni, mein Jüngster, war dreißig, als sie ihn umbrachten. Quboul, meine Schwiegertochter, fünfundzwanzig. Taqiyya, meine Enkeltochter, war zehn Jahre alt. Sie ging in die fünfte Klasse. Und Fatima war neun, dritte Klasse. Sara war fünf Jahre alt und Mohammad zwei. Man hat sie im Schlaf getötet. Unschuldige Kinder! Dabei gibt es hier nichts zu bombardieren. Nur einen Bauernhof und ein paar Bauern, die ihrer täglichen Arbeit nachgehen. Wie können Menschen so grausam sein? *(Er verfällt in Schweigen und blickt in Richtung des Hauses seines Sohnes.)*

Wenn ich an jenen Morgen zurückdenke, schnürt es mir das Herz zu. Und ich weiß überhaupt nicht mehr, wozu ich noch am Leben bin. *(Er bricht in Tränen aus.)* Es war halb vier Uhr morgens. Auf dem Bauernhof war es mucksmäuschenstill. Nur das nächtliche Geraschel der Kakerlaken surrte mir in den Ohren. Meine ganze Familie schlief noch. Unsere Häuser liegen dicht beieinander. Hier ist mein Haus, gleich nebenan steht das Haus meines Bruders, dort ist das Haus meines ältesten Sohnes und da stand Hosnis Haus. Nur wenige Meter trennten Hosnis Haus von meinem.

Soeben hatte ich das Morgengebet verrichtet und versuchte wieder einzuschlafen. Im Halbschlaf wälzte ich mich hin und her, als ich die erste Rakete explodieren hörte. Ich dachte, die Welt geht unter. Wie elektrisiert sprang ich aus dem Bett. Während des gesamten Krieges hatte ich noch keine so laute Explosion gehört. Ich rannte über den Hof, um nachzusehen, was los war. Mein Bruder kam mit seiner Familie aus dem Haus gelaufen. Sie flüchteten sich in einen fernen Winkel des Gehöfts. Zuerst rannte ich in die Richtung, aus der der Lärm gekommen war. Ich dachte, die Explosion sei weit weg und nur wegen der nächtlichen Stille und der Windrichtung so laut zu hören gewesen. Denn, wie gesagt: Was gab es hier schon zu bombardieren? Dann lief ich in eine andere Richtung. Es war so dunkel, dass ich gar nicht sehen konnte, wo ich hintrat. Mir fiel ein, besser auch meinen Sohn Hosni zu warnen, damit er mit seiner Familie das Haus verließ. Doch während ich zu seinem Haus rannte, schlug die zweite Rakete ein. Dann die dritte. Und die vierte. Vier Raketen schlugen neben dem Haus meines Bruders ein. Zwischen der ersten und der letzten Rakete lagen fünf Minuten. *(Er verstummt. Seine Gedanken scheinen weit weg zu driften.)*

Ich rannte zu Hosnis Haus. *(Er verstummt wieder.)* Als ich ankam, war schon alles vorbei. Über meinem Sohn und seinen Kindern war das Haus eingestürzt. Die Wucht der Rakete hatte Hosnis Körper zehn Meter weit über das Gehöft geschleudert. Wir fanden eine seiner Hände hier neben diesem Brunnen. Die Leichen meiner Schwiegertochter und meiner Enkel lagen um den Mangobaum. Die Bewohner des Dorfes eilten herbei. Im Morgengrauen trugen sie abgetrennte Gliedmaßen an mir vorbei. Ungläubig blickte ich ihnen hinterher. Meine Frau weinte. Ich stand völlig unter Schock. *(Seine Stimme bricht, das Schluchzen erstickt seine Rede.)* Hätte ich sie ins Krankenhaus bringen sollen? Es war ja nichts mehr zu retten. Stundenlang sammelten die Dorfbewohner ihre Körperreste ein, klebten abgerissene Gliedmaßen an Rümpfe. Wir warteten bis zum Sonnenuntergang und begruben sie hier, auf diesem Friedhof.

Genau hier zu deinen Füßen fanden wir den Körper meines Sohnes Hosni. *(Er blickt beschwörend auf die Steine, die einst ein Haus waren, als wolle er die Seelen der Toten erwecken.)*
Hosni, mein Jüngster. Mein Herz, meine Seele. Hosni war derjenige, der sich stets um mich und meine Frau gekümmert hat. Er war die Stütze meines Lebens. Tag für Tag frage ich mich: Warum haben sie sie getötet? Welche Schuld hatten mein Sohn und seine Kinder? Was haben

sie getan, dass sie sterben mussten? Mein Sohn, meine Schwiegertochter und meine vier Enkel wurden im Schlaf getötet, im Morgengrauen. Warum?

Ich schweige. Mir fällt nichts ein, was ich dem Kummer dieses Achtzigjährigen entgegnen könnte.

Er strengt sich sichtlich an, den Kloß in seinem Hals herunterzuschlucken, und schaut auf die Reste des Hauses seines Sohnes Hosni. Steine sind alles, was noch darauf hindeutet, dass hier einmal ein Haus stand. Das Dröhnen der Wasserpumpe, die die Bewohner des Dorfes Deir al-Hudschari versorgt, nimmt zu. Der Greis lässt seinen Blick über die Trümmer wandern und zeigt auf die Hinterlassenschaften der Familie seines Sohnes, die aufgehäuft daneben liegen: rote, zerfetzte Polster, verbrannte Bettdecken, einst bunte, jetzt sonnengebleichte Kinderkleidung, ein Haufen verbogenes Eisen, das einmal ein Metallbett war.

Hier stand Hosnis Haus. Dort war sein Schlafzimmer, dies war das Kinderzimmer. Hier saßen wir immer zusammen. Wo sind sie jetzt? Und wo bin ich? Immer wieder hebe ich meine Hände zum Himmel. Ich verfluche diese Koalition, die meinen Sohn und seine Familie auf dem Gewissen hat, und alle anderen, die Tod und Zerstörung über dieses Land bringen.

Am 8. Oktober 2016 um 3:30 Uhr morgens bombardierte die saudi-arabisch geführte Militärkoalition das Haus von Ali Ahmad Dschaber al-Ahdals Sohn Hosni im Dorf Deir al-Hudschari bei al-Hudaida. Dabei kamen sein Sohn Hosni Ali Ahmad Dschaber al-Ahdal (30 J.), dessen Frau Quboul Mohammad Hussein (25 J.) und deren Töchter Taqiya Hosni Ali Ahmad Dschaber al-Ahdal (10 J.), Fatima Hosni Ali

Ahmad Dschaber al-Ahdal (8 J.), Sara Hosni Ali Ahmad Dschaber al-Ahdal (5 J.) sowie deren Sohn Mohammad Hosni Ali Ahmad Dschaber al-Ahdal (2 J.) ums Leben. Das Haus des Großvaters Ali Ahmad Dschaber al-Ahdal wurde ebenfalls zerstört. Sie erhielten keinerlei Hilfe. Die Organisation UNICEF schenkte dem alten Paar nur ein wenig Holz zum Bau einer Hütte, damit sie nicht unter freiem Himmel schlafen müssen.

Das Spiel mit dem Tod

Noama Ali Ghalib

»Ich will, dass sie mir einfach in den Kopf schießen.«

»Aber warum denn das, mein Junge? Dann wärst du ja tot und würdest mit Erde zugeschaufelt.«

»Will ich ja auch. Ich hab genug von dieser Welt.«

»Wer hat dich denn so geärgert? Du hast doch deine Spielsachen und neue Kleider hast du auch. Außerdem gehst du ja noch zur Schule, und eines Tages wirst du dann Arzt.«

»Will ich aber nicht. Ich will nicht in die Schule, und ich will auch kein Arzt werden. Ich will gar nichts.«

»Aber, mein Sohn. Wenn du stirbst, dann siehst du ja deine Freunde nicht mehr!«

»Das weiß ich doch. Wenn Menschen sterben, vergräbt man sie in der Erde und dann werden sie von Würmern aufgefressen.«

»Warum sagst du so etwas, mein Sohn? Was sagst du denn für Sachen?«

»Hab ich dir doch schon gesagt. Ich habe die Nase voll von dieser Welt.«

Jedes Mal, wenn mir diese Worte von Anas einfallen, kommen mir die Tränen. Wie Messer haben sie sich tief in mein Herz gebohrt. Es war unfassbar für mich, dass der Tod sein Denken so vereinnahmt hatte. Hatten ihm die Illustrationen in seinen Schulbüchern Angst eingejagt? Um mir ein Bild zu mach, ging ich in seine Schule. Wie die Lehrerinnen die Kinder anschrien, erschreckte mich durchaus, aber die Schulbuchillustrationen waren nicht der Grund. Vielleicht aber hing seine Todessehnsucht mit der Flucht nach Hoban zusammen, wo er bei seinem Onkel Unterschlupf fand? Oder mit dem Tod von dessen Frau, die ein Scharfschütze erschoss? Waren es die sechs Monate unter Bombardement? Hatte ihn der Krieg so traumatisiert, dass er sich den Tod wünschte? Anas war für sein Alter sehr weit. Ihm kamen Ideen, die seinen Altersgenossen nie in den Sinn kommen würden. Lasse ich seine letzten Lebenstage Revue passieren, sein Schweigen, sein dauerndes Bedürfnis, allein zu sein, finde ich das alles schon sehr auffällig. Anas, der Rastlose, der seine Spielsachen einfach seiner Freundin, der Nachbarstochter, überließ. Seine vielen Projekte, die er am nächsten Tag wieder verwarf. Wie er sich erst eine Kamera kaufte, dann ein großes Fahrrad, nur um plötzlich zu beschließen, es doch wieder zu verkaufen und auf eine andere Idee in seinem Köpfchen hin zu sparen. Er sammelte aufgebrochene Türschlösser von Häusern aus der Nachbarschaft, die die Bewohner ausgewechselt hatten, und sagte: »Die verkaufe ich, wenn der Krieg vorbei ist.« Patronenhülsen und Geschossreste las er auf, um irgendetwas mit ihnen auszuhecken. Aber in seinen letzten Tagen diese Schweigsamkeit und dieser Ekel vor allem und jedem – waren sie Vorboten oder reiner Zufall?

Seit Anas' Tod lassen mir diese Dinge keine Ruhe. Die Bilder meiner Erinnerungen verschwimmen. Zurück bleibt nur ein bitterer Geschmack im Mund. Am Vorabend des Unglückstages war Anas ungewöhnlich früh zu Bett gegangen. Davor saßen wir wie jeden Abend zusammen und spielten. Plötzlich sagte er: »Ich will jetzt schlafen.« »Was Anas in letzter Zeit wohl hat?«, sagte ich noch zu meinem

Mann und konnte später nicht einschlafen. Ich fühlte einen ziehenden Schmerz im Unterleib. Als am nächsten Morgen alle aufstanden, blieb ich im Bett liegen. Ich hörte es in der Küche klappern, meine Tochter machte gerade das Frühstück für alle. Ich schaffte es einfach nicht aufzustehen. Als fesselte mich eine fremde Kraft ans Bett. Außerdem wartete ich auf mein geliebtes Morgenritual. Denn morgens kam Anas normalerweise immer in mein Zimmer. Das würde mir Auftrieb geben. Aber an diesem Morgen kam er nicht, sondern blieb draußen stehen. Er lächelte auch nicht und tat so, als sei er beschäftigt. Dann fragte er mich, ob wir denn nicht Wasser brauchten. Er wolle hinuntergehen und für uns und die Nachbarn Wasserkanister am Wassertank auffüllen. »Aber wir haben doch Regenwasser«, erwiderte ich. Da wurde er zornig, murmelte irgendetwas Unverständliches und knallte die Haustür hinter sich zu.

Plötzlich die Sirenen, Schreie und rennende Menschen. Der Knall einer weiteren Granate, diesmal noch näher als ihre Vorgängerin. Unser Haus bebte und der Vorraum füllte sich mit Rauch. Eine schwarze Wolke hüllte alles ein, verschlang Stimmen und Möbel. Mir fiel ein, dass Anas noch draußen war. Dabei hatte ich ihm verboten, während der Luftangriffe auf der Straße zu sein. Da kam auch schon mein Mann Abdeldschalil hereingelaufen. Auf seinen Armen trug er Anas. Ich starrte ihn verständnislos an. Seine Kleider trieften vor Blut. Er legte Anas auf den Boden und versuchte die Blutung zu stoppen. Wie eine Wahnsinnige rannte ich hin und her, holte Handtücher, Taschentücher, alles, was mir zwischen die Finger kam, alles, was auch nur annähernd so aussah, als könne es eine Blutung stoppen. Doch Anas' Blut strömte unaufhaltsam weiter. »Anas ist tot!«, schrie ich. Mein Mann versuchte mich zu beruhigen: »Nein, ist er nicht. Bestimmt ist er nur ohnmächtig geworden.« Keine Ahnung, was dann in mich gefahren ist. Aber plötzlich schrie ich ihn weinend an: »Du bist schuld! Du hast Anas umgebracht! Warum hast du ihn nicht reingeholt? Warum hast du ihn auf der Straße gelassen?« Doch ich kam wieder zu mir und versuchte weiter mit meinem Mann die Blutung aufzuhalten. Anas hob noch einmal seinen Kopf und blickte mich an. Dieser Blick verfolgt mich bis heute. Dann sank sein Kinn auf die Brust und ich wusste: Jetzt ist er gestorben. *(Sie weint und schluchzt. Ihr Mann versucht sie zu beruhigen. Zu mir sagt er: »Stopp die Aufnahme.«)*

Was wollen sie nur alle von uns? *(Sie weint.)* Die Huthi haben unsere Kinder getötet, unsere Jungen und unsere Mädchen, unsere Männer und unsere Frauen. Jeden Tag leben wir in Angst und Schrecken. Nachts träumen wir von unseren Kindern oder finden keinen Schlaf. Du und deinesgleichen, ihr lasst unseren Schmerz nur immer wieder neu aufleben. Aber letzten Endes ändert ihr nichts. Immer, wenn mich jemand besucht, kehrt meine Trauer zurück. Sag mir, was könnt ihr schon für uns tun? Gar nichts. Wir wollen kein Geld. Das bringt mir meinen Sohn auch nicht zurück. Ich will, dass die Mörder meines Sohnes strafrechtlich verfolgt werden. Könnt ihr dafür sorgen? Ich glaube nicht. Nie werde ich meinen Sohn vergessen. Und ihr tut nichts weiter, als unsere Wunden neu aufzureißen und wieder zu verschwinden. *(Sie weint.)*

Du kannst dir nicht vorstellen, wie weh es tut, den jüngsten Sohn zu verlieren. Du verlierst nicht nur deine Verbindung zum Leben. Dein Leben verliert alle Schönheit und jeden Sinn. Meine anderen Kinder waren auf meine Liebe zu Anas immer eifersüchtig. Sie beschwerten sich, dass ich Anas verwöhnen würde und ihm jeden Wunsch von den

Augen ablas. Darauf sagte ich immer nur: »Ihr seid jetzt
groß. Jeder von euch hat sein eigenes Leben. Euch haben
wir schon großgezogen und euch alles gegeben, was ihr
wolltet. Jetzt braucht ihr uns nicht mehr. Aber Anas, der
braucht uns noch. Und dieses Gefühl, gebraucht zu werden,
gibt unserem Leben Sinn.«

Die Huthi haben meinen Anas getötet. Seine Freundin, die
Nachbarstochter, hat viel um ihn geweint. Ohne ihn wollte
sie gar nicht mehr zur Schule gehen. Aber es dauerte nicht
lange, da hatte sie ihren Freund wieder vergessen, denn
Kinder vergessen schnell. Doch wir Erwachsenen, wir vergessen nie. Höre ich die Nachbarskinder im Viertel spielen,
denke ich an Anas: Jetzt würde er dies machen, jetzt das.
Seine Freunde würde er zu irgendeinem Lausbubenstreich
anstiften. Bis ans Ende des Viertels rennen, und alle Kinder
hinter ihm her. Er würde lachen und sich zum Spaß mit den
anderen Kindern raufen, um dann nach Hause zu kommen
und zu sagen: »Mama, ich will Saft. Mama, das Spiel mit
dem Tod ist so traurig. Mama, ich will nicht sterben.« *(Sie
weint.)*

Am Dienstag, den 1. Dezember 2015, bombardierten die Huthi-
Milizen einen Wassertransporter im Viertel al-Kuweit in Taizz. Dabei
kamen drei Kinder ums Leben: Noama Ali Ghalibs Sohn Anas Abdeldschalil Mahioub (7 J.), Asmaa Abdo Ghanem (15 J.) und Scheimaa
Adel Mohammad Seif (14 J.).

Der Apache und das Flüchtlingsboot

Muna Oud Mahmoud

Das ganze Schiff habe ich nach ihr abgesucht, doch ich konnte sie nirgends mehr finden. Das Meer hatte sich aufgetan und sie verschluckt. Meine Freundin Selma Kis erscheint mir oft im Traum. Genauso sehe ich sie dann vor mir, wie ich sie während unserer Reise aus unserer Heimat in den Jemen erlebte. Das Traurigste für mich ist, dass ich gar nicht weiß, was mit ihr passiert ist. All meine Freunde, die überlebt haben, habe ich nach ihr gefragt, aber keiner hat sie gesehen. Ständig denke ich an unsere großen Träume, über die wir als Nachbarinnen zu Hause in Somalia ununterbrochen sprachen. Wir träumten von einem Leben, weit weg von dem Krieg, der in unserem Heimatland tobt. Drei Monate vor der Reise begannen wir, einen Plan auszuhecken. Wir legten all unsere Ersparnisse zusammen, verkauften alles, was wir besaßen, und borgten uns noch etwas dazu. Dann verabredeten wir uns mit Schleppern und verließen Somalia. An die jemenitische Küste würden sie uns bringen. Dort sollten wir warten, bis sie uns eine Weiterfahrt nach Ägypten organisierten. Später sollte es weitergehen nach Libyen, wo der letzte Teil unserer Reise beginnen sollte: die Überfahrt in unser Traumland Europa.

An den genauen Tag, an dem wir den jemenitischen Strand erreichten, kann ich mich nicht mehr erinnern. Ich weiß nur noch, wie glücklich wir waren, den ersten Schritt zu unserem Traumziel geschafft zu haben. Ich erinnere mich noch genau an das Gefühl, barfuß auf den kühlen

Sand zu treten, und an den klaren blauen Himmel über unseren Köpfen und das Krächzen der Krähen am Strand. In diesem Moment hatte ich das Gefühl, das Leben würde uns endlich einmal zulächeln. Innerlich waren wir auf sämtliche Unannehmlichkeiten vorbereitet. Deswegen waren wir auch nicht weiter enttäuscht, als wir erst einmal ins Kharaz-Flüchtlingslager[1] gebracht wurden. Für uns war das ein Ort zum Verschnaufen, ein Übergangsort, an dem die Tage und Nächte einander glichen. Eine ermüdende Zeit, aber als wir plötzlich hörten, dass unser Boot bald ablegen sollte, änderte sich alles.

Unser Boot sollte um zwei Uhr nachts in See stechen. Meilenweit war kein Geräusch zu hören, nur das Knirschen des Sandes unter unseren Füßen und das Rauschen des Meeres. Das Boot war völlig überfüllt. Zusammen mit hundertvierzig anderen unserer Landsleute traten wir uns gegenseitig auf die Füße: Frauen, Männer, Kinder, alte Menschen, alle zusammengepfercht auf zwei Schiffsdecks. Die Müdigkeit fiel von uns ab. Jede von uns dachte für sich an das, was von der Reise schon hinter ihr lag, und an die Zukunft, die vor ihr lag. Ich war zwar erschöpft, doch ließ ich mich von meinen Zukunftsträumen davontragen, die einmal in der Dunkelheit des Meeres versanken und ein anderes Mal mit der Gischt über die Wellen glitten. Alles war in Dunkelheit gehüllt. Nichts war zu sehen, nur die weit entfernten Sterne am Himmel. Es herrschte völlige Stille, die allein durch das Schwappen der Wellen gestört wurde. Zuerst schliefen die ein, die am meisten erschöpft waren. Manche legten sich aufs Deck, andere rollten sich neben ihren Habseligkeiten

---

1 Das Kharaz-Flüchtlingslager liegt in Ra's al-Ara, Verwaltungsdistrikt Mudharabah, Gouvernement Lahidsch.

zusammen. Das Schnarchen der Alten stieg an und übertönte das Quengeln hungriger Kinder und die Gespräche junger Männer über ihre Zukunftspläne an den Schiffsrändern. Ich vergaß alles um mich herum. Hin und wieder schreckte mich ein Rumpeln des Schiffes auf oder ein Streit, der irgendwo an Bord entflammt war.

Als es Mittag wurde, hörte ich in Intervallen einen Apache-Hubschrauber rattern. Zu sehen war aber nichts, und es kümmerte auch niemanden weiter. Die Kinder lärmten über Deck, die Frauen lachten über ihre Streiche und die Zeit verging wie im Flug. Als wir bereits gute fünfzehn Stunden auf See waren, flog der Helikopter näher an unser Schiff heran. Die Kreise, die er zog, wurden immer enger, er flog immer tiefer und begann gegen 19:00 Uhr, auf uns zu schießen. Die Reise unserer Träume wurde zu einem Horrortrip.

Anfangs stand ich neben unserem Kapitän, falls diese Bezeichnung auf ihn zutrifft. Denn aus irgendeinem Grund dachte ich, auf ihn würde der Apache nicht schießen. Doch als die Schüsse über das ganze Deck fegten, rannte ich weg. Aber nirgends gab es ein Versteck. Alle liefen panisch herum. Gegenseitig traten wir uns auf die Füße, stolperten und fielen übereinander. Alle, die auf dem oberen Deck gewesen waren, wurden getötet. Diejenigen, die sich auf dem unteren Deck verstecken wollten, fanden keinen anderen Ort, sich zu schützen, als das Meer. Ich suchte meine Freundin Selma, doch war es in diesem Chaos unmöglich, sie zu finden. Ich sah Männer, die aus freien Stücken ins Meer sprangen, und andere, die ungewollt hineinrollten. Ein junger Mann von etwa zwanzig Jahren rannte vor den Apache-Salven weg, doch vergebens, sie trennten ihm den Kopf ab. Außerdem sah ich, wie die Schüsse den Schiffs-

eigner in zwei Hälften teilten. Überall lagen Leichen. Ich
konnte keinen Schritt mehr tun, ohne auf welche zu treten.

In der Hoffnung, der Apache würde dann aufhören zu feuern, schaltete der Kapitän irgendwann den Schiffsmotor
aus. Über drei Stunden lag das Schiff still auf dem Wasser.
Ich spitzte meine Ohren, suchte mir ein Versteck und vergrub mich unter Leichen. Zwei davon waren Freunde von
mir. Die anderen kannte ich nicht. So nutzten die Körper
der Toten uns Lebenden: Sie fingen die Kugeln des Apache
ab. Begraben unter Leichen, dachte ich an den Tod und er-
gab mich meinem Schicksal.
  Als das Rattern des Helikopters aufhörte, hob ich meinen Kopf und holte tief Luft. Doch der Apache kam zurück
und schoss noch viel wilder über unseren Köpfen herum.
Wieder vergrub ich mich unter Leichen. Gut erinnern kann
ich mich an das blanke Entsetzen in den Augen der Männer, auf deren Schultern Kleinkinder saßen. Die Männer
schrien: »Wir sind Somalier! Wir sind Flüchtlinge! Tötet
uns nicht! Wir sind unbewaffnet!« Doch der Apache hörte
nicht auf zu feuern. Drei Stunden am Stück beschoss er das
Schiff und zog dann endlich ab. Langsam setzte der Kapitän das Schiff wieder in Bewegung und lenkte es durch die
dunkle Nacht übers weite Meer. Zu sehen war nichts außer
gesichtslosen Leichen. In unseren Nasen stand der Blutge-
ruch, und das Stöhnen und Weinen der Verwundeten wurde lauter. Verwundet war ich auch, doch spürte ich keinen
Schmerz. Mit halb geschlossenen Augen beobachtete ich
den Kapitän. Wenn er den Motor kurz ausschaltete, hielten
alle den Atem an.

Eine grauenvolle Ewigkeit verging, bis wir den Strand
erreichten. Wieder und wieder suchte ich zwischen den

Leichen und Verletzten nach Selma, aber ich konnte sie nirgends finden. Bis heute weiß ich nicht, was aus ihr geworden ist. Was aber aus unseren Träumen geworden ist, das weiß ich nur zu gut: Sie sind im Meer versunken.

Am Donnerstag, den 16. März 2017, beschoss ein saudi-arabischer Kampfhubschrauber um 19:00 Uhr ein Boot mit somalischen Flüchtlingen. Dabei wurden 41 Menschen getötet, zehn weitere sind im Meer verschollen, darunter Muna Oud Mahmouds Freundin Selma Kis (18 J.). Muna Oud Mahmoud (20 J.) selbst wurde verletzt sowie auch Dutzende weitere Personen, manche davon lebensbedrohlich. Das Schiff mit den Verwundeten erreichte den Fischerhafen von al-Hudaida, wo sie von Fischern in Krankenhäuser gebracht wurden. Die Huthi nahmen siebzig Flüchtlinge fest und steckten sie ins Zentralgefängnis: Die Frauen wurden in das Flüchtlingslager der Stadt verbracht.

Diebe und Retter

Tahani Mohammad Seif al-Qudsi

Das Licht reichte nicht aus, um etwas um mich herum zu erkennen. Ich lag in einer Ecke, platt gedrückt von Trümmern, direkt an der Wand zu dem Zimmer, in dem meine Töchter und Nichten gesessen hatten. Es gab kaum Luft zum Atmen, nur reichlich Erde und Staub in meiner Nase und meinem Mund. Ich versuchte hochzukommen, doch das Gewicht der Trümmer drückte mich nieder. Mein Mann lag ebenfalls unter den Brocken. Von da, wo ich lag, sah ich den Kopf von Ibtihal, der Tochter meines Schwagers, unter dem Geröll hervorschauen. Ich hörte sie rufen: »Onkel, hilf mir, mein Fuß hängt fest!« Auf allen vieren schaffte ich es, in ihre Richtung zu kriechen. Mit aller Kraft versuchte ich, einen Kühlschrank von ihrem Fuß zu rücken. Vielleicht könnte sie mir ja dann helfen, ihren Onkel zu retten. Ich stemmte und stemmte und fragte sie, ob es jetzt besser sei. Sie weinte nur: »Tante, mein Bein ist fast ab!« Die Dunkelheit verschluckte meine Stimme. Ein Lachen kam von der Straße herein. Ich hörte strauchelnde Schritte auf uns zukommen. Unbekannte Männer flüsterten miteinander. Sie fingen an, um uns herum zu wühlen und irgendetwas zu suchen. Ihre Stirnlampen leuchteten hell in jeden Winkel des eingestürzten Zimmers. Diebe waren es, Kriegsplünderer. Einer von ihnen trat auf Ibtihal. Ich schrie ihn an: »Mensch, pass doch auf! Das Mädchen unter dir lebt noch!« Erschrocken drehte er sich zu mir um. Ich flehte ihn an, uns zu helfen. Da begannen er und die anderen Männer, um meinen Mann herum zu graben. So gut es ging, grub ich von da, wo ich lag, mit. Diese tatkräftigen Diebe halfen mir graben. Wären sie nicht gewesen, hätte uns niemand geholfen. Weder der Anti-Huthi-Widerstand noch der Zivilschutz oder die Nachbarn. Ohne diese Diebe wären wir allesamt unter den Trümmern gestorben.

Dieser Tag verwandelte all unsere Freude zu Trauer und unsere Hochzeiten sollten Begräbnisse werden. Erst vor Kurzem waren wir wieder ins Haus unserer Familie gezogen, um dem Beschuss unseres Viertels durch die Huthi zu entfliehen. Meine Cousinen, die dort wohnten, freuten sich, dass die Familie wieder komplett war. Außerdem stand schon bald die Hochzeit meiner Nichte Sanaa an, die genau am Opferfest stattfinden sollte! Jeden Tag gingen die Cousinen zusammen einkaufen. Sie klapperten ein Geschäft nach dem anderen ab, immer auf der Suche nach Ballkleidern und einem passenden Brautkleid. Aber die Braut starb, und mit ihr meine anderen Töchter und fast alle Frauen in unserer Familie.

An jenem Tag hatte ihr ständiges Gekicher angefangen, mir auf die Nerven zu fallen. Das Haus war mit drei Familien einfach rappelvoll. Ich konnte meine Schwester Anissa überreden, an dem Tag im nahe gelegenen Haus unserer Schwester zu übernachten. Ich weiß noch, wie meine Nichte Sanaa ihre Mutter sehnsüchtig umarmte und ihr die Schuhe anzog. Meine Tochter Mariam küsste mich auf meine rechte Wange, und Sumajja, meine andere Tochter, streichelte mir über den Rücken. Mariam sagte: »Mama, was ziehst du denn heute für ein langes Gesicht?« *(Sie spricht mit tränenerstickter Stimme und weint. Ihre Schwes-*

ter Anissa sagt vorwurfsvoll: »Vom Weinen kommen unsere Töchter auch nicht zurück, Schwester.«)

Das waren die letzten Worte, die ich von meinen Töchtern gehört habe, bevor sie ins andere Zimmer gingen. Dann begann der Albtraum: In der ersten Szene spielt sich das schöne Leben ab, Gelächter und Gesänge sind zu hören, es laufen die Vorbereitungen für eine Hochzeit – die Kleider liegen schon bereit und die ganze Familie versammelt sich zum großen Fest. Doch mit einem Schlag wird alles ins Gegenteil verkehrt und das Licht wird zur tiefsten Finsternis.

Leichen lagen übereinandergestapelt vom Eingang bis hin zum letzten Zimmer. Ich flehte das Krankenhauspersonal an, meine Töchter sehen zu dürfen, doch sie erlaubten es mir nicht.

Ich sah sie nur von Weitem, konnte mich nicht von ihnen verabschieden. Das hätte ich aber so gebraucht, um zu begreifen, dass sie nicht mehr auf der Welt sind. Ich habe sie nicht im Totenhemd gesehen, konnte sie nicht ein letztes Mal umarmen, ihnen keinen Abschiedskuss geben. Ich war nicht auf ihrem Begräbnis oder an ihrem Grab. Von Weitem nur habe ich sie sehen können, durch das Gedränge im Krankenhaus hindurch. Nicht einmal sicher war ich, ob sie wirklich tot waren. Tief in mir hoffte ich, dass alles nur ein Albtraum war und meine Töchter lebten. Und so wartete ich auf sie zu Hause in unserem Viertel al-Hassib. Ich sagte mir: Gleich kommen Mariam und Sumajja. Dann sehe ich sie wieder. Wahrscheinlich sind sie nur kurz ins Dorf gefahren und kommen bald zurück. Schauen plötzlich zur Haustür herein, lachen über meine Ängstlichkeit und geben mir ein Küsschen, wie früher. Doch die Tage und Monate vergingen, irgendwann war ein Jahr vorbei, seit sie verschwanden, und ich begriff, dass sie tot waren. Dass ich sie nie mehr sehen würde. *(Sie weint. Ihre Stimme bricht. Ihre Schwester tröstet sie, bis sie sich schließlich beruhigt.)*

Allein der Krieg machte das Leben schon unvorstellbar anstrengend. Mit der Hoffnung, dass er bald enden würde, hielten wir uns tagein, tagaus gerade so über Wasser. Aber plötzlich geschieht das Unfassbare und zerstört dein Leben. Schon der Krieg hatte genügt, mich zu zerbrechen. Dass uns aber noch dazu eine solche Katastrophe treffen und unser ganzes Leben vernichten würde, hätte ich nie gedacht. Niemals. Wenn ich heute auf diese Monate zurückblicke, in denen wir um unser Leben kämpften und unsere Töchter ums Leben kamen, weiß ich: In all der Zeit steuerte das Schicksal zielgenau auf ihren Tod zu.

Zu Kriegsbeginn lebten wir noch in unserem Haus in al-Hassib. Ich wohnte mit meiner Familie im Erdgeschoss und meine Schwester mit ihrer im ersten Stock. Unsere Ehemänner sind Brüder. Wir fühlten uns relativ sicher in unserem Haus. Obwohl an uns ständig die Angst nagte, dass die Tankstelle nebenan eines Tages bombardiert werden könnte. Al-Hassib wurde damals von den Huthi kontrolliert. Auf allen höheren Gebäuden waren Scharfschützen stationiert. Sie schossen auf jeden, der die Straße überquerte. Irgendwann waren die meisten Bewohner weggezogen, weil sie um ihr Leben fürchteten. Als der Beschuss stärker wurde, flohen auch wir aufs Dorf. Unsere Töchter aber wollten unbedingt zurück in die Stadt.

Eines Tages hieß es, der Anti-Huthi-Widerstand wäre unterwegs, um al-Hassib innerhalb weniger Tage zu befreien. »Sorgt euch nicht um eure Häuser. Das Viertel ist beim Widerstand in guten Händen.« Wir flohen also aus unserer Wohnung, und ich ließ all mein Gold und das Geld meines

Mannes zurück. Nach dem Tod unserer Töchter kehrten wir zurück. Tatsächlich hatte der Widerstand das Viertel befreit und Posten bezogen. Unsere Wohnung war aufgebrochen und alles war geplündert worden: der Safe meines Mannes, mein ganzes Gold. So wurde uns endgültig der Boden unter den Füßen weggezogen. Wir hatten nun alles verloren. Unsere Töchter, ihre Cousinen und sämtliche Ersparnisse unseres ganzen Lebens.

Wenn das Unglück alle gleichzeitig heimsucht, ist es kaum möglich, sich gegenseitig zu trösten. Die Tochter meiner Schwester kam ums Leben. Hayat, die Frau meines Schwagers, wurde zusammen mit ihren drei Töchtern getötet. Das Zuhause ihrer Söhne ist zerstört. Ich habe meine beiden Töchter verloren. Mir blieb nur mein Sohn, dessen Frau bei dem Unglück ebenfalls verwundet wurde, sodass ihr ein Bein amputiert werden musste. Sie war schwanger. Glaubst du eigentlich an Träume? Träume sind Vorboten, denen wir meist keine Beachtung schenken. Erst wenn die Katastrophe eingetreten ist, fallen sie uns wieder ein.

Bevor meine Tochter Mariam getötet wurde, hat sie mir einen Traum erzählt. Sie sei durch einen engen, verlassenen Ort gelaufen und konnte kaum atmen. Der Weg wurde breiter, bis er schließlich eine weite grüne Landschaft war. »Als wäre ich im Paradies«, sagte sie zu mir. (Sie weint.) Nach ihrem Tod fiel mir ihr Traum wieder ein. Träume zeigen uns immer nur ein Körnchen der Wahrheit. Die Zukunft sagen sie uns nicht voraus. Als das Unglück geschah, machte ich gerade ein Nickerchen und schreckte plötzlich panisch aus dem Schlaf auf. Etwas drückte mir die Brust zusammen. An meinen Traum kann ich mich nicht mehr genau erinnern. Ich weiß nur noch, dass eine Granate eingeschlagen war. Irgendetwas flog zu mir herüber und ich schrie mir die Seele aus dem Leib.

Unsere Herzen sind unendlich traurig und unsere Seelen vor Kummer zerfressen. Tief haben sich unsere Leidensgeschichten in unsere Gesichter gegraben. Du wirst sie jetzt aufschreiben. Ich kann dir nicht ausmalen, durch welche Hölle ich gehe. Schreib einfach, was du in unseren Gesichtern siehst.

Am 23. August 2015 um 22:30 Uhr beschossen Huthi-Milizen im Al-Merkezi-Viertel in Taizz das Haus von Abdo Dirham al-Qudsi, dem früh verstorbenen Bruder von Tahanis Ehemann. Dorthin war die Familie gemeinsam mit der Familie ihrer Schwester Anissa Mohammad Seif al-Qudsi geflohen. Deren Tochter, Sanaa Mohammad Dirham al-Qudsi (27 J.), bereitete sich gerade auf ihre Hochzeit vor. Die Braut und Tahanis beide Töchter wurden getötet. Ebenso Mariam Mohammad Dirham al-Qudsi (18 J.), Sumajja Mohammad Dirham al-Qudsi (15 J.) und Hayat Qassem Numan (50 J.), die Witwe von Abdo Dirham al-Qudsi, sowie deren Töchter Amira Abdo Dirham al-Qudsi (21 J.), Samira Abdo Dirham al-Qudsi (22 J.) und Amal Abdo Dirham al-Qudsi (15 J.). Als die Milizen seine Wohnung beschossen, wurde das Telecafé der Familie von Abdo Dirham al-Qudsi zerstört. Dabei verbrannten Waren im Wert von einer halben Million jemenitischer Rial. Schließlich plünderte der Anti-Huthi-Widerstand die Wohnung von Mohammad Dirham al-Qudsi in al-Hassib. Tahanis Schwester Anissa pflegt ihre beim Unglück verwundete Tochter Ummat ar-Rahman Dschamil Dirham al-Qudsi auf eigene Kosten. Noch schwer verwundet war sie aus dem al-Safwa-Krankenhaus mit der fadenscheinigen Begründung entlassen worden, dass der Vertrag zwischen dem Krankenhaus und dem saudischen König-Salman-Zentrum ausgelaufen sei. Sprechen konnte ich auch mit Samah Dschamal Abdo Farea, der Frau von Tahanis Sohn, deren Bein amputiert wurde. Sie

war zusammen mit den Mädchen im Zimmer, als die Milizen das
Haus bombardierten. Sie erzählte, dass sie nur zufällig überlebte,
weil sie unter den Trümmern lag und plötzlich ein Fuß auf sie trat. Ihr
Mann war über sie gestolpert.

Die gesunkene Hälfte des Bootes

Ahmad Ali Abdalu

Fischer stechen nie nach Sonnenuntergang in See. Sonnenuntergang heißt immer auch Feierabend. Unsere Arbeitszeit beginnt mit der Morgendämmerung oder zu einem anderen Zeitpunkt, Hauptsache, die Sonne scheint. Anfangs bewegen wir uns nur langsam vorwärts. Ebbe, Flut und Windrichtung haben wir stets im Blick. Erst wenn wir sicher sind, dass der Wind günstig steht, fahren wir hinaus aufs weite Meer. Unsere Fahrt beginnt jedes Mal an der Küste vor al-Hudaida und führt uns zu einer Inselgruppe. Je weiter wir ins Meer vordringen, desto besser sind die Fische, die uns ins Netz gehen. Wir werfen Köder aus, und wenn wir die Netze aus dem Wasser ziehen, springen die Fische darin wild durcheinander. Jetzt stell dir einmal vor, die Fische, die da um ihr Leben springen, wären wir.

Das Meer wirkt bei Nacht bedrohlich. Wenn eine Finsternis auf die andere trifft: ein dunkler, sternenloser Himmel über einem schwarzen Meer ohne Horizont. Benommen nahm ich wahr, wie unser Boot einsam übers Wasser trieb. Einmal schubsten es die Wellen sanft vorwärts, mit einer leichten Bewegung, die meinen Körper erfasste. Dann wieder rüttelte das Meer an den Fässern, die rings um das Boot gebunden waren, und unsere Körper bebten mit. Manchmal beruhigte sich der Wellengang und das Boot lag still auf dem Wasser. Hypnotisch drehte sich der Himmel über mir, sodass mir schwindlig wurde. Ich strengte mich an, nicht völlig das Bewusstsein zu verlieren, um nicht zu ertrinken. Ich wandte meinen Blick vom Himmel ab und umklammerte das Seil, mit dem unsere Körper an der oberen Hälfte des Bootes angebunden waren. Besorgt beobachtete ich das steigende Wasser, das bereits die Hälfte des sinkenden Bootes bedeckte. Ich blickte zu meinem Freund hinüber, der schon seit einer ganzen Weile schlief. Vermutlich war er ohnmächtig geworden.

Wir waren acht Fischer. Alle kamen wir aus dem Dorf al-Dschabaliyya.[1] Als wir ablegten, war es etwa zwei Uhr nachmittags. Die Sonne brannte auf unsere Köpfe, als wir mit unserem Boot vor al-Hudaidas Küste in See stachen. Das Boot fuhr weit hinaus. Das Meer funkelte geheimnisvoll, und wir wünschten uns einen üppigen Fang. Wir einigten uns, zur Insel Tarfah[2] zu fahren. Dort wimmelte es immer nur so von Fischen. Und als wir dann die Fischschwärme unter uns sahen, freuten wir uns. Wir fühlten, heute war das Glück uns hold. Beschwingt liefen wir über Deck und warfen unsere Netze aus. Wir redeten aufgeregt und vergnügt über den großen Fang, der uns heute erwarten würde. Die Zeit verging wie im Flug. Fischer verlieren auf dem Meer zuweilen jedes Zeitgefühl. Die Uhr eines Fischers richtet sich nach der Wellenbewegung und den Fischerträgen. Uns war gar nicht aufgefallen, wie spät es schon war. Doch das Meer war ruhig. Wir konnten also in Ruhe entscheiden, wann wir ans Ufer zurückkehren wollten.

Um elf Uhr nachts hörten wir plötzlich das Dröhnen ei-

---

1 Ein Dorf im Verwaltungsdistrikt al-Tuhaita im Gouvernement al-Hudaida.
2 Die Insel Tarfah gehört zum Gouvernement al-Hudaida und befindet sich kurz vor dem bereits im Verwaltungsdistrikt al-Durhaimi gelegenen Nuchaila-Strand.

nes Flugzeugs. Zu sehen war aber nichts. Kurz zuvor hatten
wir Schüsse gehört. Später erfuhren wir, dass sie von einem
Apache-Kampfhelikopter kamen, der ein Fischerboot mit
Freunden von uns unter Beschuss genommen hatte. Das
Boot war gar nicht weit von unserem entfernt, doch es war
so dunkel, dass wir nichts erkennen konnten. Aber natürlich erschraken wir und begannen kräftig zu rudern. Der
Schweiß triefte uns von der Stirn und lief am Körper entlang. Wir ruderten, so schnell wir konnten. Wir ruderten
gegen die Zeit. Wir ruderten um unser Leben. Doch wir
kamen nicht weit. Der Apache hatte uns schon ins Visier
genommen und begann, unser Boot zu beschießen. Es
wankte hin und her, und die Wellen schlugen über unseren
Köpfen zusammen. Jeder Einzelne von uns wurde verwundet. Irgendwann verlor ich vor Schmerz das Bewusstsein.
Als ich meine Augen wieder öffnete, lag bereits die eine
Hälfte des Bootes unter Wasser. Ich suchte meinen Bruder,
meinen Cousin und meine anderen Fischerkollegen, aber
ich konnte sie nicht finden. (Er weint.)

Bis heute weiß ich nicht, was mit meinem Bruder Mohammad und meinem Cousin Ahmad geschehen ist. Wurden sie verletzt? Oder sind sie ertrunken wie die anderen,
als der Apache-Hubschrauber das Boot beschoss? Haben
die Wellen ihre Körper auf eine abgelegene Insel gespült
oder auf den Meeresgrund hinabgezogen? Nur dass ich
ohnmächtig wurde, nachdem sie mich angeschossen hatten, weiß ich noch. Als ich wieder zu mir kam, hatten meine Freunde meinen Körper mit einem Seil an den Fässern
festgebunden. Die einzigen Überlebenden zu diesem Zeitpunkt waren ich und zwei weitere Fischerfreunde. Alle drei
waren wir verwundet und auf dem Meer war sonst weit
und breit niemand, der uns hätte retten können. Keine
Menschen, keine Küstenwache. Der Helikopter hatte unser

Boot beschossen. Anschließend war er einfach abgezogen und hatte uns auf dem Boot allein zurückgelassen. Allmählich sank unser Boot. Ungehört verhallten unsere Schreie, unser Weinen und unsere Hilferufe über dem weiten Meer. Meine Hand, mein Bein und mein Kopf waren verletzt, doch die Trauer um meinen Bruder, meinen Cousin und meine Freunde rückte alles um mich herum in den Hintergrund. Immer mehr Wasser strömte in die sinkende Hälfte des Bootes. Wir warteten einfach auf unseren Tod. *(Er stöhnt von den Schmerzen seiner Verletzung. Dann schweigt er.)*

Halb bewusstlos, halb im Schlaf, fühlte ich die Bewegungen des Bootes, das endlos durch die Nacht trieb. Ich blickte in den Himmel. Die Zeit schien stillzustehen. Es fühlte sich an, als wären wir die letzten Menschen auf der Welt. Wir hörten nichts, nur das Rauschen der Wellen um uns herum und unser Stöhnen vor Schmerzen. Als die ersten Sonnenstrahlen meinen Kopf trafen, schlug ich die Augen auf. Jetzt war das Meer ruhig. Es schien rot zu glühen vor Blut. Ich öffnete meine Augen, so weit ich konnte, und versuchte zu erkennen, wo wir waren. Waren wir vielleicht schon wieder in Küstennähe? Als ich mich umsah, war aber, so weit das Auge reichte, nichts als das weite Meer zu erkennen.

Neun Stunden insgesamt blieben wir nach dem Beschuss durch den saudischen Apache auf dem Wasser. Fünf Fischer, mein Bruder und mein Cousin sind im Meer verschollen. Wir wissen bis heute nicht, was mit ihnen geschah. Neun Stunden lang hingen wir fest in einem kenternden, einsam dahintreibenden Boot und dämmerten verwundet und halb bewusstlos vor uns hin. War ich wach, dachte ich an meine ertrunkenen Freunde und Verwandten. Meine Augen waren zu erschöpft, um sie offen zu halten. Immer wieder musste ich sie schließen. Um neun Uhr morgens entdeckte uns zufällig das dschibutische Schiff »Boto«. Wir wurden an Bord gezogen und ins Krankenhaus gebracht. Und da bin ich noch immer, wie du siehst.

Am Mittwoch, den 15. März 2017, beschoss um 23:00 Uhr ein Apache-Kampfhubschrauber der Militärkoalition ein Fischerboot nahe der Insel Tarfah, die gegenüber der Stadt al-Hudaida liegt. Ahmad Ali Abdalus Bruder Mohammad Ali Abdalu (20 J.) und sein Cousin Ahmad Mohammad Amari (18 J.), sowie Abdelkarim Ali Dschaber, Hassan Maafi Mussa Dschamal und Mohammad Hassan Yahia gelten als verschollen. Ich traf Ahmad Ali Abdalu im Al-Thaura-Krankenhaus in al-Hudaida, verwundet und unter Schock.

Ein Zimmer für alles Verlorene

Intizar Radman al-Qubati

In diesen Teil der Wohnung gehe ich erst gar nicht. Klar liegt die Küche gleich nebenan. Aber wenn ich in die Küche muss, laufe ich einfach schnell und ohne mich umzudrehen an diesem Zimmer vorbei. Seit einem Jahr ist es verschlossen. Manchmal ist es, als hörte ich ein Lachen darin oder dass sich etwas im Zimmer bewegt. Die meiste Zeit aber höre ich gar nichts. Als wir drei Monate nach dem Unglück zum ersten Mal wieder in unserer Wohnung waren, öffnete mein Mann das verschlossene Zimmer: »Lass es uns lieber offen lassen«, sagte er. »Du musst dich daran gewöhnen, dass sie nicht mehr da sind.« Ich war völlig überfordert und es machte mir Angst, die Zimmertür nach so langer Zeit erstmals wieder geöffnet zu sehen. Auf Zehenspitzen schlich ich hinein. Alles war noch genau wie früher, jedes Ding an seinem Platz und der Raum trotz der vergangenen Zeit völlig unverändert: Die Schuluniformen hingen noch immer auf den Kleiderbügeln, der Bleistift lag noch auf dem Tischchen, die Zeugnisse und Urkunden hingen an den Wänden, ebenso unsere gemeinsamen Fotos. Staub bedeckte die Bilderrahmen, doch die zwei Betten standen so ordentlich bezogen da wie zuvor. Ich schlich hinaus, schloss die Zimmertür und machte sie nie wieder auf.

Ich weiß noch genau, wie ich die beiden an den Händen hielt. Die Nachmittagssonne stand tief am Himmel, und wie immer um diese Uhrzeit spielten Kinder auf der Straße.

Rauan und Ola lachten und ihr Lachen steckte mich an. Ich hatte darauf gewartet, dass sie von der Schule heimkamen, weil wir wie jede Woche meine Mutter besuchen wollten. Sobald sie mit den Hausaufgaben fertig waren, gingen wir los. Sie freuten sich schon auf ihre Großmutter und darauf, mit ihren Cousins zu spielen. Das Haus, in dem meine Mutter und mein Bruder lebten, lag nur wenige Meter von unserem entfernt. Als wir dort waren, verging die Zeit wie im Flug. Schnell war es schon wieder halb fünf, und wir machten uns auf den Heimweg. Rauan und Ola besprachen gerade ganz vertieft etwas aus der Schule und bezogen mich immer wieder in ihr Gespräch ein.

Die Explosion hatte ich gar nicht wahrgenommen. Ich weiß nur noch, dass ich mich zu ihnen umdrehte, weil ich etwas sagen wollte, und sah, wie sie plötzlich ausgestreckt auf dem Boden lagen. Ich geriet in eine andere Welt. Als würde mir Flutlicht in die Augen strahlen. Ich schrie und hörte den Widerhall meiner eigenen Stimme. Mein Ich war wie hinter einer Milchglasscheibe. Stimmengewirr herrschte in meinem Kopf und mir war, als würde ich schweben.

Doch ich schwebte nicht, sondern stand nur da und starrte meine beiden Töchter an. Stand wie angewurzelt, ohne auch nur einen Schritt auf das Haus meines Bruders zuzugehen, um ihn zu Hilfe zu rufen.

Krampfhaft starrte ich sie an und versuchte mich zu erinnern, wann ich ihre Hände losgelassen hatte. Was hatte meine Aufmerksamkeit von ihnen abgelenkt? *(Sie schweigt.)* Doch war es so? Hatte ich ihre Hände wirklich losgelassen? Oder hatte die Explosion sie mir entrissen? Andererseits stand ich weniger als einen Schritt von ihnen entfernt. Diese Fragen gehen mir nicht aus dem Kopf und ich finde keine Antworten. Mir fehlen zu viele Puzzleteile. Ich erinnere mich, dass ich gerade einen Satz zu Ende sprach, als ich sie plötzlich am Boden liegen sah. Mir war in dem Augenblick gar nicht bewusst, dass sie verletzt waren. Auch den Mann hinter mir, den ein Bombensplitter getroffen hatte, nahm ich nicht wahr. Auf der Stelle war er tot umgefallen. Genauso wenig merkte ich, dass ich selbst verletzt war.

Meine Augen flogen zwischen Rauans und Olas Körper hin und her, während ich einfach nur dastand. Ich versuchte einen Fuß anzuheben, um einen Schritt zu ihnen zu gehen, doch meine Füße waren wie festgeklebt. Mit äußerster Anstrengung bewegte ich mich vorwärts. Um mich herum stand die Welt still. Meine Beine waren butterweich und konnten mich nicht tragen. Da erblickte ich meinen Sohn. Sein Gesicht, so erinnere ich mich, trat langsam aus dem Qualm der Rakete hervor.

Die seltsamen Anzeichen, die sich an jenem Tag zusammenfügten, hatte ich zu dem Zeitpunkt noch gar nicht wahrgenommen – wir hatten den wöchentlichen Besuch bei meiner Mutter verschoben und das Haus später als sonst verlassen; über mehrere Tage vor dem Unglück hatte ich ein ungutes Gefühl, das ich mir als Sehnsucht nach meinem Vater erklärte. Zwei Monate vorher war er durch den Schuss eines Scharfschützen getötet worden. Stumm hatte uns das Phantom des Todes begleitet – eine bohrende Sorge im Hintergrund, die unser Leben beherrschte, ohne dass wir darüber zu sprechen wagten.

Als wir ins Krankenhaus fuhren, brach die Nacht herein. Wie ein Gespenst, das nichts mehr mit den Lebenden verband, betrachtete ich die Menschen auf der Straße durch die Autoscheibe. Schüsse und Raketenlärm holten mich in die Wirklichkeit des Krieges zurück, der mir meine Töchter entrissen hatte. Tränen hatte ich keine mehr. Nur im Herzen einen Schmerz, der mir wie ein Felsbrocken auf der Brust lag. Endlich im Gang des Krankenhauses sah ich meine kleine Tochter Ola. Als ich näher an ihr Bett treten wollte, zerrte mich der Arzt aus dem Zimmer und sagte: »Wir müssen sie ins Thaura-Krankenhaus verlegen, wo auch ihre Schwester liegt. Wir haben hier keinen Sauerstoff mehr.« Ich erinnere mich daran, dass mein Mann in jener Nacht lange weinte und ich nicht wusste, warum. Er wollte mir nicht sagen, dass Ola tot war. Mir wurden viele Ausreden aufgetischt, um zu verhindern, dass ich sie sah. Im Übrigen war auch ich verwundet und mein Rücken blutete, aber ich spürte keinerlei Schmerz. Erst zwei Tage später, am Freitag erfuhr ich, dass meine Tochter tot war. Selbst da habe ich nicht geweint. Seit dem Unglück kann ich nicht mehr weinen.

Ich klammerte mich an die Hoffnung, dass meine große Tochter Rauan, die auf der Intensivstation lag, überleben würde. Stundenlang saß ich hinter der Glasscheibe und betrachtete sie. Verzweifelt versuchte ich, alle negativen Gedanken zu verscheuchen, und sagte mir: »Meine Tochter wird es schaffen. Sie wird überleben.« Kurz bevor sie vier Tage nach ihrer Schwester am 10. Januar starb, öffnete sie, wie mir später erzählt wurde, ihre Augen noch für einen Moment.

Meine Trauer übersteigt meine Fähigkeit, mit der alles umfassenden Leere umzugehen, die die beiden hinterlassen haben. Wie hypnotisiert starre ich auf diese Leerstelle. Wie ein Krebsgeschwür breitet sie sich um mich herum aus. Ich habe keine Tränen mehr, um über all die Sehnsucht nach meinen Töchtern weinen zu können. Mit ihrem

Tod sind alle Tränen versiegt. Für meinen Sohn und meinen Mann versuche ich wirklich alles, damit es mir besser geht. Sie waren so erleichtert, weil ich überlebt habe. Die ganze Zeit spüre ich, wie sehr sie sich um mich sorgen. Nachts steht mein Sohn auf und ich höre seine Schritte, wenn er zu mir ans Bett kommt, um nachzusehen, ob ich gut schlafe. In diesen Momenten unterdrücke ich meine Trauer.

Mir ist es ein Rätsel, wie andere Mütter es schaffen zu weinen. Mir sind die Tränen ausgegangen. Außer Kummer ist mir nichts geblieben. Wenn ich die ständig verschlossene Zimmertür sehe, denke ich, dass sie am besten verschlossen bleiben sollte. In dem Zimmer sind ihre lieben Seelen beschützt: mit ihren kleinen Träumen, die an den Wänden hängen, und mit all den Fotos ringsherum. Wenn ich an der verschlossenen Tür vorbeischleiche, an meine beiden Lieben denke und ihre Stimmen von irgendwo aus der Ferne höre, fühle ich die Geborgenheit, die ich zum Weiterleben brauche.

Am Mittwoch, den 6. Januar 2016, um 16:30 Uhr schlug eine von den Huthi abgefeuerte Granate neben der Jordanischen Universität in Taizz ein. Genau dort, wo gerade eine Gruppe Kinder spielte. Zwei Kinder wurden auf der Stelle getötet: Intizar Radman al-Qubatis Tochter Ola Aref Ali Murschid (10 J.) und Mohammad Wahib Abdallah (12 J.). Intizars Tochter Rauan Aref Ali Murschid (14 J.) wurde schwer verletzt. Sie erlag am 10. Januar 2016 ihren Verletzungen, vier Tage nach dem Tod ihrer Schwester. Auch die Mutter Intizar Radman wurde von einem Granatsplitter getroffen. Anfangs war sie dagegen, dass ich ihre Geschichte aufnehme – zu schwer lastete noch das Trauma auf ihr.

Aber es war doch gar kein Schicksal

Nawal Abdallah Mohammad

Mir erscheint sie nie im Traum. Nur den anderen Frauen der Familie. Oft träumen sie von ihr und erzählen mir von Leila, die sie in ihren Träumen heimsucht. Erzählen mir, was sie gesagt oder getan hat. Wie sie ihre Tochter Nuhad in den Schlaf gewiegt und ihr unsere Gutenachtlieder vorgesungen hat. – Gutenachtlieder und Abendlieder, die wir immer sangen, wenn wir gemütlich vor unseren Blechhütten unter den Palmendächern saßen und uns von der Hitze abkühlten. Seinerzeit plauderten wir dann über den vergangenen Tag. Ab und zu lachte Leila unvermittelt auf, wenn ihr etwas Lustiges durch den Kopf gegangen war. Auch in den Träumen der Frauen geschieht das ab und zu. Manchmal aber erzählen sie mir, wie todtraurig sie in ihren Träumen war. Genauso traurig wie an ihrem letzten Tag, als sie sagte: »Es geht mir gar nicht gut.« Im Nachhinein glauben wir, dass sie ihren Tod vorausgeahnt hat. Während sie von Leila erzählen, schweige ich. Ich verstumme vollends. So wie damals, in jener Nacht, als die Schreie meiner Tochter durch die albtraumhafte Feuersbrunst drangen, die unsere Blechhütten verschlang. Menschen, die ich nicht erkannte, gefangen in einem Flammenmeer. Hilfeschreie und Augenpaare, die mich anstarrten.

Als ich aus dem Haus rannte, war der Himmel schwarz. Keine Sterne mehr, nur Brände erleuchteten die Nacht. Die Feuerzungen griffen um sich, nahmen immer mehr Blechhütten ein. Hilfeschreie waren zu hören und lautes Weinen. Und dann geschah etwas Eigenartiges. Ich weiß nicht, was mit mir los war. Ich schrie die anderen aus Leibeskräften an, sie sollen doch bitte Leila und ihre Familie retten. Erzählt aber wurde mir später, dass ich nur stumm und wie angewurzelt an Leilas Türschwelle stand. Kein Ton kam über meine Lippen. Ohne ein Wort hätte ich in die Flammen gestarrt. Angstvoll hätten sie auf mich gewartet. Dort, wo ich stand und fest glaubte, aus voller Kehle gebrüllt zu haben, hätte ich, so sagen sie mir, nur mit dem Finger auf das brennende Haus gezeigt und keinen Laut von mir gegeben. Dabei erinnere ich mich doch noch so deutlich an meine Schreie in jener Nacht. Als ich dastand und zwischen den Flammen nach ihr suchte.

Schau: Hier war Leilas Haus. Direkt neben der Friedhofsmauer. Darin ist sie mit ihrer gesamten Familie verbrannt. *(Sie weint.)* Noch immer sehe ich den Gesichtsausdruck von Leilas Tochter Nuhad, als sie vor meinen Augen verbrannte und ihr zarter Körper sich in einen Klumpen verbrannte Haut und morsche Knochen verwandelte. Während ich sie sah, weinte ich, aber ich weinte wegen Leila. Wie glücklich sie gewesen war, als sie mit Nuhad endlich schwanger wurde. Fünf Jahre lang hatte es gedauert, so viele vergebliche Versuche. Leilas Nichte Rinad, die Tochter ihrer Schwester, war zuerst nicht aufzufinden. Die Wucht der Rakete hatte ihren kleinen Körper weit fortgeschleudert. Sie wurde draußen gefunden, verbrannt und zerfetzt. Als Leilas Leichnam aus den Flammen gezogen wurde, verschloss ich meine Augen. *Ihr* Gesicht wenigstens wollte ich so in Erinnerung behalten, wie ich es von jeher kannte: als Gesicht einer jungen, lebenslustigen Frau.

Leila erscheint mir nie im Traum. Aber ich sehe sie vor mir, wenn ich wach bin. Sehe sie auf ihrem mühsamen Lebensweg: unterwegs von unserem Heimatdorf al-Husseiniya nach al-Hudaida, einer kräftezehrenden Reise auf der Suche nach Sicherheit. Leila hat in ihrem Leben viel gelitten. Zunächst fand ihr Mann keine Wohnung und sie lebten für ein Jahr bei Leilas Mutter. In der Zeit wurde sie schwanger und brachte Nuhad zur Welt. Irgendwann schlug mein Bruder vor, dass sie in seine leer stehende Wohnung ziehen sollten. Es freute uns sehr, als sie zusagten. So konnte unsere kleine Familie endlich zusammenleben. Das Grundstück hatte uns nach dem Ersten Golfkrieg der Staat geschenkt, als wir aus Saudi-Arabien in den Jemen zurückkehrten. Auf dieses Stück Land hatten wir unsere Häuser gebaut, nebeneinander, getrennt von schmalen Durchgangswegen. Wir waren glücklich. Wir waren sicher, uns in diesem Leben gemeinsam durchschlagen zu können. Komme, was wolle.

Das war genau drei Tage vor ihrem Tod. Ich weiß noch, wie glücklich Leila während dieser ersten Tage bei uns war. Ganz versunken richtete sie die neue Wohnung ein, sang, schrubbte Böden und stellte nach und nach ihre Möbel in den verschiedenen Zimmern auf. Als ich sie damals singen hörte, musste ich lächeln.

Am Tag des Unglücks selbst habe ich sie nicht gesehen. Später erzählten mir die anderen Frauen der Familie, dass Leila ihre Mutter besuchen gegangen war. Ihre Nichte hatte sie im Schlepptau, weil Rinad unbedingt mitwollte. Kurz nachdem sie zurückkehrten, schlug die Rakete ein. Sie traf die Abwasserrohre zwischen unseren Häusern. *(Ihre Augen schweifen in Richtung Friedhof.)*

Ist das nicht fast schon lachhaft? Eine Rakete auf Abwasserrohre zu feuern? Später hieß es in der Nachbarschaft, die Militärkoalition habe ursprünglich das Haus des Huthi-Anführers Darwisch treffen wollen. Des Huthi-Anführers Darwisch! Als wir das hörten, weinten wir vor Lachen. Darwisch ist mein Onkel! Der Bruder meines Vaters. Kein Anführer oder Politiker. An keinem Tag in seinem Leben hat er sich je für Politik interessiert! Mein Onkel wohnte nebenan und war einfach nur ein mittelloser Mann. Bei dem Angriff stürzten die Wände seines Hauses ein und fielen tosend auf Leilas Haus. *(Nawal verstummt. Sie sieht sich um. Blechhütten stehen hier abwechselnd neben Grabstätten. Die Fenster und Türen der Häuser geben die Sicht frei auf abgenutztes, morsches Mobiliar. Kinder spielen im Staub. In einem Winkel des Friedhofs sitzen drei junge Männer ins Gespräch vertieft. Eine teilweise eingestürzte Lehmmauer trennt die Blechhütten vom Friedhof. Aus dem Nebenraum hören wir das Ächzen von Nawals Vater lauter werden. Ich blicke zu der Stelle, wo einst Leilas Haus stand. Alte Brandspuren auf einer Handvoll Felsbrocken.)*

Rinads Mutter ist bis heute nicht darüber hinweg, dass sie ihre Tochter und ihre Schwester verloren hat. Sie weint viel und führt Selbstgespräche. Einmal sagt sie, dass es Schicksal war, dem niemand entgehen kann. Um dann plötzlich wie als Antwort zu sich selbst zu schreien: »Aber es war doch gar kein Schicksal! Die Koalition hat sie getötet! Mörder haben sie umgebracht!« Wir alle müssen weinen, wenn wir sie so schreien hören. Zusammen mit Rinad liegt Leila auf diesem Friedhof begraben. Ihr Mann jedoch liegt mit ihrer Tochter weit weg in ihrem Heimatdorf.

Leilas Tod und der ihrer Familie war für uns alle eine Katastrophe. Wir leben seitdem in ständiger Angst. Schließen uns zu Hause ein und verlassen kaum unsere Häuser. Eines Tages wollte ich mit meiner Tochter ins Bahdscha-Zentrum für Naturheilkunde gehen. Sie leidet an Hirnatrophie und sollte dort behandelt werden. Kurz bevor wir ankamen, bombardierten die Kampfjets der Militärkoalition das Zentrum. Wie viele Menschen an jenem Tag getötet wurden, weiß ich nicht. Das Leben hier erfüllt mich nur noch mit Angst. Wir sind hier an keinem Ort mehr sicher.

Meine kleine Tochter Amina kann natürlich überhaupt nicht begreifen, was um sie herum geschieht. Doch jedes Mal bekommt sie eine Panikattacke, wenn sie das Dröhnen eines Flugzeugs hört. Mit ihrer kleinen Hand zeigt sie hoch zum Himmel und sagt: »Großer Gott!«

Am 20. Dezember 2015 um 23:00 Uhr feuerten Flugzeuge der saudi-arabisch geführten Militärkoalition eine Rakete auf die Abwasserrohre des Viertels »al-Schuhada« in al-Hudaida. Dabei kam Nawals Cousine Leila Ahmad Saghir (27 J.) ums Leben sowie deren Mann Ali Abdullah Wahisch (30 J.), deren Tochter Nuhad Ali Abdullah Wahisch (3 Monate) und Rinad Mohammad Ghayeb (3 J.), die Tochter von Leilas Schwester, sowie der Nachbar Hamid Mohammad Ali (60 J.). Seine Frau Saada Salem Ali (80 J.) wurde schwer verletzt und erlag zwei Monate später ihren Verletzungen.

Nie endender Schmerz

Samira Mohammad Abdel Wasea

Mein Sohn Madschd starb genau in dem Moment, als die Bombe auf dem Platz einschlug. Sein Körper verbrannte. Wie mir später berichtet wurde, ist er geschmolzen. Ich klammerte mich an die Hoffnung, dass mein anderer Sohn Muhannad gerettet werden könnte. Die ganze Nacht delirierte er, geplagt von Albträumen über Menschen ohne Köpfe und mit verbrannten Gesichtern, die mit Messern hinter ihm herwankten. Ihn töten wollten. Andere hätten sich im Kühlschrank seines Krankenhauszimmers versteckt. Sie warteten nur darauf, dass er endlich einschliefe, um sich an ihm zu rächen. Nur sie konnte er sehen. Uns nicht. Er redete auf sie ein und beschimpfte sie. Wir versuchten ihn zu beruhigen, wollten ihn überzeugen, dass ihn niemand verfolge. Dass wir bei ihm wären und es nie zulassen würden, dass ihm jemand auch nur ein Haar krümmte. Die Ärzte rieten uns, geduldig zu sein. In dieser Phase leide er nun einmal an optischen Halluzinationen.

Vier Tage nach dem Tod meines Sohnes Madschd ließ ich die Trauerweiber allein zu Hause, weil ich dachte: Nun ist der eine tot, dann müssen wir wenigstens den anderen retten. Es war ein letzter Funken Hoffnung, den ich in mir schürte. Etwas, für das es sich noch zu kämpfen lohnte. Es war nicht so, dass ich vor meiner Trauer um Madschd davonlief. Es war der aufrichtige Versuch, meinen anderen

Sohn zu retten. Denke ich heute an jene Tage zurück, an die vielen Monate, die ich an Muhannads Krankenhausbett verbrachte, komme ich mir wie eine besessene Krankenschwester vor, die verzweifelt versucht, ihren Sohn zu retten. Muhannad hatte schwere Verbrennungen erlitten, Verbrennungen dritten Grades. Wenn ich auch nur einen Moment lang nicht aufpasste, lief er Gefahr, seinem Bruder Madschd in den Tod zu folgen. Ich lief den gleichgültigen Ärzten hinterher, bettelte sie an, meinem Sohn zu helfen. Gleichzeitig war mir völlig klar, wie überdrüssig sie dieser Elendsbilder sein mussten, die diese Stadt ständig bot. Längst waren sie gegen die Hilferufe der Opferfamilien immun. Doch ich ließ nicht locker. Als verletzte Mutter war ich bereit, es mit der ganzen Welt aufzunehmen, wenn ich nur mein Kind retten würde.

Einige Monate später überzeugten mich die Ärzte, dass Muhannad nach Sanaa verlegt werden müsste. Es bestand die Gefahr, dass er sonst seinen Fuß verlieren würde. Ein Granatsplitter hatte seine Haut, das Gelenk, Gewebe und die Sehnen zerfetzt. Er ist doch noch viel zu klein für eine so bleibende Behinderung, war meine Sorge. Unentwegt starrte ich auf seinen kleinen, verbrannten Körper: sein Gesicht, die Lippen, Augenbrauen, Haare, seinen Rücken und den Fuß, der vielleicht amputiert werden musste. Wenn ich auf seine Augen blickte, sah ich sie wieder: die Feuersbrunst. Ich hörte die Schreie der Opfer, sah Madschds Gesicht und Muhannads völliges Entsetzen über den Tod seines geliebten Bruders.

Wenn er wach war, fragte Muhannad mich ständig nach Madschd. »Dein Bruder liegt auf der Intensivstation«, log ich, denn er wollte ihn unbedingt sehen. »Madschd ist in einem kritischen Zustand. Er wurde zur Behandlung

nach Sanaa verlegt«, antwortete ich ein anderes Mal aus-
weichend. Ich hatte Angst, ihm die Wahrheit zu sagen. Die
Wahrheit, dass sein Bruder tot war. Auch selbst hatte ich
den Verlust noch gar nicht begreifen können, geschweige
denn, dass ich gewusst hätte, wie ich Muhannad über seinen Schmerz hinwegtrösten sollte. Dann hätte ich ja alles
auch noch einmal selbst durchlebt.

Als wir in Sanaa das Krankenhaus betraten, sagte Muhannad als Erstes: »Mama, jetzt sind wir doch in Sanaa! Jetzt
will ich aber Madschd sehen!« – »Mein lieber Sohn, jetzt
hat man deinen Bruder aber ins Ausland verlegt«, log ich.
Sein Gesicht hellte sich auf: »Oh, das heißt, es gibt Hoffnung, dass er wieder gesund wird, ja?« Mir wurde klar, dass
ich so die Illusionen, an die er sich klammerte, nur immer
weiter ausbaute und er sich am Ende in ihnen verirren würde. Schluchzend brach ich zusammen: »Muhannad, dein
Bruder ist tot!« *(Sie weint. Ihr Schluchzen wird lauter. Ihre
Töchter weinen auch. Ihr Mann tröstet sie. Sie beruhigt sich
wieder.)*

Niemals werde ich seine tröstenden Worte vergessen:
»Aber Mama, wein doch nicht. Du hast einen Sohn verloren, aber Gott hat den anderen für dich gerettet. Doch
was soll ich denn sagen? Ich habe meinen großen Bruder
verloren, der mir Halt gab im Leben.«

Da mussten wir alle weinen: ich als trauernde Mutter,
ihr dem Tode entronnener Sohn, der Vater und unsere drei
Töchter. Wir weinten so sehr, als wäre Madschd erst soeben
gestorben und würde nun in Muhannad weiterleben.

Kinder können nicht nachempfinden, wie unersetzbar jedes einzelne Kind für eine Mutter ist. Selbst wenn du ein
Dutzend Kinder hast: Verlierst du eines, verlierst du einen

Teil deines Selbst, der durch nichts zu ersetzen ist. Du erinnerst dich, wie das Kind in dir heranwuchs. Du denkst an die Tage und Nächte, in denen du wach lagst und von seiner Zukunft träumtest. Meine Freude darüber, dass Muhannad überlebt hatte, konnte mich nicht darüber hinwegtrösten, dass ich Madschd verloren hatte.

Immerzu denke ich an Madschd, meinen ältesten Sohn, meinen Erstgeborenen. Siebzehn Jahre war er alt, voller Lebensfreude. Gerade war er aus den Kinderschuhen herausgewachsen und seine Jugend war angebrochen. Madschd war anders als die anderen Jungen in seinem Alter. Er war sehr wild und raufte sich ständig mit seinen Geschwistern. Das hat mich oft sehr zornig gemacht. Heute weiß ich, dass ich ihm mit meiner ständigen Meckerei zugesetzt habe. Ich habe sein Selbstvertrauen nicht genug gestärkt.

Ich erschrak fürchterlich, als Madschd uns eröffnete, dass er sich bewaffnen und dem Anti-Huthi-Widerstand anschließen wollte. Mir wurde es ganz bang ums Herz. Augenblicklich sah ich Madschd vor meinen Augen ausgestreckt in einer Blutlache auf dem Boden liegen. Tausende junge Männer enden so und fallen diesem Krieg zum Opfer. Nichts bleibt von ihnen übrig als ein Foto. Das reichen die Kriegsparteien nach ihrem Tod noch ein wenig herum, bis sie schließlich vergessen werden. Nur von den Müttern nicht, deren Herzen der Kummer zerfrisst. Diese Idee musste ich ihm unbedingt ausreden. Also sagte ich, dass es durchaus andere Wege gäbe, den Widerstand zu unterstützen, auch ohne Waffen. Doch davon wollte er nichts wissen. »Wenn du erst einmal zwanzig bist, kannst du machen, was du willst. Jetzt aber bist du für so was noch zu jung«, sagte ich ihm. Seit diesem Gespräch ließ mich

die schreckliche Vorstellung von Madschd in einer Blutlache nicht mehr los. So verbot ich ihm weitestgehend, das
Haus zu verlassen. Wenn ich es doch einmal erlaubte, beobachtete ich genau, wo er wann hinging, und passte auf,
dass es nicht zu weit weg war. Aber seit er gestorben ist,
weiß ich, dass sich der Tod nicht überlisten lässt. All meine
mütterlichen Vorsichtsmaßnahmen haben nicht geholfen.
Ich konnte nicht verhindern, dass sich der Krieg Madschd
holte. Er wurde getötet, als er gerade in unserer Straße Fußball spielte. *(Sie weint.)*

Wenige Monate nach seinem Tod sah ich Madschd im
Traum. Wunderschön sah er aus, und ich weinte mir all
meinen Kummer von der Seele. Endlich war er gekommen!
»Oh, Madschd, mein Sohn!«, rief ich. »Ich dachte, du bist
tot!« Er lächelte mich an: »Sei mir nicht böse, Mama.«
Ich lief zu ihm, um ihn zu umarmen, doch ein stechender
Schmerz in meinem Inneren riss mich aus meinem Traum.
So ist es immer, wenn ich an Madschd denke. Mein Herz
zieht sich vor Schmerz zusammen. Obwohl ich an Schicksal glaube, mein Mann und ich vollauf mit der Pflege seines
Bruders beschäftigt sind und wir alles, was wir besaßen,
dafür verkauft haben, ist und bleibt Madschd in mir ein nie
endender Schmerz.

Am Donnerstag, den 20. August 2015, um 16:30 Uhr beschossen
Huthi-Rebellen eine Gruppe Kinder im Viertel al-Qaria im Bezirk Ussaifira in Taizz. Dabei kam Samira Mohammad Abdel Waseas Sohn
Madschd Mutahhar Hizam Mohammad (17 J.) ums Leben. Ihr Sohn
Muhannad Mutahhar Hizam Mohammad (13 J.) wurde schwer verletzt so wie andere Kinder auch. Die Familie musste alles verkaufen,
was sie besaß, und sich Geld leihen, um ihren Sohn zu retten. Weder
die offizielle Regierung noch einer der Invaliden-Vereine ließen ihnen

auch nur irgendeine Art von Unterstützung zukommen. Muhannads gesundheitlicher Zustand ist nach wie vor bedrohlich. Die Familie versucht, ihn vor einer bleibenden Behinderung zu bewahren.

Und doch schlug sie ein

Ahmad Abdellatif Seif

Was ich sah, war ein Horrorfilm. Völlig irreal. Ein Film ohne Ton, ohne Schauspieler. Ein Film, der sich innerhalb einer Sekunde selbst drehte und den niemand gesehen hat außer mir: Aus dem Westen kommt eine Rakete geflogen und fällt auf das Haus meines Bruders. An dieser Stelle halte ich das Band in meinem Kopf meistens an und spule zurück. Dann im Schnellvorlauf wieder vor. Ich will sehen, was als Nächstes geschieht. Manchmal drücke ich auf Pause. Dann spiele ich die Szene in Zeitlupe wieder ab, betrachte jedes Detail ganz genau. Ich übernehme die Regie, lasse die Rakete anhalten und die Zeit, immer wieder aufs Neue.

Nachts, wenn mein Bruder traurig und stumm dasteht und all meine Versuche, ihn zu trösten, gescheitert sind, denke ich: Hätte ich doch nur die Macht besessen, die Rakete anzuhalten. Wäre doch nur eine Kraft des Universums eingeschritten. Ein Erdbeben. Ein Zyklon. Etwas Größeres als wir alle. Das die Rakete in der Luft hätte zerbersten lassen, bevor sie unser Leben zerstörte. Aber dann denke ich, dass die Rakete ja nicht einfach so vom Himmel gefallen ist. Vorausgegangen waren die Entscheidungen eines Verbrechers. Des Mannes, der auf den Knopf drückte und Frauen und Kinder tötete, nachdem er sein Angriffsziel festgelegt hatte: das Haus meines Bruders.

Schau. Es gibt nichts um uns herum, hier in al-Qatia.[1] Gar nichts. *(Er schweigt.)* Nur ein paar ärmliche, verstreut in der Landschaft herumstehende Häuser, eine Autowerkstatt und einen Wochenmarkt. Hier sind keine Trainingscamps, keine Militärpatrouillen, keine Kämpfer, keine Huthi, keine Kasernen. Wir führen hier ein abgeschiedenes Leben. Wir hatten mit dem Krieg da draußen nichts zu schaffen. Wir wollten einfach nur in Frieden leben. Aber dann kamen sie mit ihren Raketen und töteten die Familie meines Bruders. *(Holt eine Zigarette hervor und raucht.)* Einige Tage nach dem Raketenangriff bekam ich mit, was in der Nachbarschaft geredet wurde. Es machte mich stinkwütend. Eigentlich habe diese Rakete der Koalition die Antenne des Telekommunikationsunternehmens Sabafon treffen sollen, wurde erzählt. Sie steht in der Nähe des Hauses meines Bruders. Diese Lügner! Diese Schurken! Wenn wahr wäre, was sie sagen, dann hätte die Koalition die Anwohner doch warnen müssen:»Hört mal, ihr Idioten! Wir werden jetzt diese verfluchte, nutzlose Antenne abschießen.« Dann hätten wir brav unsere Kinder und Verwandten eingesammelt und wären in die Wüste geflohen. Aber die Antenne hat keinen einzigen Kratzer abbekommen. Kein Wunder, denn die Rakete hat genau in das Haus meines Bruders eingeschlagen. Das hatte sie ja auch angepeilt.

Ich weiß nicht, was mich in jenem Moment geritten hat. Doch ich blieb stehen. In der Filmversion, die sich in meinem Kopf abspielt, mache ich das auch gar nicht. Doch die Realität sah anders aus. Als ich den Tod vor meinen Augen sah, ergriff mich Panik. Mein Körper erstarrte, als ich mir vorstellte, was gleich passieren würde. Mein Bruder stand

---

1 Ein Landstrich im Verwaltungsdistrikt Marawi'a im Gouvernement al-Hudaida.

neben mir, schaute aber gerade in die andere Richtung. Woher ich plötzlich die Kraft nahm, weiß ich nicht. Doch ich umarmte Fahmi und hielt ihn mit beiden Armen fest. Auf keinen Fall durfte er sehen, was ich sah. Als er sich schließlich doch umdrehte, die Explosion sah und den Rauch, der von seinem Haus aufstieg, versuchte er sich mit aller Kraft zu befreien. Ich umklammerte ihn noch fester. Ließ ihn weinen. Sein Körper bebte in meinen Armen. Freunde eilten herbei. Sie halfen mir, ihn festzuhalten. Ich sagte: »Lasst ihn bloß nicht los. Ich werde hingehen und nachsehen.« Ich hatte Angst, Fahmi könnte sich etwas antun. *(Er schluchzt und drückt die Zigarette aus.)*

Als Erster betrat ich das demolierte Haus. Niemand sonst war da, nur ich. Keine Sekunde dachte ich über die Zimmerdecke nach, die jeden Moment über meinem Kopf einzustürzen drohte. Ich sah das pure Grauen. Wagte nicht, näher heranzutreten. Wie angewurzelt stand ich mitten im Raum und verlor jedes Gefühl für meine Umgebung. Kurz darauf betraten Menschen aus der Nachbarschaft das Haus. Sie trugen Möbel und andere Dinge hinaus. Genauer gesagt plünderten sie Fahmis Haus. Ich tat nichts, um sie aufzuhalten. Ich stand einfach nur da. *(Er weint.)*

In diesen Augenblicken dachte ich nicht an Fahmi. Sondern starrte nur auf all die verbrannten, zerfetzten, durchtrennten und entstellten Leichen. Die Wucht der Explosion hatte manche vor das Haus geschleudert. Die Ersten, die ich erkannte, waren Frauen unserer Nachbarsfamilie und ein kleines Mädchen aus unserer Straße. Dann sah ich auf der gegenüberliegenden Seite meine Schwägerin mit ihrem kleinen Sohn Mohammad und ihren beiden Töchtern Malak und Malakat. Als ich Malakat tot daliegen sah, ohne

Hände und Füße, schluchzte ich auf. Ach, Malakat! Meine
Lieblingsnichte. Hätte ich dich doch bloß mitgenommen.
Kurz zuvor hatte sie sich noch an mir festgeklammert und
gesagt: »Bitte, Onkel, nimm mich doch mit raus!« Also
nahm ich sie auf den Arm und trug sie mit in mein Geschäft. Brachte sie aber dann wieder nach Hause. Wenige
Minuten später schlug die Rakete ein. *(Er weint bitterlich.)*

Die Schreie meines Bruders. Die erst durch die Luft zi-
schende, dann in Fahmis Haus einschlagende Rakete. Der
Rauch und die verkohlten Leichen. Monatelang haben mir
diese Bilder den Schlaf geraubt. Manchmal träume ich
von dem Augenblick, kurz bevor sie einschlägt. In meinen
Träumen halte ich sie jedes Mal auf.

Mein Bruder frisst seinen Kummer still in sich hinein. Er
kann nicht vergessen, nicht schlafen. Die Behandlung seines schwer verletzten Sohnes lenkt ihn ab. Ich trage den
Kummer meines Bruders mit. Jeden Abend, wenn ich nach
Hause komme, kehren all meine Erinnerungen zurück.
Dann denke ich an die Frau meines Bruders, an seine Kinder. An ihr Lachen, ihre Ausgelassenheit. An das schöne
Leben, das wir hatten. Jedes Mal verfluche ich die Militärkoalition und alle, die mit ihr in unser Land eingefallen
sind. Ich verfluche jede Kriegspartei, die Jemeniten auf
dem Gewissen hat. Alle sind sie Mörder. Wer gibt meinem
Bruder seine Kinder zurück: Malak, Malakat, Mohammad
und Asmaa? Wer? Sag es mir. Wer?
    Niemand. Und niemanden kümmert, was geschehen ist.

Am Donnerstag, den 26. Januar 2017, um 17:40 Uhr bombardierten
die Flugzeuge der saudischen Militärkoalition das Haus von Ahmad
Abdellatif Seifs Bruder Fahmi Abdelhamid Seif in al-Qatia bei al-

Hudaida. Dabei ums Leben kamen dessen Frau Asmaa Abdel Qader
Yassin Sharaf (30 J.) und deren Kinder Mohammad Fahmi Abdelhamid Seif (12 J.), Malak Fahmi Abdelhamid Seif (3 J.) und Malakat
Fahmi Abdelhamid Seif (1,5 J.) sowie das Nachbarsmädchen Nisrin
Zeid Mohammad (10 J.), drei Frauen und zwei Kinder aus der Familie
ihres Nachbarn. Fahmi Abdelhamid Seifs Sohn Ammar (8 J.) wurde
schwer verwundet. Sein linkes Bein wurde amputiert und er wird für
immer behindert bleiben. Niemand hat Fahmi bei der Behandlung
seines kriegsversehrten Sohnes unterstützt. Die Firma Sabafon hat
sich geweigert, eine Entschädigung zu zahlen oder auch nur einen
Betrag zur Behandlung des verletzten Sohnes beizusteuern.

Sie haben nichts verloren
durch diesen Krieg

Majada Abdallah Ali al-Sabri

Es ist Mittag, wir befinden uns mitten im Krieg und meine Tochter singt vor sich hin. Das Rattern der Schüsse und das Dröhnen der Granaten in meinem Kopf verstummt. Ich denke zurück an unser Viertel, in dem es von Geistern nur so wimmelt – den Geistern all derer, die durch das Feuer und die Granaten[1] getötet wurden. Mein Viertel, in dem ich aufgewachsen bin. Hinter seinen windigen Fenstern wuchsen meine Träume heran. Ich heiratete, zog aus und kehrte im Krieg wieder zurück, zusammen mit meinen zwei Töchtern und meinem Mann. Wir zogen in dasselbe Haus, in dem ich zur Welt gekommen bin, direkt über die Wohnung meiner Eltern. Diese Rückkehr war für mich wie ein Geschenk. Der Krieg kümmerte mich nicht, solange ich in der Nähe meiner Mutter und meiner Schwester leben durfte.

Wenn ich heute daran zurückdenke, kommt es mir vor, als wäre es eine Ewigkeit her: wie wir gemeinsam am Mittagstisch saßen oder uns bei Stromausfall an dunklen Abenden im Kerzenschein zusammendrängten und Geschichten er-

---

[1] Am 25. Mai 2015, zu einem Zeitpunkt, als die Stadt gerade unter einer enormen Treibstoffkrise litt, verbrannten 14 Zivilisten im Viertel al-Dharba in Taizz bei der Explosion eines Benzintransporters. Viele Menschen hatten sich um den Transporter versammelt, um Benzin zu kaufen. Zum Anti-Huthi-Widerstand gehörige Gruppierungen wurden der Brandstiftung verdächtigt.

zählten. Wie Familien dies eben tun, die im Krieg zusammengefunden haben. Wobei der Krieg uns auch wieder auseinandergerissen hat. Gerade war ich Mutter geworden und fing erst an, das Geheimnis dieser besonderen Beziehung zwischen Mutter und Kind zu erfassen. Meine Mutter und meine Schwestern sah ich plötzlich in einem ganz anderen Licht. Schloss sie sozusagen noch einmal neu ins Herz, als wäre ich selbst neu geboren. Doch wie sinnlos ist es, jetzt darüber zu sprechen. Hast du schon aufgenommen? Warte kurz. Ich brauche noch ein bisschen Zeit. Ich muss mich erst noch warm reden.

Es waren nur noch wenige Tage bis zum Opferfest. Wir aßen in der Wohnung meiner Eltern zu Mittag. Meine Brüder, meine Schwestern, meine Eltern, meine Tochter und ich. Nach dem Essen ging ich hinauf in unsere Wohnung. Meine Schwester Marua lief mir noch kurz hinterher, drückte meiner Tochter einen Kuss auf die Wange und ging wieder. Ihr Gesicht in jenem Moment ist das letzte Bild, das ich von ihr gesehen habe. Sie strahlte irgendwie auf eine ganz unvergessliche Art und Weise. Nachdem sie fröhlich zurückgegangen war, widmete ich mich meiner Hausarbeit. Ich hörte noch, wie sie meine Mutter neckte: »Ihr könnt es alle bezeugen: Sie hat mir versprochen, mit mir auf den Markt zu gehen!« Ihre kindsköpfige Art brachte mich zum Lachen. Mutter konnte ihr nie eine Bitte abschlagen. Kurz nachdem die beiden aus dem Haus waren, ging ich auch nach draußen. Zusammen mit meiner Schwester Maha, die im neunten Monat schwanger war, wollte ich an die frische Luft. Ich hatte richtig Lust auf einen Spaziergang, kein seltsames Gefühl, keine dunkle Vorahnung. Maha aber brach plötzlich zusammen und stürzte zu Boden. Einen Moment lang stand ich hilflos da und wusste nicht, was sie hatte.

Ich half ihr auf, und wir gingen weiter. Unterwegs schauten wir bei einer Freundin vorbei, die nicht weit von uns im Viertel Hayy al-Dharba al-Asfal wohnte. Sie erzählte uns noch völlig geschockt von einer Granate, die mitten in die Trauerfeier eines Verwandten von ihr eingeschlagen war. Der Tote hatte für den salafistischen Widerstand[2] gekämpft. Unter den Trauergästen habe sie auch Abu al-Abass[3] gesehen. Während sie sprach, begann es Granaten auf unser Viertel zu hageln. Wir rannten los, durch die Dunkelheit. Es war ein Wettlauf mit der Zeit, um zwischen einem Granateneinschlag und dem nächsten hindurchzukommen. Ich bemerkte einen Schatten hinter mir und erkannte meinen Cousin. Sofort war mir klar, dass etwas Schlimmes passiert war. »Marua ist verletzt«, sagte er nur. Mehr nicht. Zu dem Zeitpunkt wusste ich noch nicht, dass Marua und meine Mutter tot waren und er mich nur zu schonen versuchte. *(Sie weint.)*

Meine Mutter und meine Schwester kamen ums Leben, als die Huthi das Einkaufszentrum Farah-Mall in al-Masbah al-Aala unter Beschuss nahmen. Meine Mutter war sofort tot. Marua wurde schwer verletzt ins Krankenhaus ge-

---

2 Anm. d. Übers.: Der salafistische Widerstand setzt sich einerseits zusammen aus Kämpfern, die 2012 bei der Schlacht von Dammadsch die Huthi bekämpften und gegen diese verloren. Daraufhin wurden sie aus Dammadsch vertrieben. Andererseits auch aus ehemaligen Zivilisten, die fundamentalistisch-religiöse Überzeugungen hegen und sich dem Anti-Huthi-Widerstand angeschlossen haben. Sie stehen im ständigen Zwist mit der Islah-Partei und werden teilweise von den Vereinigten Arabischen Emiraten unterstützt, während Qatar enge Verbindungen zur Islah-Partei unterhält, die mit den Muslimbrüdern verwandt ist.

3 Abu al-Abbas, eigentlich Abdo Farea, ist der Anführer des bekanntesten Bataillons des salafistischen Widerstands, der sogenannten »Ostfront« in der Stadt Taizz. Er wird von den Emiraten unterstützt und steht auf einer amerikanischen Terrorliste.

bracht, sie starb im Morgengrauen. Dieser sinnlose Krieg hat meine Mutter und meine kleine Schwester getötet. Meine Mutter war die Seele unseres Hauses, wenn nicht sogar des ganzen Viertels. Alle liebten sie. Ihr Haus stand für Geflüchtete und Kranke immer offen. In letzter Zeit ging sie völlig darin auf, sich um alles und jeden zu kümmern. Als wollte sie sich verabschieden. Bis jetzt habe ich sie noch nicht auf dem Friedhof besucht. Auch der wurde ja bombardiert. Die Granaten krachten auf die Gräber und holten so die alten Knochen wieder aus der Erde. Stell dir vor: Erst werden sie getötet und dann auch noch im Grab beschossen! Ist das nicht grauenvoll? *(Sie weint.)*

Es ist so schmerzhaft, nicht einmal in Frieden trauern zu können. Schüsse hatten wir zwar immer wieder einmal gehört, wussten aber nie, was genau vor sich ging. Nach dem Unglück erzählten sich die Bewohner des Viertels, dass es an jenem Tag Gefechte zwischen dem Anti-Huthi-Widerstand und den Huthi gab. Die Huthi hätten die ehemalige Balkis-Schule beschossen, in der sich Kämpfer der Islah-Partei[4] verbarrikadiert hatten. Die besagte Granate, die sie dann noch abfeuerten, sei die Antwort auf den Beschuss des Anti-Huthi-Widerstands in ihrem Viertel gewesen.

Andere wiederum erzählten, die Huthi-Granate hätte eigentlich die Eskorte von Abu al-Abbas treffen sollen. Wie dem auch sei. Das alles rechtfertigt es doch nicht, Zivilisten zu töten! Und außerdem, was hilft es mir? Meine Mutter, meine Schwester und zig andere unschuldige Zivilisten sind tot. Menschen, die rein gar nichts für diesen Krieg

---

4 Anm. d. Übers.: Die Islah-Partei oder auch die Jemenitische Versammlung für Reform ist verwandt mit der Muslimbruderschaft. Sie ist Teil der Hadi-Regierung, mit ihr verbündete Milizen kämpfen gegen die Huthi.

können. Für die da oben ist dieser Krieg nur ein Geschäft. Sie stehlen sogar Hilfsgüter, teilen sie untereinander auf und verschenken sie an ihre Freunde.

Stell dir vor: Die Hinterbliebenen der Opfer in unserem Viertel haben nie irgendwelche Hilfsgüter erhalten. Hilfsgüter kommen nur bei Verwandten von Kadern der Islah-Partei an. Aber sie haben nichts verloren durch diesen Krieg. Leute wie wir sind es, die alles verlieren.

Am 19. September 2015 um 17:30 Uhr bombardierten die Huthi-Milizen die Farah-Mall im Viertel al-Masbah al-Aala in Taizz. Dabei kamen Majada Abdallah Ali al-Sabris Mutter Muna Sultan Said Thabet (50 J.) und ihre Schwester Marua Abdallah Ali al-Sabri (23 J.) und drei weitere Menschen ums Leben.

Am Rand eines Kraters

Adnan Saeed Amer

Ein dreistöckiges Haus verschwindet einfach so und hinterlässt einen großen Krater in der Erde. Einen sinnlosen Krater, nach dem sich die vorbeieilenden Passanten nicht einmal umdrehen. Für mich aber wimmelt es hier in diesem Krater nur so von Augen, Erinnerungen und Gespenstern. An den Rändern entlang des Kraters liegen demolierte Möbel unter den Trümmern. Im Vorbeigehen ist das eine oder andere Familienstück zu sehen: das Foto eines kleinen Mädchens an seinem Geburtstag im Kreis seiner Geschwister. Ein zerfledderter Ehevertrag. Ein auf dem Kopf stehendes Lesebuch. Eine kleine, zerbrochene Puppe. Zerstampftes, teils in den Boden gesickertes Essen. Verstreut herumliegende Kleidungsstücke. Zwischen dem Krater und den aufgehäuften Steinbrocken sind womöglich auch zerrissene Menschenkörper zu sehen. Vom Handgelenk abgerissene Hände, ein Kopf, zertrümmert von einem Steinbrocken, und ganz abseits vielleicht ein kleiner Fuß, von der Wade abgetrennt. Nein, es ist nicht so wie bei den Bildern von Kriegen und Massakern, die im Fernsehen oder im Netz zu sehen sind. Diese realen Bilder meißeln einem das Grauen in den Schädel. Sie bleiben bis an dein Lebensende präsent und lebendig. Niemals wirst du sie vergessen.

Wir Rettungskräfte, die wir in den Trümmern wühlen und Lebende wie Tote herausziehen, befinden uns gleichzeitig *im* Horrorbild und außerhalb. Wir sind ein vergessener Aspekt der Kriegstragödien.

Die Bilder der Leichen haben sich in meinen Kopf eingebrannt. Jeden Tag, wenn ich an dem Krater vorbeilaufe, dort, wo einst das Haus meines Nachbarn Mohammad Nadschi stand, halte ich an und denke über die Sinnlosigkeit des Krieges nach. Warum feuerte die Militärkoalition eine Rakete auf das Haus unseres Nachbarn? Es gibt keinen überzeugenden Grund. Aber es kann auch nicht einfach nur ein Fehler gewesen sein. Es gab Gerüchte, die seit Monaten im Viertel kursierten: Der frühere Hausbesitzer habe als Koch bei Ex-Präsident Ali Abdullah Salih gearbeitet. Die Huthi hätten in diesem Haus einmal eine Versammlung abgehalten. Doch an alldem ist kein Fünkchen Wahrheit. Nur ein Familienvater, seine Frau und ihre drei Kinder waren in dem Haus. An das Getöse eines kreisenden Kampfjets, das mich im Morgengrauen aus dem Schlaf riss, kann ich mich noch erinnern. Das Schreckgespenst des Todes war für mich, genauso wie für alle Bewohner von Wadi al-Madam, alltäglich geworden. Die Granaten der Huthi regneten in Strömen auf unser Viertel. Alle paar Tage trugen wir weitere Tote zu Grabe. Aber mit jenem Morgengrauen trat in unserem Viertel etwas Neues auf die Bühne des Krieges: ein Kampfjet. Ganz in der Nähe meines Hauses kreiste er, und als die Wände meines Zimmers erbebten und durchs Fenster der ganze Staub hereinwirbelte, dachte ich noch, wie vollkommen unzurechnungsfähig diese Koalition war, ausgerechnet unser Viertel zu bombardieren. Denn die Häuser des Viertels sind alt und stehen dicht beieinander. Die Anwohner würden bei lebendigem Leib begraben. Bestimmt hatte das Bombardement ganz woanders stattgefunden, es hatte sich nur so nah angehört.

Ich lief hinaus und sah die jungen und alten Männer aus der Nachbarschaft um einen Krater versammelt, den die Rakete verursacht hatte. Sie starrten ungläubig in die

Tiefe, dorthin, wo kein Haus mehr stand. Das Haus unseres Nachbarn Mohammad Nadschi war verschwunden. In ihren Augen stand die Angst, keine Trauer. Die Trauer war den Familien der Opfer vorbehalten, nicht aber den Helfern und Umstehenden. Die Helfer tun ihre Pflicht. Sie retten die in den Trümmern festgeklemmten Menschen. Und die Umstehenden denken an den Tod und das Pech, das jeden treffen kann. Sie alle eint ein Verantwortungsgefühl gegenüber ihren Nachbarn. Trauer tragen die Familien der Opfer. Doch niemand von der Familie unseres Nachbarn war mehr da. Sie alle lagen unter den Trümmern. Es drang kein Laut aus diesem gähnenden, stockdunklen Abgrund.

Seit Kriegsbeginn hatten wir in der Stadt keinen Strom mehr und arrangierten uns irgendwie. Zivilen Luftschutz gab es hier genauso wenig wie Anti-Huthi-Widerstand. Es gab nur uns, die Anwohner. Sich zu orientieren war schwierig und wir sahen nicht, wo wir hintraten. Wir konnten weder unsere Hände geschweige denn unsere Gesichter erkennen. Manche Männer hatten Taschenlampen dabei, ich nicht. So leuchtete ich mit meinem Handy zentimeterweise die Finsternis von mir weg und ertastete mir einen Weg. Unsere zahlreichen Schatten wühlten in den Trümmern, wir bildeten Ketten, um die größeren Brocken wegzuschaffen. Während unsere Schatten auf der Suche nach einem lebenden Menschen um die Wette gruben, erschallte von der Moschee in der Nähe der Ruf des Muezzins zum Morgengebet. Von unserer Stirn tropfte uns der Schweiß und wir waren ohne Hoffnung, noch lebende Menschen zu finden. Wortfetzen des Gebetsrufs überlagerten sich mit unseren verzweifelten Schaufelhieben. Plötzlich hörten wir aus dem Krater eine schwache Stimme. Wir gruben schneller und sahen das mit Erde bedeckte Gesicht unseres Nachbarn Mohammad Nadschi. Nur mit äußerster Anstrengung konnte er atmen. Er stöhnte, weinte und fragte uns: »Wo sind meine Kinder?« Wir sagten ihm, dass sie bei ihrer Großmutter seien. Junge Männer trugen ihn weg und brachten ihn ins Krankenhaus.

Wir schöpften Hoffnung daraus, dass wir den Vater lebendig gefunden hatten, und gruben weiter. Überall dort, wo sein Haus gestanden hatte. Noch mehr Helfer strömten herbei, und mit ihnen kamen die Fotografen. Ich hörte ihr nerviges Geknipse und wurde wütend. Was wollten diese Idioten? Was gab es hier zu fotografieren? Weder ein Haus noch Menschen gab es hier mehr. Aber ich ließ sie gewähren. Wir begannen die Leichen herauszuziehen. Zerstückelte Leichen. Kinder und Erwachsene waren kaum auseinanderzuhalten. Als endlich das Morgenlicht dämmerte, gruben wir immer noch. Als wir sicher waren, dass wir niemanden mehr finden würden, begannen wir die Leichen einzusammeln, um sie auf dem Friedhof zu begraben. Zwei Tage später starb der Vater vor Kummer über seine getötete Frau und Kinder. Wir fanden eine Woche danach in einer Hintergasse noch den Fuß eines Kleinkinds. Den legten wir mit ins Grab.

Jedes Mal, wenn ich an dem Krater vorbeikomme, bleibe ich lange stehen. Grüble über den Krieg und seine vielen Opfer. Vielleicht sind wir alle Opfer dieses Krieges, den die Huthi und die Militärkoalition angefangen haben. Uns alle bringen sie um. Doch es wachen die Geister derer, die sie töten, über den Ruinen ihrer Häuser.

In der Morgendämmerung des 1. November 2015 bombardierten die Kampfjets der Militärkoalition das Haus von Mohammad Nadschi Mohammad al-Schudschaa im Viertel Wadi al-Madam in Taizz. Sie töteten seine Frau Haniya Abdo Scharaf al-Salwi (30 J.) und die Kinder Asmaa Mohammad Nadschi Mohammad al-Schudschaa (12 J.), Amro Mohammad Nadschi Mohammad al-Schudschaa (6 J.) und Ibrahim Mohammad Nadschi Mohammad al-Schudschaa (1,5 J.). Mohammad Nadschi Mohammad al-Schudschaa (35 J.) erlag am 7. November 2015 seinen Verletzungen. Adnan Saeed Amer war einer der Ersthelfer am Unglücksort.

Das ist kein Krieg, sondern eine Apokalypse

Chadidscha Mohammad Hassan

Die Gesichter der Soldaten am Dehi-Checkpoint[1] wechseln genauso wie ihre stets verdreckten Uniformen. Ihr Tonfall, in dem sie uns anherrschen, variiert zwischen mürrisch und aggressiv. Mal sind ihre Waffen auf unsere Köpfe gerichtet, dann wieder nicht. Auch das Wetter variiert natürlich. Nur wir bleiben immer gleich. Wir Frauen dieser belagerten Stadt, die in ihren Häusern nichts mehr zu essen gefunden haben. Wir müssen es riskieren, wir müssen über den Todesstreifen. Dort sind Frauen, so weit das Auge reicht. Sie stehen in der Schlange oder in Kreisen, andere wiederum mitten auf der Straße. Einige haben sich gegenüber der Pforte auf die Bordsteinkante gesetzt und schützen sich mit Pappkartons über ihren Köpfen vor der Sonne. Um sie tummeln sich Kleinkinder, und es stehen leere Gasflaschen herum.

Denke ich zurück, sehe ich mich selbst an verschiedenen Stationen. So laufe ich etwa weite Strecken auf meinen Stock gestützt und mit müden Beinen. Bin voller Angst, doch zwingt mich der Hunger, das Risiko einzugehen. Oder

---

1 Im Juli 2015 errichteten die Huthi-Milizen einen Checkpoint im Viertel al-Dehi im Westen von Taizz und verhängten so eine lebensbedrohliche Blockade über die Bewohner der Stadt.

ich schaffe es durch Zufall auf die andere Seite, dorthin, wo der Markt ist, weil der wachhabende Soldat gerade abgelenkt war. Ich sehe mich auf dem Heimweg, nachdem ich das Nötigste kaufen konnte, oder stehe mir mit einem dicken Kloß im Hals an der Pforte die Beine in den Bauch, weil mich der Soldat nicht durchlassen will.

Als an einem Tag unter der Blockade das Gas wieder alle war, lenkte ich meine Töchter mit irgendetwas ab – sie hätten mich sonst nie nach al-Dehi gehen lassen – und lief hinaus. Erschöpft erreichte ich den Checkpoint und versuchte einfach hindurchzugehen, aber der Soldat ließ mich nicht. Ich schluckte meine Wut hinunter und stellte mich seitlich an. Dutzende Frauen warteten mit mir darauf, durchgelassen zu werden. Während ich meinen Blick über dieses Gedränge von Frauen streifen ließ, spürte ich eine Riesenwut in meinem Bauch anschwellen. Als ich an einem anderen Tag durchkam, kaufte ich drüben einen Sack Kartoffeln. Ein freundlicher junger Mann kam auf mich zu: »Schau, Tante, ich habe hier zwei Gasflaschen. Die wird mir der Soldat sicher nicht durchgehen lassen. Ich schleppe dir deinen Einkauf, dafür bringst du mein Gas rüber.« Ich stimmte zu, aber als wir an der Pforte ankamen, wollte mich der Soldat nicht durchlassen. Er zog einen Dolch aus seinem Gürtel und schlitzte meinen Kartoffelsack auf.[2] Die Kartoffeln rollten über den Boden.

Dann erinnere ich mich an jenen tristen Tag in al-Dehi, als eine meiner Töchter darauf bestanden hatte, mich zu begleiten. Die ganze Straße entlang zum Dehi-Checkpoint standen Frauen, zu denen wir uns stellten und warteten,

---

2 Den Bürgern am Al-Dehi-Checkpoint war es von den Huthi-Milizen nicht gestattet, mehr als ein Kilo Gemüse zu transportieren.

dass uns der Soldat durchlassen würde. Plötzlich schoss er
in die Luft und zielte mit seiner Waffe auf die Füße einiger Frauen, um sie zurückzuschrecken. Eine davon war
meine Tochter. Je mehr die Frauen schrien und in Panik
gerieten, desto mehr kam mir vor Demütigung die Galle
hoch. »Warum schießt du auf uns? Siehst du hier irgendwelche Waffen?«, herrschte ich ihn an. Woraufhin der
Soldat schimpfte: »Diese Weiber von Taizz! Kein bisschen
Anstand!« Und ich sagte: »Ja, wir Weiber von Taizz können es mit dir und zwanzig von deiner Sorte aufnehmen!«
Da schrie er mich an: »Was willst du eigentlich von mir?«
Ich antwortete: »Ich will Essen für meine Kinder kaufen.«
Und er: »Dann hopp, geh rüber.« – »Ich brauche aber meine Töchter«, sagte ich. »Ich bin krank und kann den Einkauf nicht alleine schleppen.« So rief ich laut verschiedene
Frauennamen, denn ich wollte den Soldaten austricksen
und möglichst viele Frauen durchschleusen. Die Frauen
verstanden und rannten zu mir, doch der Soldat versperr-
te ihnen den Weg: »Das sollen alles deine Töchter sein?«
Doch ich sagte nur: »Schämen solltest du dich. Lass sie
rein, damit sie für ihre Kinder Essen kaufen können.« Wir
standen kämpferisch vor ihm und wichen keinen Schritt
zurück. Hätten wir uns anmerken lassen, wie viel Angst
wir hatten, hätte er uns niemals durchgelassen. Auf dem
Rückweg stand ein anderer Soldat am Checkpoint, ein
noch rüderer und herzloserer Kerl, der keinerlei Respekt
vor meinem Alter zeigte und mir ins Gesicht brüllte:
»Kannst gleich wieder umdrehen, Alte, hier kommst du
nicht vorbei.« – »Dürfen wir dann bei dir übernachten?«,
fragte ich ihn. Ein anderer Mann vom Habschi-Berg war
auch dort, noch so ein Huthifizierter, der meinte: »Gute
Frau, wirf in deinem Glashaus mal lieber nicht mit Stei-
nen.« Ich erwiderte: »Von dem lasse ich mir nichts gefal-

len, er wird mich schon nicht erschießen.« Wir gingen in Richtung Durchgang, wobei meine Tochter Angst hatte, dass der Soldat auf uns schießen könnte. Doch ich war kampflustig an jenem Tag. Wir würden es entweder überleben oder eben nicht. Der Preis für eine Gasflasche lag damals bei neuntausend Rial.[3] Wir schafften es gerade noch so heraus. (*Sie lacht.*)

Als ich an einem anderen Tag wieder einmal nach al-Dehi ging, stand der Anführer persönlich am Checkpoint. Bekannt war er unter seinem Decknamen Abu Ali.[4] Bis heute sehe ich sein unheimliches Gesicht vor mir. Später erzählten mir Frauen aus der Nachbarschaft, dass ihn eine Frau am Checkpoint vergiftet habe. Einer anderen Version zufolge wurde er ermordet aufgefunden. Was wir alles am Dehi-Checkpoint durchgemacht haben, kann ich gar nicht alles erzählen. Einmal hielten die Huthi einen jungen Mann fest, der einfach nur Essen für seine Familie kaufen wollte. Sie prügelten auf ihn ein und demütigten ihn vor den Augen aller umstehenden Frauen. Ein anderer Mann, der Eisverkäufer, der auch von einem Soldaten vor unseren Augen verprügelt wurde, ertrug die Schläge wortlos. Er stand einfach nur da und schaute dem Soldaten fest in

---

3 Anm. d. Übers.: Vor Ausbruch des Krieges im März 2015 betrug ein durchschnittliches Beamtengehalt im Jemen etwa 200 Euro monatlich, also 50 000 jemenitische Rial. Eine Gasflasche kostete damals 1200 Rial, also etwa 4,80 Euro. Als sich der Preis für eine Gasflasche durch die Blockadesituation fast verachtfacht hatte und 9000 Rial erreichte, was umgerechnet etwa 39 Euro wären, lag das Gehalt eines durchschnittlichen Beamten aufgrund der Währungsabwertung nur noch bei ca. 100 Euro und weniger. Hier sei allerdings gesagt, dass staatliche Beamte ihre Gehälter zu großen Teilen gar nicht mehr ausgezahlt bekommen, besonders in von den Huthi kontrollierten Gebieten.

4 Die Huthi-Milizen geben ihren Kämpfern immer Beinamen, damit sie von Zivilisten nicht zugeordnet werden können.

die Augen. Die Verzweiflung des armen Mannes konnte ich förmlich spüren und sagte zum Soldaten: »Junge, du solltest dich schämen. Wieso schlägst und trittst du ihn so? Er ist genauso ein Mensch wie du!« – »Geh, bevor ich dir das hier in den Bauch ramme!«, sagte der Soldat und legte die Hand an seinen Dolch. Eine Frau stand noch mit ihrem Sohn dabei, ein junger Bursche, noch keine sechzehn, der es nicht aushielt, wie der Soldat die Frauen demütigte. Als er einen Fluch gegen den Soldaten ausstieß, zerrte ihn dieser in seinen Laden. Die Läden am Dehi-Übergang hatten die Huthi-Milizen zu kleinen Gefängnissen umfunktioniert, in denen sie junge Männer festhielten und folterten. Die Mutter des Jungen warf sich weinend auf den Boden, küsste dem Soldaten die Stiefel und rief: »Bitte, ich habe nur diesen einen Sohn! Nimm mich an seiner Stelle und lass ihn frei!« Eine andere, etwas ältere Dame fing an, sich mit dem Soldaten zu streiten, woraufhin er sie mit voller Wucht trat und so heftig stieß, dass sie über die Straße rollte und gegen einen Baum prallte.

Wir mussten am Dehi-Übergang wirklich unvorstellbare Demütigungen über uns ergehen lassen. All die Beschimpfungen und Beleidigungen der Soldaten! An einem Tag fiel mir das Laufen besonders schwer. Als ich auf meinen Stock gestützt ankam, spöttelte ein Soldat: »Aber zu Fuß nach Sanaa laufen könnt ihr, ja? Unverschämte Weibsbilder!«[5] »Wir sind zu Fuß gelaufen, weil wir mutig sind und nicht unverschämt«, war meine Ant-

---

5 Anspielung auf die Teilnahme der Frauen von Taizz beim sogenannten Marsch für das Leben von Taizz nach Sanaa. Der fand vom 20. bis zum 26. Dezember 2011 im Zuge der Proteste gegen das Regime von Ali Abdullah Salih statt. Anm. d. Hrsg.: Die Autorin Bushra al-Maktari gehörte damals selbst zu den Anführerinnen dieses Protestmarsches.

192 Das ist kein Krieg, sondern eine Apokalypse

wort. Auch in al-Dehi selbst blieb die Angst unser stetiger Begleiter. Wenn wir es durch die Pforte geschafft hatten, liefen wir ängstlich weiter zum Markt. Unsere Handys benutzten wir auf der anderen Seite nie und wir antworteten auch nicht, wenn unsere Familien anriefen. Mit gesenktem Kopf gingen wir voller Angst vor den Scharfschützen, die überall auf den Dächern postiert waren. Nachdem der Anti-Huthi-Widerstand al-Dehi befreit hatte,[6] blieben die Leichen von Soldaten und Huthi-Milizen so lange am Boden liegen, bis sie verwesten und die Straßenhunde sie auffraßen. Selbst bin ich nicht hingegangen, aber meine Tochter schloss sich den Schaulustigen an und erkannte die Leiche des Soldaten, der uns beschimpft und auf uns geschossen hatte.

Wenn ich heute an al-Dehi vorbeikomme, wende ich meinen Kopf ab. Ich blicke in die andere Richtung, um nicht an unsere furchtbaren Erlebnisse am Checkpoint erinnert zu werden. Es war das Schlimmste, das ich erlebt habe. Und das will etwas heißen, denn ich bin immerhin sechzig Jahre alt! Ich habe in diesem Land viele Kriege gesehen. Aber keiner war wie dieser Krieg. Früher gab es selbst unter den Kriegsparteien noch einen gewissen Anstand und Menschlichkeit! Frauen wurden nicht angegriffen, Familien nicht gefoltert, Kinder nicht getötet. Als in Taizz am 26. September 1962 die Revolution ausbrach, war mein Mann einer der ersten Revolutionäre, die gegen König Ahmad ibn Yahya kämpften. Als er im Kampf verwundet wurde, schloss er sich den Nationalgarden in Sanaa an und kämpfte auch dort. Aber in keinem Krieg gab es solche Massaker wie heute. Die Gräuel dieses Krieges sind unbeschreiblich. Dies ist kein Krieg, sondern eine Apokalypse.

---

6 Im März 2016 befreite der Anti-Huthi-Widerstand den Dehi-Übergang.

Chadidscha Mohammad Hassan leistete ihren Beitrag, um die Blockade zu durchbrechen, die die Huthi-Milizen mit dem Dehi-Militärcheckpoint über Taizz verhängt hatten. Gemeinsam mit vielen anderen Bewohnerinnen der Stadt gelang es Chadidscha, die Sperre nach al-Dehi zu überqueren. So viel wie möglich brachten sie vom dortigen Markt mit. Schmerzerfüllt berichtet sie, wie sehr die Frauen beleidigt und erniedrigt wurden. Ich habe sie in ihrem Haus in Wadi al-Madam in Taizz besucht, wo sie mir bei Kerzenschein von Belagerung und Krieg erzählte – oder von der Apokalypse, wie sie sagt.

Für meinen Sohn rührten sie keinen Finger

Ahmad Hassan al-Dhabibi

Dein Zimmer ist ganz weiß, lieber Zeid. Sauber und ordentlich, so wie dein Zimmer daheim. Wir haben einen kleinen Fernseher über deinem Kopf angebracht. Wir dachten, dass du bestimmt gerne Filme oder Fußballspiele gucken willst, wenn du aus deinem langen Schlummer aufwachst. Rechts von dir steht ein kleiner weißer Kühlschrank. Darin sind verschiedene Sorten Saft und oben drauf stehen ein paar Gläser. Deine Mutter hat dir dein Lieblingsessen gekocht. »Wenn Zeid wach wird, will er bestimmt erst einmal etwas Gutes essen, das ich gekocht habe«, sagt sie. Gegenüber von deinem Bett steht eine kleine Pritsche, die ich ab und zu umstelle und auf der ich mich ausruhe. Dein Papa passt auf dich auf, mein lieber Zeid. Tag und Nacht. Deine Schwestern kommen auch dann und wann, sie wechseln sich ab und wir halten die Bettwache in Schichten. Auf keinen Fall wollen wir dich dem Pflegepersonal überlassen.

Vor einer Woche hatte ich einen Schlaganfall. Ich kann kaum sagen, was an dem Tag passiert ist. Die Ärzte meinen, dass der seelische Druck die Ursache war. Weil mein Kummer mir so zusetzt. Wann wachst du endlich wieder auf, mein Sohn? Deine Schwestern vermissen dich. – Jeden Tag spreche ich so mit Zeid, doch es kommt keine Antwort. Natürlich weiß ich dabei meistens ganz genau, dass ich im Grunde nur mit mir selbst spreche. Denn Zeid ist in einer anderen Welt. Es kann gut sein, dass ihn meine Stimme gar nicht erreicht. Ich sehe seine geschlossenen Augenlider und beobachte jeden seiner Atemzüge unter der Sauerstoffmaske und den Schlauch an seinem Becken: gelber Urin, orangefarbener Urin, durchsichtiger Urin. Zeid ist mir von all meinen Söhnen der nächste. Der Krieg hat mir das Herz gebrochen, mein Sohn. *(Er weint.)*

Zeid liegt nun schon zehn Monate im Koma. Die Ärzte sagen, dass er klinisch tot ist. An seine letzten wachen Augenblicke, direkt nachdem er verwundet wurde, kann ich mich noch gut erinnern. Damals weinte ich bitterlich, und auf einmal berührte Zeid ganz sanft meinen Finger. Um mich zu beruhigen, wollte er mir zeigen, dass es ihm gut geht. Viele Monate ist das jetzt her. In seinem verkabelten Körper ist heute kein Leben mehr. Er gibt keinen Ton mehr von sich, kann sich nicht bewegen. Doch ich gebe die Hoffnung nicht auf und sage mir, dass er eines Tages aus dem Koma erwachen wird. Dass mein Sohn eines Tages zurückkommen wird und wieder so sein wird, wie er war. *(Er weint.)*

Als der Krieg in Taizz ankam, blieben wir zunächst noch einige Monate in unserer Wohnung. Doch mit der Zeit wurde die gesamte Gegend um unser Haus zur Kriegsfront und es hagelte Granaten. Direkt über unserem Haus waren Soldaten der Republikanischen Garde[1] stationiert und

---

1 Anm. d. Übers.: Die Republikanische Garde ist eine Elitegruppe der jemenitischen Streitkräfte. Ex-Präsident Ali Abdullah Salih hat seinerzeit viel in deren Ausbildung investiert und seinem Sohn Ahmed Ali Abdullah Salih al-Ahmar das Kommando überantwortet. Auch als Salih nach der Revolution im Jahr 2011 und infolge der Einmischung der Golfstaaten seine Macht an Abed Rabbo Mansur Hadi abgab, blieb die Republikanische Garde im Jemen weiter bestehen. Am

weiter unten am Flussbett lag der Anti-Huthi-Widerstand. Eines Tages stellte die Republikanische Garde vor unserem Haus Betonschutzblocks auf. Dazu haben wir erst einmal gar nichts gesagt, weil wir ohnehin schon eingebunkert in unserem Keller lebten. Aber dann wurde eine Granate auf ein Einkaufszentrum in der Nähe gefeuert. Sie löste einen Brand aus, der sich auf alle Gebäude um uns herum ausweitete, und wir entschieden, unsere Familie aufzuteilen: Einige gingen nach al-Hoban, andere nach Sanaa und nur meine beiden Söhne Zeid und Raad blieben noch im Haus.

Zeid hatte mit dem ganzen Krieg nichts am Hut. Er war unpolitisch und interessierte sich auch nicht für die stadtinternen Konflikte. Aus Überzeugung habe ich meine Kinder so erzogen. Die Kämpfer in unserem Viertel waren Zeids Freunde. Sie kamen alle aus der Nachbarschaft, waren miteinander groß geworden und kannten ihn gut. Mit ihnen teilte er die Essensvorräte aus unserem Laden. Eine Hälfte gab er dem Widerstand, die andere der Republikanischen Garde. So war Zeid, er mochte alle und jeder war sein Freund, ganz egal, von welcher Partei er war oder welche Seite er im Krieg einnahm. Es hat ihm aber nichts geholfen.

jetzigen Krieg beteiligen sie sich militärisch in Koalition mit den Huthi gegen die offizielle Regierung. Diese Verbindung spielt eine entscheidende Rolle für den Machterhalt der Huthi. Viele Zivilisten sind der Republikanischen Garde zum Opfer gefallen. Nach Ende von Salihs Allianz mit den Huthi und deren Mord an ihm im Dezember 2017 liefen viele Truppen der Republikanischen Garde zu Salihs Neffen Tariq über, der aktuell an der jemenitischen Westküste und in al-Hudaida gegen die Huthi kämpft und dessen Truppen »Garden der Republik« heißen. Der Großteil der Republikanischen Garde jedoch ist den Huthi treu geblieben.

Am siebten Tag des Ramadans war Zeid abends um zehn Uhr auf dem Hausdach, um die Wassertanks aufzufüllen, als ein Scharfschütze des Anti-Huthi-Widerstands auf ihn schoss. *(Er weint.)* Sein Bruder Raad brachte ihn sofort ins Internationale Jemen-Krankenhaus, und auch ich fuhr sofort hin. Da war er noch wach und kam auch nach der Operation wieder zu vollem Bewusstsein. Als tags darauf sein Gesicht begann anzuschwellen, schrieb er seinem Onkel einen Zettel: »Ich möchte mein Gesicht sehen. Mach bitte ein Foto von mir.« Diesen Zettel habe ich immer noch. Anschließend fragte er noch nach seiner Mutter und strich mir über die Finger, um mich zu beruhigen. *(Er schweigt.)*

Das waren die letzten Lebenszeichen, die Zeid von sich gab, bevor er ins Koma fiel. Schuld daran war die Fahrlässigkeit der Ärzte und des Krankenhauspersonals. Krankenpfleger hatten ihn im Zimmer allein gelassen. Als seine Hand lose vom Bett runterbaumelte und er husten musste, rutschte sein Sauerstoffschlauch heraus. Laut Krankenhausbericht blieb Zeid fünfzehn bis zwanzig Minuten lang komplett ohne Sauerstoff. Sein Herz fing zwar wieder an zu schlagen, aber er erlitt Hirnschäden und liegt seitdem im Koma. Bitte sag mir, wen wir zur Rechenschaft ziehen sollen? Gegen wen würdest du klagen? Die Anti-Huthi-Widerständigen haben auf Zeid geschossen, obwohl er ihnen nie etwas getan hat, und die Fahrlässigkeit des Krankenhauspersonals hat all unsere Hoffnung auf Heilung zunichtegemacht.

Als eines Morgens das Krankenhaus beschossen wurde, traf eine Granate die Ambulanz. Um keinen größeren Brand zu verursachen, wurde die Sauerstoffversorgung des Krankenhauses abgeschaltet. Alle Angehörigen wurden aufgefordert, die Patienten mit nach Hause zu nehmen.

Aber ich wusste nicht, wohin mit meinem Sohn, der Sauerstoff brauchte, um zu überleben. Wir mieteten einen Kleinbus, besorgten eine Sauerstoffflasche und machten uns auf den Weg nach Sanaa. Damit fing unsere Odyssee erst richtig an. An diese Autofahrt nach Sanaa darf ich gar nicht denken. Acht Stunden lang ging es über Berg und Tal, und Zeid, der an der Sauerstoffflasche hing, wurde hin und her geschüttelt. Ich drehte fast durch vor Sorge. Als wir in Sanaa ankamen, war es schon Nacht. Wir fuhren mit Zeid zum Militärkrankenhaus, doch sie lehnten ihn ab, weil es angeblich keine freien Betten mehr gab. Ich telefonierte mit jemandem von den sogenannten »Helfern Gottes«,[2] die sagten, dass ich mir keine Sorgen machen sollte und dass sie für Zeid etwas im Krankenhaus der Republik organisiert hätten. Wir fuhren direkt dorthin und wurden schon am Krankenhaustor abgewiesen. Weiter ging es zum Al-Thaura-Krankenhaus, wo mir ein Krankenpfleger sagte, dass ich Zeid einfach im Gang abstellen sollte. Ich war völlig fassungslos: »Wie, einfach abstellen? Mein Sohn schwebt in Lebensgefahr, er braucht Sauerstoff!« *(Er weint.)*

In jener Nacht, so schien es, wollte uns niemand helfen. Wir fuhren um zwei Uhr morgens weiter zum Polizeikrankenhaus, das auch überfüllt war. Sie hatten erst Mitleid mit uns, als ich dort vor dem Pförtner zusammenbrach, verzweifelt weinte und schrie: »Ja, wo soll ich denn hin? Bin ich ein Fremder in meinem eigenen Land? Soll ich meinen Sohn einfach sterben lassen? Niemals werde ich das zulassen!« Ein Arzt dort sagte, dass wir höchstens in einer Spezialklinik im Ausland für Zeid die nötige Behandlung

---

2 Anm. d. Übers.: Ansar Allah, deutsch: die Helfer Gottes, ist die Selbstbezeichnung der Huthi-Bewegung.

bekommen könnten. Seine Wirbelsäule und sein Gehirn müssten reaktiviert werden. In dem Moment wurde mir klar, dass wir in einer Sackgasse steckten, weil mir dafür schlicht das Geld fehlte. Allein die Flugkosten mit Yemen Airways[3] wären zu hoch, weil ich für Zeid drei Sitzplätze reservieren müsste. Doch ich werde nicht aufgeben und versuche weiterhin, meinen Sohn zu retten. Ich habe schon alles verkauft, was ich hatte, und an jede Tür geklopft. Zweimal bin ich bei den »Helfern Gottes« gewesen. Natürlich war mir klar, dass sie fast alle mit irgendeiner Ausrede abspeisten. Doch vielleicht könnten sie wenigstens Zeids Transport ins Ausland und seine Behandlung ermöglichen. Schließlich wurden ihre Verwundeten oft auch im Ausland behandelt. Aber für meinen Sohn haben sie keinen Finger gerührt. Anfangs noch zeigten die Huthi ein vages Interesse an Zeids Fall. Aber nur, weil der Scharfschütze, der ihn angeschossen hatte, zum Anti-Huthi-Widerstand von Taizz gehörte. Getan haben sie rein gar nichts. »Bringt ihn halt vom Adener Flughafen nach Kairo!«, meinten sie bloß. Dass Zeid in Lebensgefahr schwebte, interessierte sie nicht. Allein die lange Reise auf dem Landweg nach Aden wäre zu viel für ihn gewesen. Ganz zu schweigen davon, was uns am Schuraidscha-Grenzübergang[4] und in Aden selbst erwarten konnte. Dort war die Lage ja mittlerweile auch eskaliert und längst nicht mehr so wie früher. Die Menschen waren blind vor Hass. Sie überfielen unsere Verwandten in Aden und töteten Vater, Mutter und Sohn. Einfach nur, weil sie sie verdächtigten, Anhänger von Ali Abdullah Salih zu sein.

---

3 Die Fluglinie Yemen Airways nahm auf das Leid der Jemeniten keine Rücksicht, der Preis für ein Flugticket konnte durchaus bei etwa tausend US-Dollar liegen.

4 Grenzübergang, der vor 1990 Nord- und Südjemen trennte.

Natürlich kann Hass einem überall begegnen. Mein ganzes Leben habe ich in Taizz verbracht. Trotzdem wurde dort mein Haus gestürmt und mein Geschäft verbrannt. Ebenso das Haus eines jungen Mannes, der bei mir im Laden gearbeitet hat. Weil sie meine Familie verdächtigten, Ali Abdullah Salih zu unterstützen. Es stimmt, mein Vater war im Dschumhuri-Bezirk Viertel-Ältester und hat sich gegen die Revolution ausgesprochen. Aber das ist doch kein Grund, mein Haus zu stürmen und meinen Laden abzubrennen!

In dieser Stadt hat der Krieg alles zerstört. Die Menschen und ihre Sitten sind völlig verändert. Aber mich interessiert nur, meinen Sohn zu retten. Für Zeid kann ich alles ertragen.

Am 23. Juni 2015 um 22 Uhr schoss ein Scharfschütze des Anti-Huthi-Widerstands in Taizz auf Ahmad Hassan al-Dhabibis Sohn Zeid Ahmad Hassan al-Dhabibi (25 J.). Anschließend zog der Vater mit seinem Sohn ein Jahr lang von Krankenhaus zu Krankenhaus. Ich besuchte ihn im Polizeikrankenhaus in Sanaa. Obwohl ihn der Zustand seines Sohnes zur Verzweiflung trieb und obwohl er bereits alles, was er besaß, verkauft hatte, um Zeids Behandlungskosten zu decken, hatte er noch Hoffnung, dass sein Sohn irgendwann aus dem Koma erwachen könnte. Am 20. Juni 2016 erfuhr ich, dass Zeid einige Wochen vorher verstorben war.

Wettlauf am Nuqm-Tag

Ruqayya Mohammad Faradsch

Es wurde ein unvergesslicher Tag. Ein Tag, der in die Geschichte des Viertels Sinan[1] und in die Geschichte des jemenitischen Krieges als der »Nuqm-Tag« einging. Für uns wurde es ein Gedenktag, an dem wir heute an unsere Liebsten und Freunde denken, die wir damals verloren haben. Meine Geschwister und ich erinnern uns gut daran, als die Militärkoalition den Berg Nuqm[2] bombardierte. Ausnahmsweise hatten wir den Beschuss des Berges durch die Kampfjets zunächst nicht gehört. Sonst gab es immer zuerst einen Knall, das Fensterglas klirrte, Türen sprangen auf und knallten laut wieder zu. Dabei verkrochen wir uns unter unseren Betten oder verzogen uns in die hintersten Zimmerecken, bis sich das Bombardement wieder legte. Doch an diesem Tag war es anders. Wir sahen das Werkzeug des Todes mit eigenen Augen hinter dem Berghang aufsteigen. Wir sahen es quasi von Angesicht zu Angesicht, als stünden wir dem Krieg erstmals persönlich gegenüber.

Wir waren auf dem Weg nach Hause, zurück vom Haus meiner Schwester. Denn wenn bei uns bombardiert wird, bleiben wir erst gar nicht zu Hause, weil wir direkt am Berg Nuqm wohnen. Wir fliehen gleich zu meiner Schwes-

---

1 Anm. d. Übers.: Wohngegend in Sanaa am Hang des Berg Nuqm.
2 Anm. d. Übers.: Der Nuqm-Berg (2800 Meter) ist ein Berg im Gouvernement Sanaa.

ter, bis wir ganz sicher sind, dass alles vorbei ist. Ebenso an jenem Nachmittag. Wir hatten uns vergewissert und dachten, die Lage sei draußen sicher. Wir bedachten nicht, dass der Krieg nach seinen eigenen unberechenbaren Regeln funktioniert. Die erste Rakete aus dem Waffenlager, das die Kampfjets getroffen hatten, explodierte gleich nach dem Luftangriff. Wir schlitterten haarscharf am Tod vorbei, als wir gerade auf dem Nasser-Rondell waren. Ich konnte die Rakete leuchten und ihre Splitter durch die Luft stieben sehen. Mein Herz raste, mein Hals wurde trocken. Erschrocken blickte ich mich um. Überall rannten Anwohner und Passanten panisch durcheinander, schrien zusammenhanglose, unverständliche Wörter. Als die Raketen vom Berg in alle Richtungen loszischten, rannte ich auch.

Genau, ich rannte. Sehr gut erinnere ich mich, wie ich mit dieser Flut von vorwärts hastenden Menschen am Fuß des Berges rannte. Männer mit Kindern auf den Schultern, barfuß rennende Jugendliche, Frauen mit Kleinkindern auf dem Arm, größere Kinder, die uns Erwachsene überholten, und ich mittendrin: Mit Händen und Füßen rannte ich, sogar meine Augen und jedes meiner Körperteile drängte vorwärts und rannte irgendwie mit. Völlig außer Atem rannte ich weiter, meine Mutter rannte neben mir, genau wie meine Schwestern Jasmin und Ghadier. Wir zerrten die kleinen Kinder meiner Schwester hinter uns her, ohne auf ihr Weinen zu achten.

Es gab keinen Ort, um sich vor den Raketensplittern, die durch die Luft zischten, zu verstecken. Wir rannten einfach mit allen anderen geradeaus, folgten ihnen auf Schritt und Tritt. Währenddessen flogen uns die Splitter um die Ohren, prasselten rings um uns nieder und töteten Menschen in unserem rennenden Pulk. Vor uns lief ein Mann, den ein Splitter am Kopf traf. Blutend stürzte er zu Boden. Wir rannten einfach weiter, drehten uns nicht einmal nach ihm um. Alle Geschäfte am Straßenrand waren geschlossen, nirgendwo gab es einen Unterschlupf vor diesem zischenden Tod. Wir sahen ein offenes Telecafé, in das meine Mutter, meine Schwester und ich mit ein paar anderen verzweifelt hineinrannten. Doch der Angestellte warf uns gewaltsam wieder hinaus. Also rannten wir weiter.

Unter größten Anstrengungen rannte mit uns eine hochschwangere Frau. Sie zwang sich vorwärts, während ihr Mann sie an der Hand hielt und ihr das Fruchtwasser die Beine herunterlief. Wir rannten, so schnell wir nur konnten. Wenn wir glaubten, Granatsplitter fliegen zu hören, hielten wir kurz an, bis sie vorbeigezischt waren. Meine ältere Schwester zog ihre Schuhe aus und rannte barfuß weiter. Sie lief über Glasscherben, ihre Füße bluteten, aber sie rannte weiter. Mein Vater konnte nicht mithalten, er litt an Diabetes und Bluthochdruck. Noch heute sehe ich ihn vor mir, wie er einfach vor unserem Haus sitzen blieb und mit vor Angst weit aufgerissenen Augen seinen Kindern und Nachbarn hinterherschaute, die um ihr Leben rannten. Wir konnten weder bei ihm bleiben noch ihn mitschleppen. Als ich mich nach ihm umdrehte, zerriss es mir vor Kummer das Herz. Nur mit größter Mühe konnte meine jüngere Schwester Jasmin ihren kleinen Neffen hinter sich herziehen. Irgendwann schaffte sie es nicht mehr und versteckte sich mit ihm unter einem kaputten Auto. Sie umklammerte den kleinen Abboudi mit beiden Armen, während sie selbst vor Angst schlotterte. Ein alter Mann versuchte sie zu beruhigen: »Keine Angst, Mädchen. Du bist jetzt sicher. Keine Angst.« Kaum hatte er zu Ende gesprochen, traf ihn

ein Granatsplitter und teilte seinen Kopf in zwei Hälften. Er
war sofort tot und fiel neben meiner Schwester um.

Nachdem wir endlich das Nasser-Rondell hinter uns
gelassen hatten, schlossen uns ein paar gutherzige Anwohner den Keller eines Hauses auf, wo wir uns mit einigen anderen verstecken konnten. Dort sah ich auch unsere
Nachbarin. Sie hatte erst ein paar Tage zuvor ein Kind zur
Welt gebracht. Zusammengerollt lag sie auf ihren Habseligkeiten und umarmte ihr Neugeborenes.

Wir harrten dort aus und lauschten schweigend nach draußen. Von dort waren noch immer vorbeirennende Schritte
und Raketensplitter zu hören, die pfeifend im Boden einschlugen. Als abends um acht Uhr endlich Stille einkehrte,
kamen die Rettungswagen.

Bis ans Ende unseres Lebens werden wir uns an diesen Tag
erinnern. Wenn wir alt sind, werden wir unseren Kindern
davon erzählen. Sie werden keine Ahnung haben, was das
heißen soll: Wettlauf am Nuqm-Tag. Aus unserer Nachbarschaft wurden Dutzende getötet, Kinder, Frauen und
Männer. Darunter zwei Freunde meines Bruders Abdelrahman. Eine Freundin meiner Schwester wurde von einem
Raketensplitter getroffen und kann bis heute nicht laufen.
Meine Schwester Jasmin ist noch immer traumatisiert von
dem Mann mit dem gespaltenen Kopf.

Am 21. Mai 2015 beschoss um 16:30 Uhr die Militärkoalition den
Berg Nuqm in der Stadt Sanaa mit einer Rakete. Ein Waffenlager explodierte und unzählige Raketensplitter zischten über die Köpfe von
Anwohnern und Passanten hinweg. Zwanzig Zivilisten kamen dabei
ums Leben.

Das Loch, aus dem die Albträume gekrochen kommen

Fatima Mohammad Salam

Der Krieg hat mich verändert und zu einem mir fremden Wesen gemacht. Zu einem Wesen, das müde ist vom Leben. Meinen Kindern bin ich heute Mutter und Vater zugleich. Dabei war ich früher so weltfremd und kannte nichts als meine eigenen vier Wände. Mein Mann war mein einziges Bindeglied zur Außenwelt. Doch der Krieg hat mich aus allem herausgerissen: aus meinen familiären Bindungen, aus meinen Freundschaften und aus mir selbst. Sodass ich mich heute als ein fremdartiges Wesen wiederfinde, geboren aus dem Schoß eines tyrannischen Krieges.

Meine Leidensgeschichte begann in der letzten Aprilwoche des ersten Kriegsjahres, als die erste Granate auf Taizz fiel. Genauer gesagt schlug sie in der Werkstatt ein, in der mein Mann arbeitete. Jedes Detail dieses Tages habe ich noch genau in Erinnerung. Als würde ich auf ein Foto blicken. Rechts unten auf diesem Foto steht lachend mein Mann Mohammad, im Werkstattkittel.

Mein kleiner Sohn hatte geweint, er wollte mit Papa gehen! Mohammad drückte ihm einen Kuss auf die Stirn. Dann verließ er mit unserem älteren Sohn Abdelrahman rasch das Haus. Er drehte sich nicht noch einmal nach uns um.

Aber ich erinnere mich genau an seinen letzten Blick: Er ruhte auf allem ein bisschen länger als sonst, fast, als würde er sich verabschieden. Hinter den beiden schloss ich die Tür. In mir spürte ich keinerlei Alarmsignale, die mich vor irgendetwas gewarnt hätten. Keine Albträume hatten mich als Vorwarnung geplagt, kein Gefühl von Sorge oder Angst. Mohammad hatte mich letzten Endes überzeugt: Hier in unserem Haus in der Stadt zu bleiben, war viel besser, als in unser Heimatdorf zu fliehen. Obwohl zuweilen Bomben in Häusern einschlugen, waren die Lebensumstände in der Stadt einfach noch besser als auf dem Dorf. Außerdem waren wir hier zusammen. Das gab mir ein Gefühl von Sicherheit. Ich fürchtete mich vor nichts.

Das Telefon klingelte. Falsch verbunden. Es klingelte wieder. Die Person am anderen Ende der Leitung sagte nichts und legte auf. Langsam wurde ich nervös. Weitere Anrufe folgten von Verwandten mit widersprüchlichen Nachrichten: »Dein Mann und dein Sohn sind verwundet worden«; »Sie sind beide tot«; »Es geht ihnen gut, sie sind nur leicht verletzt.« Als es schließlich an der Tür klopfte und mein Onkel und meine Schwestern im Hauseingang standen, wusste ich, dass ein Unglück geschehen war. Sie hatten meinen Mann und meinen Sohn ins Yemen International Hospital eingeliefert. Hinfahren konnten wir nicht, denn es hagelte Granaten auf die Stadt. Der Verkehr im Bezirk Hoban war komplett lahmgelegt. Die Huthi hatten sich auf dem Hügel gegenüber vom Krankenhaus in Stellung gebracht.

Mein Sohn Abdulrahman war lebensgefährlich verletzt. Granatsplitter im Herzen und in der Wirbelsäule fesselten ihn ans Bett. Es war leichter für mich, seine Schmerzen zu lindern, als ihm zu antworten, wenn er nach seinem Vater fragte. Schnell täuschte ich irgendeine x-beliebige Tätigkeit vor und tat so, als hätte ich ihn nicht gehört. Ich sagte ihm nicht, dass ich seinen Vater noch auf der Intensivstation besucht hatte, nachdem sie ihm sein Bein amputieren mussten. Ich sagte ihm zunächst nicht, dass er dann gestorben ist und ich nun allein war. Sein amputiertes Bein wurde auf dem Kilaba-Friedhof in Hoban begraben, sein Körper aber auf dem Ogainat-Friedhof. Der bloße Gedanke, dass sein Bein im Osten der Stadt und sein Körper im Westen begraben liegt, stimmt mich jedes Mal traurig.

Es wäre meine Lebensaufgabe gewesen, dafür zu sorgen, dass mein Sohn keine bleibenden Schäden davonträgt. Doch ich konnte die Behandlungskosten nicht decken. Erst recht keine Behandlung im Ausland, zu der die Ärzte mir rieten. Ich weiß nicht mehr, wie ich ihm helfen soll. Die ganze Zeit muss ich weinen.

Niemand hat uns geholfen. Weder der Anti-Huthi-Widerstand noch irgendwelche Invalidenverbände. Niemand. Alle kümmern sich nur um sich selbst oder um ihresgleichen. Soll unsereiner ruhig vergammeln oder an seinen Wunden verrecken. Es bricht mir das Herz, meinen Sohn so im Bett liegen zu sehen, unfähig jeder Bewegung. Oder ihn in kalten Nächten vor Schmerz aufstöhnen zu hören. Vor allem sein Schweigen. Immer wieder bringt es mich aus der Fassung. Nie weiß ich, was er denkt. So gerne möchte ich zu ihm dringen, sein Herz öffnen. Ein paar Mal erzählte er mir von seinen Albträumen. Wie die Granate ihn und seinen Vater überraschte, als sie in aller Seelenruhe in der Werkstatt vor sich hin arbeiteten. Wie sie selbst und ihre Schuhe weit weggeschleudert wurden. Sein Vater hatte ihn angefleht, ihm zu helfen. Dass er es nicht konnte, weil er selbst verwundet war, bereitet ihm Schuldgefühle. Manchmal weint er. Aus Verzweiflung über den Krieg und das ungerechte Leben, so sagt er. Immerhin konnte ich mittlerweile das Loch schließen, aus dem seine Albträume gekrochen sind.

Es kann vorkommen, dass sich dein Rücken nach und nach unter der Last beugt, wenn du ganz alleine für deine Familie aufkommst. Wenn du auf die Hilfe von Wohltätern und Angehörigen angewiesen bist. Wenn du dich um all das kümmern musst, was sich Vater und Mutter normalerweise untereinander aufteilen. Aber ich fühle mich stark, wenn ich mir vor Augen führe, was ich bis heute schon alles geschafft habe. Alleine gehe ich auf den Markt und kaufe ein, was ich für den Haushalt brauche. Gemüse, Brot, Gas und Medizin. Das Wasser muss ich von weit her holen. Außerdem bringe ich meine Kleinen in die Schule und hole sie wieder ab. Das sind meine täglichen Übungen, um mein neues Leben zu meistern. Ein Leben, das ich bis heute nicht begreifen kann.

Natürlich ist mir klar, dass der Krieg dieses mühselige Leben verursacht hat, zu dem ich und viele andere Frauen im Jemen nun verurteilt sind. Aber ich empfinde keine Wut. Ich schließe einfach die Tür hinter mir und meinen Kindern zu und bin dankbar für die Mauern, die uns vor dem bloßen Himmel schützen.

Am 26. April 2015 um 16:30 Uhr nahmen Huthi-Rebellen eine Werkstatt in der al-Sahaba-Gegend in Taizz unter Beschuss. Dort arbeitete Fatima Mohammad Salams Ehemann Mohammad Farea, der schwer verletzt wurde und eine Woche später seinen Verletzungen erlag.

Ihr Sohn trug eine bleibende Behinderung davon. Unter schwersten Bedingungen sorgt Fatima Mohammad Salam heute alleine für den Lebensunterhalt ihrer Söhne.

Soll ich ihnen die Ohren
zuhalten oder mir?

Haschem Mohammad Thabet Hadschib al-Qudsi

Manchmal verliere ich jeglichen Bezug zur Realität. Dann weiß ich nicht mehr, wo ich bin oder was ich hier überhaupt verloren habe. Wenn ich wieder zu mir komme und mich daran erinnere, dass ich noch Kinder habe, erschrecke ich über mich selbst. Meine Kinder allein halten mich davon ab, vollkommen den Verstand zu verlieren. Was geschehen ist, ist viel mehr, als ich ertragen kann. *(Er blickt auf die Trümmer seines Hauses.)*

Da war die Haustür und hier donnerte die Rakete rein. Dieses Loch hier stammt von einer anderen Rakete. Sie schlug am zweiten Festtag ein. *(Seine Gedanken scheinen in die Ferne zu schweifen. Ich versuche, ihn zum Sprechen zu motivieren. Er bricht in Schluchzen aus.)* Jedes Mal, wenn ich neben den Trümmern meines Hauses bin, hier, wo wir jetzt sitzen, befällt mich der Wahnsinn. Während ich alles nach menschlichen Überresten meiner Familie absuche, setzt mein Verstand aus. Vor mir sehe ich ihre Augen, die mich anstarren, und in meinem Kopf hallen ihre Schreie nach. Irgendwann tauche ich schweißgebadet aus meinen finsteren Fantasien auf. Um meiner Familie immer nah zu sein, habe ich mir extra eine Wohnung hier in der Nähe gemietet. Die meiste Zeit über sitze ich hier, schaue auf den Steinhaufen und sehe mein Leben in Trümmern liegen. Zerfallen zu Stein, Ziegeln und Zement. Ich schließe die Augen und wenn ich sie wieder öffne, sehe ich Menschen vorbeigehen. Einfach so gehen sie vorbei, wie sie es immer schon getan haben. Sie gehen zur Arbeit und führen ihr Leben, als wäre nichts geschehen. Achtlos laufen sie an dem Trümmerhaufen vorbei, der von meinem Leben übrig ist.

Vor einigen Tagen bin ich vor mir selbst erschrocken. Gerade war ich mit meinem Transporter nach Hoban gefahren, als mir zufällig ein Freund über den Weg lief. Mir fällt sein Name jetzt nicht ein. »Ach, Haschem, komm doch mit auf einen Sprung nach Bir Basha«, sagte er, und ich stieg in seinen Bus ein. Meinen Transporter habe ich einfach vergessen. Er fiel mir erst wieder ein, als mich ein anderer Freund anrief, der mir sagte, dass mein Lkw noch in Hoban stand. Also fuhr ich zurück – oder wollte das zumindest, denn plötzlich fand ich mich in einem Bus wieder, der ganz woandershin fuhr, nach Waza'iya. *(Er lacht.)* Falls du davon ausgehst, dass ich jetzt in diesem Augenblick bei Verstand bin, irrst du dich gewaltig. Der Schock, alles zu verlieren, wofür du gelebt hast, kann einen Menschen in den Wahnsinn treiben. Mir ist schleierhaft, wie ich bei Verstand bleiben und mein inneres Gleichgewicht behalten soll. Wie soll ich es schaffen, überhaupt weiterzuleben?

Es war am Tag Arafat,[1] so viel weiß ich noch. Einen Tag vor dem Opferfest, aber das genaue Datum weiß ich nicht mehr. Ich weiß sowieso nicht mehr viel. Auf jeden Fall vibrierte

---

1 Anm. d. Übers.: Der Tag Arafat ist ein heiliger Tag während der islamischen Pilgerfahrt nach Mekka, der Hadsch. An diesem Tag besteigen die Pilger den Berg Arafat und finden sich dort zu einem Bittgebet zusammen.

die ganze Stadt vor Leben, überall standen Menschen vor den Auslagen der Geschäfte und kauften Süßigkeiten für das Fest. Es war ein ganz normaler Tag. Soweit ein Tag im Krieg, ein Tag unter Blockade als normaler Tag bezeichnet werden kann. Meine Familie war gerade aus unserem Heimatdorf zurückgekehrt. Dorthin war sie einige Monate zuvor geflüchtet. Über die Festtage wollten sie eigentlich wieder aufs Dorf. Dorthin, wo kein Krieg ist, kein Bombenlärm und keine Luftangriffe. Doch der Traum vom friedlichen Fest auf dem Dorf sollte sich bald in Rauch auflösen. Meine Frau ging mit unserer ältesten Tochter Chadidscha und unserem Sohn Ziad hinauf in unsere Wohnung. Die anderen Kinder ließ sie bei meinem Bruder. »Ich gehe nur mal eben Kleider für die Kinder holen«, sagte sie zu mir. Ich ging mit, weil ich dachte, dass mir eine Dusche nicht schaden könnte. Danach wollte ich mich umziehen und für uns alle etwas zum Mittagessen besorgen. Meine Frau und meine Tochter meinten aber, sie würden gerade fasten. Irgendetwas verursachte mir in dem Augenblick Beklemmungen. Ich nahm meinen jüngsten Sohn an der Hand und ging mit ihm hinaus, um irgendwo zu Mittag zu essen und dann wieder nach Hause zu gehen.

Es geschah, als ich gerade in meiner Werkstatt war, die nicht weit von unserem Zuhause weg ist. Um elf Uhr vormittags war es, als ich plötzlich einen ohrenbetäubenden Lärm hörte. Blindlings rannte ich los, schnurstracks nach draußen. Als ich in unsere Straße einbog, traf mich fast der Schlag. Überall standen die Nachbarn, alles redete und schrie, aber ich verstand kein Wort. Was machten sie nur alle vor meinem Haus? Meine Beine gaben nach. Mit den Ellbogen stieß ich die Menschen zur Seite und bahnte mir meinen Weg zu unserem Haus. Sie versuchten mich aufzuhalten. Doch ich wehrte mich und rannte weiter. (*Er weint.)* Aber da war gar kein Haus mehr, keine Wohnung, keine Menschen. Nur noch Trümmer. Ein Steinhaufen. Ganz klar steht mir dieses erste Bild noch vor Augen. Oh, ich wünschte, in dem Moment hätte mich mein Gedächtnis für immer verlassen. Innerhalb von Sekunden begreifst du, dass dein ganzes Leben in Schutt und Asche liegt … *(Er weint und schlägt sich auf die Brust. Ich versuche ihn zu beruhigen.)* Vor mir lagen die Reste meiner Wohnung. Das Dach und die Außenwände standen noch an ihrem ursprünglichen Platz, eine Zimmerwand hing lose in der Luft, Bruchstücke der Treppe, die zu unserer Wohnung führte, waren verstreut. Innerhalb eines Augenblicks war alles verschwunden. Das, was von meinem Leben noch übrig war, war ein gähnender Krater im Boden. Ungläubig drehte ich mich um mich selbst und suchte meine Frau und meine Kinder. Doch ich fand sie nicht. Der Gedanke, dass sie tot sein könnten, kam mir nicht in den Sinn. *(Er weint.)*

Kurz darauf begannen die Nachbarn, vor meinen Augen Leichen aus den Trümmern zu ziehen, abgetrennte und zermalmte Körperteile. Einen Fuß meiner Tochter Chadidscha, eine Hand meines Sohnes Ziad, die Überreste meiner Frau, mit Erde vermengt. Von Grauen erfasst, starrte und starrte ich umher. Es war mir unbegreiflich, dass ich meine Frau verloren hatte. Die Liebe meines Lebens. Achtzehn gemeinsame Jahre zogen vor meinen Augen vorüber. Eine Erinnerung folgte der nächsten. Unsere Liebe, unser gemeinsames Leben, unsere Träume und Gespräche in guten wie in schlechten Zeiten. All das ging mir durch den Kopf und ich weinte bitterlich. Mein erstes großes Glück fiel mir ein, meine Tochter Chadidscha. Die Zeit, als sie auf die Welt gekommen war: Wie sie war als kleines Bündel, das sich neugierig umblickte. Und mein Sohn Ziad, mein Ältester, meine Stütze im Leben. Mit einem Schlag waren sie alle weg. Warum? *(Er weint.)*

Manchmal kommt es mir so vor, als wäre all das gar nicht wirklich passiert. Ich stelle mir vor, dass meine Frau und meine Kinder irgendwo anders auf der Welt noch am Leben sind. Dann wieder gehe ich jeden Tag zu den Trümmern unseres Wohnhauses und schaue sie mir stundenlang an. Erinnere mich an das Lachen meiner Frau und daran, wie meine Kinder fröhlich spielten. Denke an unsere gemeinsamen Morgen, bevor die Kinder in die Schule mussten und ich zur Arbeit, während meine Frau sich an die Hausarbeit machte. An all dieses Leben erinnere ich mich und kann es nirgendwo mehr finden. *(Er weint.)*

Die Kriegsflugzeuge der Militärkoalition haben meine Frau, meine Tochter Chadidscha und meinen Sohn Ziad umgebracht. Warum, werde ich nie erfahren. Was haben sie verbrochen? Weder waren sie bewaffnet, noch gehörten sie irgendeiner Kriegspartei an. Sie waren einfach nur Zivilisten und ich ein einfacher Arbeiter, der für seine Familie sorgt. Für Politik habe ich mich nie interessiert, für den Krieg auch nicht. Schau her, hier haben wir gewohnt. Einfache Zivilisten. Hier gab es keine Kämpfer, keine Militärstützpunkte, nichts! Einfach nur ein normales Wohnhaus, in dem Zivilisten lebten, die völlig arglos mit den Vorbereitungen für das Opferfest beschäftigt waren. Dabei hat die Militärkoalition sie getötet. Und dann noch die Rettungskräfte, die zwischen den Trümmern herumschlichen und ihre Ausbeute wollten. Sie klauten das Gold meiner Frau und die Fahrzeugscheine meines Lkws. Stell dir das vor! Mit einem Schlag verlierst du deine Familie und alles, was du in neunzehn Jahren erarbeitet hast. Als hätte die Arbeit deines ganzen Lebens darin bestanden, ein Loch zu graben!

Einige Tage nach der Katastrophe erschien mir meine Frau im Traum, sie trug ein weißes Gewand. Ich weinte und sagte zu ihr: »Bitte, lass mich zu dir. Ich kann nicht leben ohne dich.« (Er weint.) »Bleib«, antwortete sie, »den Kindern zuliebe.« Als ich aus dem Traum aufschreckte, war mein Herz vor Traurigkeit schwer wie Blei. Also reiße ich mich zusammen, den Überlebenden zuliebe. Aber wenn mich meine kleine Tochter anruft und weinend sagt, dass sie zu ihrer Schwester Chadidscha will, weiß ich einfach nicht, was ich ihr sagen soll. (Er weint.) Es ist, als würde mein Herz wie eine Zitrone ausgepresst. Oder wenn meine Kinder anfangen zu weinen, jedes Mal, wenn ein Kampfjet über uns kreist, weil es sie an den Tod ihrer Mutter und ihrer Geschwister erinnert, bin ich ratlos, wie ich sie vor diesem ganzen Horror beschützen soll: Soll ich ihnen die Ohren zuhalten oder mir?

Heute habe ich kein Leben mehr. Kein Haus, keine Arbeit. Meine Kinder haben ihr Zuhause verloren. Sie leben jetzt auf dem Dorf bei ihrer Großmutter. Unentwegt vermissen sie ihre Mutter und ihre Geschwister. Für sie versuche ich stark zu sein. Aber ich werde immer wieder so müde, weil meine Frau und meine Kinder nicht mehr da sind. Morgens machst du die Augen auf und weißt, du hast alles verloren. Ich habe meine Frau verloren, die Liebe meines Lebens, aus ihr zog ich meine Kraft. Wenn ich nur könnte, würde ich sie auf der Stelle vom Himmel zurückholen. Aber ich kann nicht. (Er weint.) Nicht einmal in Ruhe trauern kann ich. Stell dir vor, jetzt wird sogar versucht zu rechtfertigen, dass die Koalition mein Haus bombardiert und meine Familie ermordet hat. Wenn ich etwas in dieser Art höre, schlucke ich zunächst meine Wut immer runter. Aber einmal kurz nach dem Unglück ging ich gerade zu meinem zerbombten Haus und hörte einen Passanten beiläufig zu seinem Kollegen sagen, während er auf die Trümmer meines Hauses zeigte: »Die Frau, die in diesem Haus gewohnt hat, war die Ehefrau eines Huthi-Anführers.« Meine Frau! Da konnte ich nicht länger an mich halten. Meine ganze Wut habe ich an ihm ausgelassen. *(Er lächelt.)* Sie verharmlosen unsere Opfer. Warum nur? Ich bin nur einer von vielen Tausenden, die ihre Familien bei saudi-arabischen Luftangriffen verloren haben. Jedes Mal werden die Taten der Mörder gerechtfertigt und unsere Tragödien heruntergespielt. Aber sie können noch so viel verharmlosen – Gott im Himmel sieht ganz genau, was sie tun! Und du – du siehst mein Unglück jetzt genau vor dir. Menschen wie mich gibt es viele! Doch niemand kennt ihre Leidensgeschichten. Keiner will sie hören. Zwei Tage nach dem Unglück rief mich Diaa al-Haqq al-Same'i an, der Anführer der Islah-Partei, und sagte: »Immer begehen sie den gleichen Fehler.« Ich gab keine Antwort und schickte ihm kommentarlos per Handy Fotos meiner toten Kinder. Seine Antwort war: »Was haben sie verbrochen, dass man ihnen das angetan hat?« Aber selbst für dieses bisschen Empörung musste ich erst die Fotos schicken. So können die Wunden nicht heilen. Es wird alles getan, um ihre Verbrechen zu vertuschen. Stell dir vor: In dem Verbrechen an meiner Familie hat niemand ermittelt, kein Ausschuss getagt, kein Politiker sich erkundigt, was uns passiert ist. Niemand interessiert sich für die Opfer. Es kommt ihnen gar nicht in den Sinn, dass die Opfer genau solche Menschen sind wie sie selbst. Menschen, die ein eigenes Leben hatten, bevor sie unschuldig getötet wurden. Sogar die Hilfsgüter reißen sie sich unter den Nagel. Keiner denkt: Moment mal, da sind doch bedürftige Kinder. Nein, die Islah-Kader haben einfach alle Hilfsgüter gestohlen und unter ihren Freunden und Verwandten verteilt. Das musst du aufschreiben. Ich fürchte mich vor niemandem. Vor denen schon gar nicht. Ich habe meine Familie verloren, mein Haus und alles, was ich mir aufgebaut hatte. Sogar die Werkstatt, in der ich arbeitete, neben der Zentrale für Luftverteidigung. Die Huthi haben sie weggebombt. Die Werkstatt liegt seit zwei Jahren brach, und ich habe keine Arbeit mehr. Hier gibt es Familien, die wirklich bedürftig sind. Ein sehr lieber Freund von mir hat seine Familie bei einem Luftangriff der Militärkoalition verloren. Am Telefon fragte er mich: »Sag mal – habt ihr eigentlich Hilfsgüter erhalten?« Er tat mir so leid.

Was soll ich nur tun? Wo soll ich denn hin mit mir? Mein Leben liegt in Trümmern. Dann wieder sehe ich das Unglück anderer Menschen und bin lieber still. Einer meiner früheren Angestellten etwa hat seine komplette Familie bei einem Luftangriff der Koalition verloren. Mutter, Vater, Geschwister, Neffen und Nichten, elf Familienmitglieder. Am Tag des Unglücks, das weiß ich noch genau, hielt ich ihn fest umklammert, damit er sich nichts antat. Gott sei Dank sind ihm wenigstens noch vier Kinder geblieben. Gott sei Dank haben sie nicht alle umgebracht! Mir kommt es manchmal vor wie bitterer Hohn, wenn ich auf mein Leben blicke. Dabei gebe ich mir die größte Mühe, nicht den Verstand zu verlieren. Wer gibt mir meine Familie zurück, meine Frau und meine Kinder? Ich versinke ab und zu in endlosen Selbstgesprächen. Nur meinen Kindern oder besten Freunden gelingt es dann noch, mich in die Realität zurückzuholen. Sie sind es, die mich davon abhalten, völlig wahnsinnig zu werden.

Am 23. September 2015 flogen vormittags um 11:00 Uhr die Kampfjets der Militärkoalition einen Luftangriff auf das Haus von Haschem
Mohammad Thabet al-Qudsi im Viertel al-Dehi in Taizz. Dabei kamen
seine Frau, seine Tochter Chadidscha Mohammad Thabet al-Qudsi
(13 J.) und sein Sohn Ziad Haschem Mohammad Thabet al-Qudsi
(9 J.) ums Leben. Die Rettungskräfte raubten und plünderten seinen
ganzen Besitz. Bei unserem Gespräch saßen wir auf den Trümmern
seines Hauses. Während des gesamten Interviews weinte er und
fragte mich immer wieder: Was soll ich nur tun, um meinen Verstand
nicht zu verlieren?

Du hättest meine Mutter
bestimmt gemocht

Nabila Abdelkarim Ahmad Farhan

Seit ich das Dschumhuri-Viertel[1] verlassen habe, sind drei Monate vergangen. Denke ich an unser Leben dort zurück, sehe ich eine glückliche Familie mit unserer Mutter als Lebensmittelpunkt. Sie war unser Ein und Alles, nachdem wir früh unseren Vater verloren hatten. Mit dem Krieg hatte sich unser Leben in der Stadt verändert. Durch unseren Stadtteil verlief die Frontlinie, und es herrschten Krieg und Hass. Es hagelte Granaten, die die Huthi entweder vom Al-Silal-Hügel,[2] vom Hotel Sofitel oder vom Sitz des Allgemeinen Volkskongresses[3] abfeuerten. Widerstandskräfte, die im Flussbett[4] stationiert waren, schossen zurück. In den Momenten leuchtete der Himmel über unserem Viertel hell auf. Manchmal schlugen die Granaten in Häusern in

---

1 Das Dschumhuri-Viertel liegt in der Altstadt von Taizz.
2 Ein im Bezirk Sala liegender Hügel in Taizz.
3 Der Sitz des Allgemeinen Volkskongresses liegt auf einem Hügel im Zentrum von Taizz, den die Huthi besetzt haben. Sie nutzen ihn als Abschussrampe, um Bomben auf Zivilisten zu feuern. Zwar ist der Allgemeine Volkskongress die aktuelle Regierungspartei (2018) im Jemen, aber völlig zersplittert. Ein Teil unterstützt Abed Rabbo Mansur Hadi, ein anderer Teil ist in Sanaa und stand bis zu dessen Tod aufseiten von Ex-Präsident Ali Abdullah Saleh.
4 Anm. d. Übers.: Es handelt sich hierbei um ein befestigtes Flussbett, das man Sa'ila nennt und das sich nur während der tropischen Regenzeiten mit Wasser füllt. Auch in Sanaa gibt es so eine Sa'ila.

unserer Nähe ein. Meine Tante meinte, es war, als würden die Kämpfer ihren Geschossen hinterherrufen: »Geh, aber geh mit Gott, und schlage ein, wo du willst.«

Die Vorstellung zu fliehen war meiner Mutter immer zuwider gewesen. Als aber eine Granate auf unser Haus fiel und die Badezimmerwand einriss, gab sie sich geschlagen und stimmte zu, vorerst ins Haus meiner Tante zu flüchten. Wir blieben einige Monate, bis auch dort eine Bombe einschlug und das Haus abbrannte. Meine Mutter bestand darauf, in unser Haus zurückzukehren. »Hört mal, Kinder, ich will nicht mehr fliehen. Wir bleiben jetzt hier. Komme, was wolle«, sagte sie. Wieder hagelten die Granaten auf unser Viertel, und wir schwirrten erneut ängstlich um unsere Mutter herum. Aber zusammen mit ihr fühlten wir uns stark. Solange sie da war, war alles zu schaffen, solange wir sie nur um uns hatten. Wir flüchteten ins Wohnzimmer, den einzigen sicheren Ort im Haus. Meine Geschwister und ich drängten uns dicht zusammen und warteten, bis das Bombardement vorbei war. Wir hatten keinen Keller wie die meisten anderen Leute, doch darauf nahm der Krieg keine Rücksicht. Der Krieg war uns auf den Fersen und nahm uns das, was uns am teuersten war. Im Morgengrauen jenes Tages sollte sich unser Leben für immer verändern. Wir würden nie mehr so sein wie zuvor und verloren unser Zuhause. (Sie weint.)

Am Vorabend des Unglücks blieben wir lange auf. Meine Tante Karima wohnte mit ihren Töchtern bei uns, weil ja eine Granate ihr Haus zertrümmert und niedergebrannt hatte. Meine Mutter war froh, ihre Schwester bei sich zu haben. Ich sehe sie vor mir, als wäre es gestern gewesen: Sie trug einen roten, mit grauen Rosen bestickten Morgenmantel, und durch das volle Haus ertönte ihr herzliches

Lachen. Ich ließ sie alleine und ging auf mein Zimmer. Bis dorthin hörte ich ihr Lachen aus dem Wohnzimmer und es steckte mich an. Wann dieses Lachen plötzlich in ein Schreien überging, dann zu einem Heulen und schließlich zu einem Wimmern wurde, weiß ich nicht mehr. Sosehr ich auch versuche, mich zu erinnern, es gelingt mir nicht. Es muss etwa nachts um halb drei Uhr gewesen sein. Ich rannte panisch ins Wohnzimmer und sah meine Mutter in ihrem Blut liegen. Teile ihres Kopfes klebten an der Wand auf der anderen Seite des Zimmers. Meine Tante und ihre Töchter weinten. Genauso wie mein kleiner Bruder Ammar, der versuchte, meiner Mutter die Hirnmasse zurück in ihren Kopf zu pressen, und schluchzte: »Aber Nabila, das ist ja viel zu weich!« *(Sie weint.)*

Dass ich aus dem Fenster blickte, hinaus in diese finstere Nacht, und um Hilfe für meine Mutter schrie, schrie und schrie und dass niemand antwortete, daran erinnere ich mich. Die einzige Antwort war Hundegebell. Um meine Mutter ins Krankenhaus zu bringen, rannte mein Bruder Rabieh auf der Suche nach einem Taxi oder Kleinbus durch unser ganzes Viertel. Doch vergebens. Niemand war da, der meine Mutter hätte retten können. Alle Menschen im Viertel hatten sich aus Angst vor weiteren Granaten verkrochen, die Gassen waren menschenleer. Zu hören war nur das Gebell der Straßenköter, die das Blut an den Kleidern meines Bruders witterten.

Die Huthi töteten meine Mutter mit einer manipulierten Patrone, die sie vom Sitz des Allgemeinen Volkskongresses abfeuerten. Die Patrone zischte durch die Hauswand und die Kommode, durchbohrte die Sofalehne und drang direkt in den Kopf meiner Mutter.

Sie war sofort tot. Sie symbolisierte alles Schöne in unserem Leben und war die tragende Säule in unserer Welt. Nach ihrem Tod verließen wir unser Viertel und die gesamte Stadt und flohen zu unserer Tante Dschamila nach Sanaa.

Immerzu kreisen meine Gedanken um unser Viertel und unsere Zeit dort, als meine Mutter noch lebte. Übrigens, kennst du eigentlich das Dschumhuri-Viertel? Warst du schon einmal dort? Bist du schon einmal durch die Gassen der Altstadt geschlendert und dann in Richtung Norden abgebogen? Vielleicht auf dem Weg in das Krankenhaus, das direkt an der Straßenecke liegt? Dort beginnt unser Viertel! Mit seinen Lauten und Geräuschen, wie dem Rufen der fliegenden Straßenhändler, die Gasflaschen oder Kartoffeln anbieten. Wenn du von dort Richtung Norden gucktest, konntest du unser kleines Haus sehen, das auf die hinteren Gassen hinausgeht. Gingst du weiter, sähest du in den Gassenwinkeln die frechen Kinder unseres Viertels, wie sie Fußball spielen oder sich lärmend vor dem Wagen des Eisverkäufers tummeln. Vielleicht hättest du die Stimme meiner Mutter gehört, die nachmittags durch die Gassen hallte, wenn sie meinen kleinen Bruder Ammar nach Hause rief. Du hättest meine Mutter bestimmt gemocht. Allein ihre Stimme! Sicher hättest du sie geliebt, so wie wir sie lieben. Ach, wie wir sie vermissen. *(Sie weint.)* In einer schwülen Nacht hättest du ihre Nähmaschine rattern hören können, auf der sie mit ihren lieben Händen kunstvoll Kleider für die Frauen der Nachbarschaft nähte. So brachte sie uns nach dem Tod unseres Vaters über die Runden. Diese Frau, die für das Wohl ihrer Kinder kämpfte, hättest du geliebt. Du hättest dich gesorgt, wenn du ihren röchelnden Husten gehört hättest oder wie sie über das Stechen in ihrem Herzen klagte.

Meine Mutter ist heute nicht mehr auf der Welt. Auch das Dschumhuri-Viertel ist, nachdem die Huthi meine Mutter getötet haben, nicht mehr das, was es einmal war. Jetzt leben wir, mein kleiner Bruder und ich, als Waisenkinder in einer fremden Stadt. Meine Gedanken sind immerzu bei unserem alten Viertel, das der Krieg in ein Trümmerfeld verwandelt hat, und bei unserem alten Leben. Unser Leben, als wir noch eine Mutter hatten. Als wir noch ein Leben hatten.

Am 2. März 2016 nachts um 2:30 Uhr beschossen die Huthi-Milizen das Haus von Nabila Abdelkarim Ahmad Farhan im Dschumhuri-Viertel in Taizz mit einem manipulierten Projektil. Ihre Mutter Samira al-Dailami wurde getötet.

Sein Auge sah, was geschah

Ruqayya Ahmad Yahya Ali Qabih

Während der Nachmittagsstunden sitze ich gern vor meinem Haus. So wie jetzt. Dann schaue ich auf die Gassen unseres alten Viertels, das Hayy al-Hunud. Wachsam lausche ich auf die Schritte, die durch die Gassen hallen. Und denke: Das sind jetzt die Schritte meines Bruders Salem. Das sind Sabrines Schritte. Die sind von Nudschud. Das sind bestimmt die Schritte von … – erst dann fällt mir auf, dass sie längst an meinem Haus vorbeigelaufen sind. *(Sie weint.)*

Mein Bruder Salem besuchte mich jeden Tag. Jedes Mal, wenn er aus dem Haus ging, schaute er erst einmal bei mir vorbei. Wir wohnten im gleichen Viertel und waren schon seit Ewigkeiten Nachbarn. Diese verwinkelte Gasse führt direkt zu Salems Haus. Jeden Tag wartete ich auf seinen Besuch. Manchmal kam er tagsüber von der Arbeit zurück. Dann setzten wir uns auf die Stufen vor meiner Haustür und blickten auf die Dächer der alten Häuser. Wenn es Abend wurde, tranken wir Tee und erzählten uns unsere Sorgen. Bei Luftangriffen kam er mit seiner ganzen Familie zu mir rüber. Meine Nichten fürchteten sich vor den Bomben, aber sie sprachen sich mit ihren Cousinen gegenseitig Mut zu. Wenn es so war, ließ er sie vorerst bei mir und sagte: »Mädels, ihr bleibt jetzt erst einmal bei eurer Tante.«

An jenem Tag kam Salem wie üblich zu mir. Mit seiner sonoren Stimme rief er mir schon von der Gasse aus zu: »Na, Schwesterherz? Was hast du heute gekocht? Reis mit Fisch?« Im Krieg hatten wir uns daran gewöhnt, immer offene Türen für unsere Verwandtschaft zu haben. Gemeinsam besiegten wir so den Hunger und halfen uns gegenseitig, so gut es ging. An jenem Tag war Salem anders als sonst. Wie er so dasaß mit seinem Teeglas in der Hand, war er ungewohnt schweigsam. Er sah sich im Viertel um, als wolle er sich die alten Häuser und Menschen gut einprägen. Als er endlich etwas sagte, kam nur: »Mir geht's heute nicht so gut, Schwesterherz.« Ich versuchte ihn aufzuheitern, aber er vergrub sich in Schweigen, saß nur da und starrte auf den Boden. Irgendwann sagte er zu seinen Töchtern: »Kommt. Wir gehen nach Hause. Gerade sind keine Luftangriffe.« Seine Tochter Assuan bat ihn, bei mir bleiben zu dürfen: »Ich will nicht sterben!« Dann brachen sie auf. Wir verabschiedeten uns gar nicht richtig voneinander. Ich blieb auch nicht in der Tür stehen wie sonst, um ihnen hinterherzuwinken. *(Sie weint.)*

Genau in dem Augenblick, als ich ihnen den Rücken zukehrte, hörte ich die Explosion der Rakete. Die Wände des Hauses zitterten, die Decke stürzte ein. *(Ihre Augen schweifen in die Ferne.)*

Ich erinnere mich an diesen Morgen, als sei es gestern gewesen. Staubwolken standen im eingestürzten Zimmer. Ich versuchte mich zu orientieren, doch vor lauter Staub konnte ich nichts sehen. Plötzlich fielen mir mein Bruder Salem und seine Töchter ein. Mir blieb fast das Herz stehen. Ich lief auf die Straße. Die Häuser waren dem Erdboden gleich. Einige waren über ihren Bewohnern eingestürzt. Suchend blickte ich mich um. Da sah ich Salem am Boden. Neben ihm lagen seine Frau und seine vier Töchter. Ihre Leichen lagen nur wenige Schritte von meiner Haustür entfernt. Unfähig, mich zu bewegen, stand ich stocksteif da. Ich schrie um Hilfe. Selbst hatte ich keine Chance, zu ihnen zu kommen. Vor mir lagen die Trümmer eingestürzter Häuser, es war ein regelrechter Berg aus Gesteinsbrocken, der mich von meiner Familie trennte. Ein Mann aus der Nachbarschaft trug erst meine Nichte Assuan vor meinen Augen davon und dann die restlichen Toten der Familie meines Bruders. *(Sie weint.)* Die Nachbarn zogen mit Taschenlampen los, um diejenigen zu retten, die noch lebend unter den Trümmern festklemmten. Ich hörte, wie sie die Toten zählten und die Namen der Vermissten ausriefen. Meine Töchter zerrten an mir. Sie wollten nur noch raus aus dem Viertel. Aber ich war wie zur Salzsäule erstarrt und konnte meinen Blick nicht von der Stelle lösen, an der mein Bruder und seine Töchter getötet worden waren. Saudische Kampfjets haben meinen Bruder und seine Familie grundlos getötet. Salem war ein einfacher Angestellter am Luftstützpunkt von al-Hudaida. Er war Laufbursche. Was außerhalb seiner vier Wände geschah, interessierte ihn nicht. Er liebte das Leben und träumte davon, seiner Familie ein würdiges Leben zu ermöglichen. Aber dann kam der Krieg und tötete ihn und seine Familie. Nur sein Sohn Abu Bakr hat überlebt. Zufällig war er an dem Tag nicht in der Gegend. Immer wenn ich meinen Neffen sehe, sehe ich Salem vor mir. Wenn ich in Gedanken bin, etwa beim Kochen, sage ich zu mir selbst: Gleich kommt Salem. Und tatsächlich ist es, als würde ich ihn wirklich sehen. Wenn ich Tee trinke, stelle ich mir auch immer vor, dass er neben mir sitzt. Dann fällt mir wieder ein, dass er tot ist, und ich verwünsche dieses Leben.

Ich werde Salem nie vergessen. Bis an mein Lebensende werde ich mich an sein Gesicht erinnern. An seine Träume und an unser Leben. Sei es als Geschwister unter einem Dach oder später als immerzu um unsere Kinder besorgte Eltern. Niemals werde ich sein Auge vergessen, in dem ein Bombensplitter steckte: Offen und lebendig hat es mit angesehen, was ihm und seiner Familie geschah. Sein Auge sah, was geschah, und hat den Krieg verflucht.

Am 22. September 2016 um 9:30 Uhr morgens bombardierten Kampfjets der saudisch geführten Militärkoalition eine Trauerfeier im historischen Hayy al-Hunud, dem sogenannten »Inderviertel« von al-Hudaida, das größtenteils Anfang des 18. Jahrhunderts erbaut wurde. Seine Bewohner sind arm. Die Rakete tötete zwanzig Zivilisten, darunter Ruqayyas Bruder Salem Ahmad Yahya Ali Qabih (60 J.), seine Frau Nudschud Ayyasch (50 J.) und seine Töchter Assala Salem Ahmad Yahya Ali Qabih (16 J.), Hanan Salem Ahmad Yahya Ali Qabih (17 J.) und Assuan Salem Ahmad Yahya Ali Qabih (15 J.). Der einzige Überlebende der Familie ist der Sohn Abu Bakr Salem Ahmad (16 J.). Fünfzig weitere Zivilisten wurden verletzt, zweiunddreißig Häuser zerstört.

Sie fielen ihm in den Rücken

Fatima Mohammad Youssef

Draußen war es mucksmäuschenstill. Im Ramadan scheint zu dieser Tageszeit das Leben immer stillzustehen. Es war zehn Uhr morgens, vielleicht auch elf, genau weiß ich das nicht mehr. Aber an diese Stille, die überall herrschte, erinnere ich mich gut. Genau wie an das Sonnenlicht, das die Stadt durchflutete und Youssefs Gesicht erhellte. Youssef, mein lieber Neffe, der nach unserem Vater benannt war, machte sich fertig, um das Haus zu verlassen. »Junge, wo willst du denn so früh hin? Es ist doch Ramadan, alles schläft noch«, fragte ich ihn. Fast schon entschuldigend antwortete er: »Ich schaue nur kurz, was meine Freunde machen, dann komme ich wieder. Macht euch keine Sorgen, ich bin gleich wieder da!« Zum letzten Mal drehte er sich nach mir um. In dieser Bewegung von ihm lag so viel Liebe. Ganz genau sehe ich ihn vor mir und mein Kummer frisst mich schier auf. *(Sie weint.)*

Der Krieg hat unsere Söhne gezwungen, zur Waffe zu greifen. Schulbücher und Arbeit ließen sie stehen und liegen und bewaffneten sich, um gegen die Huthi zu kämpfen. In den Frontgebieten in Stadtnähe konnten wir sie hin und wieder sehen, wo sie ausgemergelt und erschöpft die Stellung hielten. Sie waren Feuer und Flamme für ihre Entscheidung, sich dem Widerstand anzuschließen, und wir widersprachen ihnen nicht. Doch während wir in ihre tollkühn blitzenden Augen blickten, beteten wir, dass sie

überleben mögen. Auch mein Sohn Amdschad schloss sich
eines Tages den Widerstandskämpfern an. Das registrierte
ich, obwohl er mir nichts sagte. Zu jeder Tages- und Nachtzeit blieb er stundenlang außer Haus. Kam er zurück, erzählte er viel von der Standhaftigkeit seiner Freunde an der
Front und an den Barrikaden. Wir wussten, dass sie weit
weg lebten. Wir litten jedes Mal, wenn wir daran dachten,
dass sie ihr Leben riskierten. Aber Youssef, der Sohn meines Bruders, war anders als die anderen jungen Männer,
die sich dem Widerstand angeschlossen hatten. Schüch-
tern, wie er war, prahlte er nicht herum, wie es die anderen
taten. Vom Widerstand erzählte er nichts. Wir erfuhren
erst von seinem Leben hinter den Barrikaden, als es schon
zu spät war.

Als in der Stadt Youssefs Ruf als Widerstandskämpfer
nach und nach die Runde machte, sprach sein Vater ihn
einmal darauf an. Wenn ich an dieses Gespräch zurückdenke, kommen mir jedes Mal die Tränen. Sein Vater hatte
auf Youssef gewartet, bis er nachts nach Hause kam: »Mein
lieber Junge, wie ich höre, sollst du mit den Männern vom
Widerstand auf das Maqrami-Gebäude in der Straße des
26. September geklettert sein?« – »Ach, glaub doch so was
nicht, Papa«, erwiderte Youssef nur, denn er wollte einfach
nicht, dass wir Angst um ihn hatten oder dass sich sein
Vater um ihn sorgte. Sein Engagement im Widerstand war
sein persönliches Geheimnis, das nur ihn etwas anging. Für
ihn zählten weder Geld noch Ruhm. Nach seinem Tod erfuhren wir, dass Youssef auf seinen Wunsch hin im Widerstand nicht unter seinem Klarnamen, sondern unter dem
Decknamen »Der Sudanese« kämpfte. Täglich hatte die
Stadt um neue Männer aus den Reihen der Widerstandsbewegung zu trauern, die an verschiedenen Fronten fielen,

und wir trauerten mit ihr. Youssef allerdings fiel nicht an der Front, er wurde heimtückisch ermordet.

Huthi töteten Youssef, und zwar nicht etwa Mann gegen Mann, von Angesicht zu Angesicht, auch nicht an der Front, nein. Zunächst observierten sie ihn tagelang und beobachteten jeden seiner Schritte. Dann lauerten sie ihm als Widerstandskämpfer getarnt vor unserer Haustür auf und stellten ihm eine hinterhältige Falle: Wie gute Freunde riefen sie ihn beim Namen und Youssef ging gutgläubig zu ihnen hinaus. Als sie ihn in ein Gebäude zerrten und die Tür hinter ihm verriegelten, wusste Youssef, dass er in der Falle saß. Seine Versuche, sich zu wehren, waren sinnlos, alleine hatte er keine Chance. Sie fesselten ihn mit Draht, hängten ihn an der Decke auf und ließen ihn tagelang dort baumeln. Sie folterten ihn Tag für Tag und richteten ihn schließlich mit mehreren Schüssen hin. Seinen verstümmelten Leichnam warfen sie in den vermüllten Vorgarten eines seit Langem leer stehenden Hauses. *(Sie weint.)*

Überall suchten wir nach Youssef, auf den Straßen, in allen Krankenhäusern und Gefängnissen. Ohne Erfolg. »Sollte sich herausstellen, dass sie den ›Sudanesen‹ als Geisel genommen haben, gebe ich ihnen im Gegenzug zwanzig Huthi-Geiseln. Dieser Mann ist unersetzlich«, sagte Hammoud Said[1] seinerzeit. Jeden Winkel suchten wir nach Youssef ab, aber wir fanden ihn nicht. Das waren vielleicht schlaflose Nächte, das kannst du mir glauben! Völlig aufgewühlt waren wir und schenkten dem verwirrten Schreien des Dorfnarren keinerlei Beachtung, der immerzu vor

---

[1] Hammoud Said war ein Führer der jemenitischen Islah-Partei und gleichzeitig Anführer des Volkswiderstands in Taizz.

dem Vorgarten jenes verlassenen Hauses auf und ab lief: »Hier liegt der Sudanese! Hier liegt der Sudanese!« Als wir die Suche schon aufgeben wollten, machten sich einige Männer des Widerstands auf und gingen zu jenem vermüllten Vorgarten, wo sie Youssefs Leichnam fanden. »Das ist Youssef«, sagte mein Sohn Amdschad, der ihn sofort an seinem Hemd erkannt hatte.

Von oben bis unten war Youssefs Körper mit Folterspuren übersät, die Augen waren dick geschwollen. Er war gefoltert worden und seine Leiche wurde bis zur Unkenntlichkeit verstümmelt. *(Sie weint.)*

Am 6. Juli 2015 töteten Huthi-Milizen im Viertel Wadi al-Madam in Taizz Youssef Ahmad Mohammad Youssef (29 J.), den Sohn von Fatimas Bruder. Sein Leichnam wurde verstümmelt.

Nicht ein Foto überstand
die Katastrophe

Yassin Abdelqaui Saleh al-Dschaberi

Gedanken, Bilder, Gerüche und Erinnerungen fließen in meinem Kopf wild durcheinander. Manchmal gelingt es mir noch, darin ihre Gesichter auszumachen. Aber die Stimmen sind einfach weg. Wie kommt das nur? Dass man als Erstes immer die Stimmen vergisst, dass man sie anscheinend nicht davor bewahren kann, dass das Gedächtnis sie löscht? Zwar kann ich mich noch an ihr Lachen erinnern, aber nur ohne Ton. Auch an unser gemeinsames Leben unter einem Dach erinnere ich mich: an unsere Spiele, als wir klein waren, an den Takt der Schritte meiner Mutter, wenn sie durch die Wohnung ging, an die ausgelassenen Spiele meines kleines Bruders Hammoudi oder das gemeinsame Mittagessen mit meinen Geschwistern Saddam und Maria und ihren Familien. All das liegt weit zurück in einer Zeit, von der mich eingestürzte Wände, Rauch und Krieg trennen.

Am Vortag regnete es und die Straßen der Stadt wurden nass. Der frische Geruch der Erde vermischte sich mit dem Duft von Regen, und in mir stieg Freude auf. Wie schade, dass wir uns an Freude meistens erst erinnern, wenn sie vorbei ist und wie Sodbrennen nur noch einen unangenehmen Geschmack hinterlassen hat. Wie meistens um diese Zeit war meine Familie noch wach, als ich abends nach

Hause kam. Ich erinnere mich an ein Gespräch mit meiner
Mutter, die sagte, dass sie am nächsten Morgen abreisen
und mir alle Familiendokumente dalassen würde. Ebenso
die Grundbucheinträge für unser Stück Land und für die
Grundstücke einiger Dorfbewohner, die ihre Eigentums-
urkunden bei meinem Großvater, dem Dorfvorsteher, hin-
terlegt hatten. Ihr machte der Bombenlärm Angst und ich
versuchte noch, sie zu beruhigen, und gab ihr einen Kuss.
Anschließend ging ich ins Wohnzimmer und war immer
noch ganz erfüllt von dem wohligen Gefühl, das mir der
Regen beschert hatte. An dem Abend schlief ich traumlos
ein, wie ein Kind, das schon viel zu lange wach gewesen
war.

Am elften Mai des ersten Kriegsjahres wachte ich morgens
um Viertel vor sechs auf, weil der Boden unter mir bebte. Alles, was darauf gewesen war, hatte er verschlungen:
Menschen, Mauern, Möbel, Bilder und sogar Gerüche. Das
Geräusch der einschlagenden Rakete, das mich vor der Katastrophe hätte warnen können, hatte ich gar nicht wahrgenommen. Hätte ich es gehört, wäre mir vielleicht noch
genug Zeit geblieben, meine Familie zu retten. Aber eine
Rakete zu hören, die im eigenen Haus einschlägt, ist fast
unmöglich, weil ihr Geräusch immer schneller ist als die eigene Wahrnehmung. Aber an dieses Beben kann ich mich
gut erinnern. Der Boden öffnete sich und verschlang unser
Haus und zwölf weitere Häuser im Dehi-Viertel. Einige
Minuten blieb ich noch bei Bewusstsein, dann bekam ich
keine Luft mehr. Wegen der Gase im gelblichen und eigenartig riechenden Raketenrauch wurde ich bewusstlos und
bekam nichts mehr mit. Monate, nachdem ich diese Gase
eingeatmet hatte, fühlte ich mich noch immer krank und
ein Freund sagte mir, dass diese Raketen zu den interna-

tional geächteten Waffen zählten. Als ich an dem Morgen eine Stunde später wieder zu mir kam, blickte ich mich um. *(Seine Stimme bricht.)* Unser Haus war weg. Nur die Stützpfeiler standen noch als äußeres Skelett und die Wand des Zimmers, in dem ich bis eben geschlafen hatte, hing noch lose rum. Die restlichen Zimmer waren nach innen eingestürzt und bildeten einen riesigen Krater, in dem alles versank: Trümmer, Steine und die toten Körper meiner Familie. Ein diffuser Lärm herrschte, ich hörte Rufe von Kindern aus der Nachbarschaft und von anderen Menschen, die aus dem Hausrat unseres eingestürzten Hauses Gegenstände aufsammelten. Es kamen keine Wagen vom Zivilschutz, um meine Familie zu retten. Auch keine Rettungsfahrzeuge der Huthi oder vom Anti-Huthi-Widerstand. Einfach nur Menschen aus der Nachbarschaft zogen aus den Trümmern die leblosen Glieder meiner Familie hervor. Mir wurde erzählt, dass meine Schwester Asmahan drei Gebäude weiter gefunden worden sei, lebendig. Bestimmt wollen die mich nur schonen, dachte ich. Wie sollte Asmahan das überlebt haben? Herzkrank, wie sie war. Sie hatte außerdem im gleichen Raum wie meine anderen Geschwister geschlafen. Doch sie versicherten mir, dass sie wirklich am Leben sei, und ich weinte vor Freude. Gleichzeitig sah ich den Männern aus der Nachbarschaft fassungslos zu, wie sie von zerfetzten Körpern abgetrennte Hände auflasen. Im Nachbarviertel wurde eine Körperhälfte meines Bruders Saddam gefunden. Sie gruben und gruben und fanden immer mehr Körperteile. Alles, was sie fanden, begruben sie. *(Er balanciert über die Trümmer seines Hauses und rückt einen Stein zurecht, um sich daraufzusetzen. Darunter kommt ein verbrannter Teppich zum Vorschein.)*

Seit jenem Tag kann ich nicht mehr schlafen. Wenn ich doch einmal einschlafe, dann voller Angst. Im Schlaf stürze ich endlose Leitern hinab und blicke auf frei stehende Wände, aus denen mich die Gesichter meiner Familie anschauen. Jedes Mal, wenn ich eingeschlafen bin, kommt es mir vor, als rüttele mich gewaltsam etwas wach. Etwas wie ein Erdbeben, das alles verschlingt. Also wehre ich mich gegen den Schlaf. Ganz gleich, wo ich bin, in allen Häusern, in denen ich nach dem Tod meiner Familie gewohnt habe und aus denen ich wieder vertrieben wurde. Manchmal frage ich mich, was wohl ihre letzten Träume waren. Waren es Albträume? Was kam darin vor? Gab es in ihren Träumen vielleicht Vorzeichen für das, was passieren würde? Dann denke ich an den Moment ihres Todes. Hat das Beben sie aus dem Schlaf gerissen so wie mich? Oder sind sie gar nicht mehr aufgewacht? Hat der Tod sie überrascht, als sie schliefen und träumten? Träume, die ich nicht kenne? Oder haben sie dem Tod ins Auge geblickt und mitbekommen, wie ihre Körper zerfetzt wurden?

Die Flieger der Militärkoalition haben meine Familie getötet. Bisher haben es ihre Anführer nicht für nötig befunden, sich zu entschuldigen oder das Verbrechen überhaupt zuzugeben. In ihren Augen sind wir einfach nur Kollateralschäden. Solche Dinge passieren nun mal im Krieg. Wir sind Menschen, die nicht zählen und deren Blut zu rächen sich nicht lohnt. Niemand hat gesagt: »Tut uns leid, Yassin, dass wir deine Familie getötet haben. Wir wollten das gar nicht. Es waren nur dumme Zufälle, dass am Ende die Rakete auf euer Haus fiel.« Genau das aber, liebe Bushra, ist es ja: Es war gar kein Zufall. Um unser Haus gab es keine Huthi-Stützpunkte oder Ähnliches. Über einen Kilometer war der nächste Huthi-Stützpunkt entfernt. Und das ist zu weit. Das Völkerrecht legt hier für den Kriegsfall genaue Regeln fest. Ich habe Jura studiert, ich weiß das. Unser Viertel gilt als sicheres Wohngebiet. Hierher flüchten die Menschen aus den umliegenden Vierteln.

Aber die Flugzeuge der Militärkoalition unterscheiden nicht zwischen zivilen und militärischen Zielen. Immer wieder versuche ich mir vorzustellen, was für ein Mensch der Pilot wohl war, der die Rakete über unserem Haus abgeworfen hat. Ob er wohl Familie hat? Kann er nachts gut schlafen, ohne Albträume? Hat er, bevor er den Knopf drückte, daran gedacht, dass er womöglich unschuldige Zivilisten töten würde? Hat er vom Tod meiner Familie erfahren? Hat er es bereut?

Nach dem Massaker an meiner Familie habe ich mir etliche Videos von Militäroperationen der Koalition im Jemen angesehen. Dann zoome ich immer ins Bild und suche nach Hinweisen. Versuche nachzuvollziehen, welche Routen die Kampfjets nehmen, um ihre Ziele im Jemen anzufliegen, nachdem sie aus Saudi-Arabien gestartet sind. Die moderne Kriegstechnologie, die sie verwenden und mit der sie einzelne Individuen in Bewegung genau anpeilen können, studiere ich und muss mich fragen: Was hat meine Familie verbrochen? Warum mussten sie sterben?

Mir fällt ein, dass ich einmal einen der Anführer der jemenitischen Islah-Partei getroffen habe. Er brüstete sich damit, dass sie der Militärkoalition die Koordinaten für ihre Angriffsziele weitergeben würden. Es ist wirklich das Allerletzte, mit Morden zu prahlen. Kennen solche Menschen überhaupt Schuldgefühle? Nach dem Unglück rief mich damals der Anführer des Anti-Huthi-Widerstands von Taizz an, um mir sein Beileid auszusprechen. Denn meine ganze Familie hatte den Anti-Huthi-Widerstand immer unterstützt. Er war entrüstet über ihren gewaltsamen Tod und sagte, dass wir eine Entschädigung bekämen. »Eine Entschädigung für unser zerstörtes Haus zu bekommen, ist unser gutes Recht. Aber wie wollt ihr mich für den Verlust meiner Familie entschädigen? Wollt ihr sie klonen?«, erwiderte ich. Er schwieg.

Was hätte er auch sagen sollen? Es gibt nichts, was mich für diesen Verlust entschädigen könnte. Beileidsworte sind bedeutungslos. Wenn meine Freunde nicht wären, hätte ich längst den Verstand verloren. Kannst du dir das vorstellen? Eine ganze Familie, einfach ausgelöscht. Mir blieb nicht ein Andenken an meine Familie. Etwas, um sie zu spüren, zu riechen, mich an ihre Gesichter zu erinnern, um mich davon zu überzeugen, dass es sie überhaupt gegeben hat in dieser Welt. Es gibt keine Fotos oder persönlichen Dokumente, alles ist verbrannt. Nicht ein Foto hat die Katastrophe überstanden. Oft träume ich von meiner Mutter. Doch sie spricht nie in meinen Träumen. Sie macht einfach weiter mit dem, womit sie gerade beschäftigt ist. Mit meinen Händen taste ich über ihr Gesicht. Dann löst sie sich jedes Mal auf, und ich wache nass vor Tränen auf. Auch von meinem Bruder Saddam träume ich manchmal. Mir fällt ein, wie er mich immer von der Schule nach Hause brachte und dass er mir immer viele Ratschläge gegeben hat. Und ich denke daran, wie wir zusammen in seinem Schreibwarenladen saßen und die Passanten beobachteten. Als die Huthi-Milizen seinen Laden abbrannten, habe ich ihn renoviert. Weil ich einfach die Erinnerung an meinen Bruder Saddam aufrechterhalten wollte. Manchmal sitze ich stundenlang in diesem Laden und führe erfundene Zwiegespräche mit Saddam. All diese Versuche, meine Erinnerungen zu bewahren, strengen mich wahnsinnig an.

Ich habe meine Familie verloren. Kein einziges Foto habe ich mehr von ihnen. Keins, das ich in mein Portemonnaie tun könnte und das mich daran erinnert, dass ich einmal eine Familie hatte. Ein Foto, das ich in meinen schlaflosen Nächten anschauen könnte, statt hier in den Trümmern unseres Hauses nach Spuren eines ausgelöschten Lebens zu suchen.

Morgens um Viertel vor sechs am 11. Mai 2015 bombardierte die Militärkoalition das Haus von Abdelqaui Saleh al-Dschaberi in al-Dehi, einem Viertel von Taizz. Getötet wurden seine Mutter und sein Bruder Saddam Abdelqaui Saleh al-Dschaberi, dessen Frau Amal und ihre Kinder Malak Abdelqaui Saleh al-Dschaberi (3 J.), Abdelqaui Saddam Abdelqaui Saleh al-Dschaberi (5 J.) sowie seine Schwester Maria Abdelqaui Saleh al-Dschaberi und deren Kinder Hind (2 J.) und Hiyam (4 Jahre), seine Brüder Ahmad Abdelqaui Saleh al-Dschaberi (12 J.), Abdallah Abdelqaui Saleh al-Dschaberi (2 J.), die Nachbarin Amira Amin al-Tayyar (30 J.) mit ihren Kindern Rania al-Dabei und Rakan al-Schar'abi und Professor Ahmad Yahya.

Wir, die wir unsere Männer
verloren haben

Lul Seif

In Aden schien der Krieg vorüber zu sein. Da dachte ich, dass wir wieder zurück nach Hause können, in unsere eigenen vier Wände. Ich weiß noch, wie froh wir waren, meine Kinder und ich, unseren Fluchtweg nun in die entgegengesetzte Richtung zurückzufahren. Aber als ich die Haustür aufgeschlossen hatte, kamen mir die Tränen. Wieder zu Hause zu sein fühlte sich an, als wäre mein Mann gerade ein zweites Mal gestorben. Und alles war geplündert. Nichts hatten sie uns übrig gelassen. *(Sie weint.)* Außer uns ist das niemandem sonst in Hudschaif,[1] in unserer Gegend passiert. Niemand sonst ist auf diese Weise vertrieben und gedemütigt geworden. Keine andere Familie hat der Krieg so zerstört wie uns.

Es fing an mit einer schwierigen Zeit, die wir durchmachten, wie viele andere auch. Infolge der Blockade, die die Huthi über unsere Gegend verhängt hatten, waren all unsere Essensvorräte irgendwann aufgebraucht. Mein Mann und meine Söhne mussten weite Strecken zu Fuß zurücklegen, um in Gegenden wie Scheich Othman oder al-Mansoura Essen zu besorgen. Manchmal nahmen sie sogar ein Boot und fuhren damit nach al-Buriqa. Obwohl die Lebensumstände wirklich hart waren, trösteten uns die

---

1 Hudschaif ist eine Gegend im Viertel al-Tawahi in Aden.

Ehrlichkeit unserer Mitmenschen, ihre Gutherzigkeit, der Zusammenhalt und das Mitgefühl unter uns Nachbarn.

Zu Beginn des Krieges einte uns die Angst vor den Huthi. Unsere Söhne und Ehemänner schlossen sich den lokalen Anti-Huthi-Widerstandsgruppen an. Das war in unserer Nachbarschaft durchaus die Norm, denn alle männlichen Bewohner des Qahwadschi-Viertels waren beim Widerstand. Der bestand hauptsächlich aus der Anwohnerschaft und anderen Freiwilligen. Junge Männer, die al-Tawahi verteidigen wollten. Sie waren wie Brüder, gleich unter Gleichen, und sie hielten zusammen. Unser Haus stand den Widerstandskämpfern offen, wir kochten für sie, mittags und abends. Die Frauen halfen einander beim Kochen. Jede Familie brachte mit, was sie zu Hause hatte, und alle aßen gemeinsam. Selbst das aber reichte meinem Mann noch nicht, der am Schiffshafen von Balhaf arbeitete. Er unterstützte den Widerstand zusätzlich mit seinem Lebensmittelladen in der Nähe: Täglich lief er hoch zu den Barrikaden auf den Berg, wo die Jungs vom Widerstand ihn schon freudig erwarteten. Mein Mann versorgte sie mit gekühltem Wasser und Saft und manchmal sogar mit Zigaretten. »Die da oben ausharren, sind Helden«, sagte er immer, »wir müssen sie unterstützen.«

Anfang Mai wurde unser Viertel zur Zielscheibe für Huthi-Granaten, die vom Sohban-Militärcamp[2] abgefeuert wurden und unsere alten Häuser erzittern ließen. Am 3. Mai war der Beschuss besonders heftig, und wir dachten, unser Haus würde jeden Moment über unseren Köpfen einstürzen. Die Huthi kämpften einen erbitterten Kampf und woll-

---

2 Militärcamp in al-Tawahi, Aden.

ten al-Tawahi zu Fall bringen. Abends, als wir etwa gegen
neun Uhr gerade das Abendessen für die Widerständigen
fertig hatten, schlug die erste Granate bei uns ein – und
zwar genau dort, wo die Männer beim Essen saßen. Unser
Nachbar Abdelhakim al-Schawafi und ein anderer Mann
aus dem Viertel wurden getötet. Mein Mann lief aus dem
Haus, um den Verwundeten zu helfen. In diesem Moment
fiel die zweite Granate auf die Rettungskräfte. Mein Mann
wurde verletzt und vier weitere Menschen wurden getötet.
Anwohner erzählten, dass ein Informant den Standort der
Widerständigen an die Huthi verraten habe.

Niemand sagte mir, dass mein Mann tot war. Er sei le-
diglich an der Schulter verletzt, hieß es. Als der Beschuss
noch heftiger wurde, rieten uns die jungen Widerständigen
aus der Nachbarschaft, unser Haus vorübergehend zu räumen. »Macht euch keine Sorgen, morgen könnt ihr wie-
derkommen«, sagten sie. Wir verließen unser Haus gegen
22 Uhr und ich packte nichts ein. Kein Geld, keine Papiere
und kein Gold. Nur etwas Kleidung für meinen verwundeten Mann. Natürlich ahnte ich nicht, als ich hastig die
Wohnungstür hinter uns zuzog, dass wir erst viele Monate
später zurückkehren würden und dies erst der Anfang einer
langen Odyssee war. In jener Nacht flohen viele Menschen
in Hudschaif aus ihren Häusern. Sie wurden in Schulen
und Krankenhäusern untergebracht und leer stehende
Häuser wurden ihnen aufgeschlossen. Es war für viele
nicht leicht, aber für uns war es besonders schwer. Wir fanden in jener Nacht gar keinen Unterschlupf und erreichten
um ein Uhr nachts das Haus meines Onkels. Dort erst erfuhren wir vom Tod meines Mannes. Meine Söhne erlitten
einen Zusammenbruch. Kurz darauf schlug in der Nähe des
Hauses eine Bombe ein. Mehrere Menschen auf der Straße
kamen ums Leben. Erneut forderten die Widerständigen

uns auf, das Haus zu räumen. *(Sie weint.)* Wo sollten wir denn nur hin, mitten in der Nacht? Niemand half uns. Wir hatten auch kein Geld, um irgendwie über die Runden zu kommen. Mir blieb nicht einmal Zeit, um meinen Mann zu weinen. Aber wenn die Welt dir alle Türen vor der Nase zuschlägt, kommen plötzlich gute Menschen auf dich zu und öffnen dir eine neue. Die Tür, die sich für uns im Krieg öffnete, hieß Maha al-Sayyed. Sie ist eine Freundin meiner Tochter. Nie im Leben werde ich ihr vergessen, was sie alles für uns getan hat. Sie überließ uns ihr Haus, kaufte sogar Möbel und Bettdecken für uns. Dabei konnten wir nur einen Tag bei ihr in al-Mansoura bleiben. Denn auch ihr Haus wurde von einer Granate getroffen und wir mussten weiter fliehen. Um fünf Uhr morgens war es, von überallher war Hundegebell zu hören und es hagelte Granaten. Wir fanden Unterschlupf in einem anderen Haus, in dem wir allerdings nicht die Einzigen waren. Zwei weitere Familien waren dort, die ebenfalls aus al-Tawahi geflohen waren. Insgesamt waren wir siebenunddreißig Menschen in einer Wohnung. Dort saßen wir und warteten. Sobald die Sonne aufgegangen war, gingen meine Söhne los, um eine Wohnung zu finden, doch ohne Erfolg. Wir konnten nicht in Aden bleiben und beschlossen, zu Verwandten nach al-Rahida[3] zu fahren.

Allerdings hatten wir überhaupt kein Geld dabei. Das einzig Wertvolle, das ich besaß, war der Ehering an meinem Finger. Ich verkaufte ihn und wir mieteten von dem Geld einen Kleinbus, mit dem wir nach al-Rahida fuhren.

Als wir dort ankamen, ging die Sonne bereits unter. Wir waren zuversichtlich, dass unsere Familie im Exil zu uns halten würde. Aber kein einziger unserer Verwandten

---

3 Ein Dorf im Verwaltungsdistrikt Chadir im Gouvernement Taizz.

wollte uns helfen. Dieselben Verwandten, die wir in Aden aufgenommen und ihnen ohne mit der Wimper zu zucken geholfen hatten, machten sich nicht einmal die Mühe zu fragen, wie es uns geht. Nun, der Großteil unserer Verwandtschaft war eben restlos »huthifiziert«[4]. Sie wollten nichts mehr mit uns zu tun haben, weil sie wussten, dass wir den Widerstand unterstützten.

Diese Monate in al-Rahida werde ich nie vergessen. Wir wohnten in einem nahe gelegenen Dorf im Ma'rib-Klinikum, das die Huthi Tag und Nacht bombardierten. An die kalten Krankenhausfliesen kann ich mich noch gut erinnern. Wir waren allein. Hatten keine Kleider oder Möbel und waren ohne Wasser und Strom. Mein Sohn und meine Tochter holten Wasser von einem Ziehbrunnen. Wir hatten keinen Ofen und auch keine Kochstelle. Meine Kinder mussten Tag für Tag zum Holzsammeln in die Berge gehen. Es gab nur trockenes Brot und Tee, damit ernährten wir uns vier Monate lang. Ach, Kind. Das waren elende Zeiten, die wir durchgemacht haben. *(Sie weint.)* Meine große Tochter Muna schläft nur noch, von früh bis spät. Sie verweigert sich der Realität. Früher arbeitete sie in Aden beim Fernsehen und musste dann plötzlich in den Bergen Holz sammeln. Verwandte, Freunde, Genossen – keiner hat nach uns gefragt. Sie alle haben uns im Stich gelassen. Bis auf Kapitän Ali Nasser Hadi,[5] ein guter Mann und der Einzige, der sich nach uns erkundigt hat. Als wir nach al-Mansoura

---

4 »Mutahawwath«, zu Deutsch etwa: »huthifiziert«, wurde im Jemen zu einem geflügelten Wort, das die Befürworter der Huthi-Milizen bezeichnet.

5 Ali Nasser Hadi war ein jemenitischer Militärführer, Anführer des Vierten Bezirks und der Bruder des jemenitischen Präsidenten Abed Rabbo Mansur Hadi. Am 6. Mai 2015 wurde er in Aden bei der Stürmung des Viertels al-Tawahi durch Huthi-Milizen getötet.

geflüchtet waren, sagte er zu Muna: »Wir lassen euch nicht im Stich! Das Blut eures Vaters schützt uns! Ihr glaubt doch nicht ernsthaft, wir würden euch vergessen! Niemals!« *(Sie weint.)* Er war anders als sein Bruder. Präsident Abed Rabbo Mansur Hadi hatte erst die Huthi nach Aden geholt und sich dann aus dem Staub gemacht. Schau uns jetzt an. Wir haben so viel durchgemacht. Mussten von Haus zu Haus fliehen, und meinen Mann habe ich verloren. Und wie sind sie mit uns umgesprungen?

Nichts bleibt, wie es ist. Die Widerstandsbewegung ist nicht mehr das, was sie einmal zu Kriegsbeginn war. Anfangs schlossen sich ihr nur die besten Männer der Stadt an. Doch gleich in den ersten Kriegstagen sind die Anständigsten gefallen. Jetzt herrscht nur noch purer Regionalismus. Mein Mann wurde vom Widerstand verleugnet. Seine Anhänger haben unsere Entschädigungszahlung, die für südjemenitische Familien Gefallener vorgesehen ist, für sich behalten. Sie behaupteten, dass mein Mann Nordjemenite gewesen sei, weil seine Vorfahren ursprünglich aus Taizz stammten. Dabei wurde er in Aden geboren und hat sein ganzes Leben lang dort gelebt! Sie weigerten sich, ihn in die Liste der Helden des »Südlichen Widerstands« aufzunehmen. Angeblich sei er an Fieber gestorben. Sie verweigern uns so unseren Anspruch auf Hilfsgüter. Ein Kilo Fleisch am ersten Tag des Opferfests war das Einzige, das wir je von den Emiraten erhalten haben. Einmal im Ramadan versuchte es mein Sohn bei der Hilfsgüterausgabe, wo sich die zuständige Mitarbeiterin Zahra Saleh[6]

---

6 Zahra Saleh ist eine jemenitische Aktivistin, die der separatistischen »Südlichen Bewegung« angehört. Die »Südliche Bewegung« sieht sich als Interessenvertreterin Südjemens. Teile der Bewegung streben die Unabhängigkeit des Südjemen vom Norden des Landes an. Kämpfer des »Südlichen Widerstandes« spielten eine zentrale Rolle bei der Vertreibung der Huthi aus Aden.

weigerte, uns auch nur irgendetwas zu geben: »Einwohner von Nord-Hudschaif bekommen hier gar nichts«, sagte sie schroff.

Der Krieg ist schrecklich und der Kriegsalltag unerträglich. So viel Diskriminierung, Hass und Ablehnung schlagen einem entgegen. Dabei will ich doch gar nichts. Was mein Mann und meine Söhne für den Anti-Huthi-Widerstand getan haben, haben sie für unsere Stadt getan. Ich brauche von niemandem einen Gefallen.

So. Jetzt ist alles gesagt. Über Krieg, Vertreibung und Verleugnung durch Familie und Freunde. Ach ja, Asthma habe ich übrigens auch. Ständig muss ich an die schweren Zeiten denken, die wir durchgemacht haben. Dass wir verleugnet wurden, war aber das Schlimmste. Gerade wir, die wir unsere Männer verloren haben. *(Sie weint.)*

Am 3. Mai 2015 beschossen die Huthi-Milizen das Viertel Hudschaif in al-Tawahi, einem Vorort der Stadt Aden, mit einer Granate. Dabei kamen mehrere Zivilisten ums Leben. Lul Seifs Ehemann wurde verletzt und starb tags darauf an seinen Verletzungen. Hier begann der Leidensweg von Lul Seif und ihrer Familie, ihre Flucht und Vertreibung von Aden bis nach Taizz, ins Viertel al-Radiha.

Selbst Geduld ist vergeblich

Fawwaz Muqbil al-Hakimi

Manchmal bin ich schon so weit, dass mir der Tod meines Bruders und seiner Familie wie eine dieser erfundenen Geschichten vorkommt, die sich jemand aus Versatzstücken des Kriegsalltags zusammenspinnt. Denn irgendwann fängst du an, dir Tragödien auszumalen, die niemals stattgefunden haben. Außer vielleicht in deinem Schädel mit seinem von zu vielen Massakern zersetzten Hirn. So kommt es, dass ich mir einbilde, dass Munir eines Tages einfach an die Tür klopft und wir wie immer zusammen mittagessen. Aber er kommt nicht und er klopft nicht. Mein Blick sucht Munirs Foto an der Wand und ich kehre widerwillig in eine Wirklichkeit zurück, in der es für mich keinen Bruder und auch dessen Familie nicht mehr gibt. Eine Wirklichkeit, die mich und meine Familie auf ewig an den Moment ihres Todes fesselt.

Seit ihrem Tod betäuben wir unsere Tage mit Geduld. Doch Geduld ist vergeblich, wenn die Realität dir ständig eiskalt entgegenhält, dass du deinen Bruder und seine Familie nie wiedersehen wirst. Dass du einfach weiterleben sollst. Aber genau das kann ich nicht. Denke ich an Munir, frisst mich meine Trauer fast auf. Ach, Munir. Was wollte er wohl noch sagen? Hielt er seine Kinder deshalb so fest umarmt, weil er sie vor dem Tod schützen wollte? Dachte er noch einmal an den Film, den er drehen wollte, falls er diesen Horror überlebte? Ob Rami gelitten hat? Und hat die kleine Nuran gedacht, dass es bloß ein Spielzeug war,

das ein kranker Mensch auf sie geworfen hat? Hat sie gedacht, dass sie am nächsten Morgen wieder aufstehen und
in den Kindergarten gehen würde?

Flugzeuglärm nimmst du im Krieg nie als ein neutrales
Geräusch wahr. Tief in dir spürst du jedes Mal, dass auf dich
oder andere Menschen gerade eine Katastrophe zukommt.
Genauso wenig können wir in Kriegsnächten wirklich
schlafen. Wir sind permanent in Alarmbereitschaft. Unsere
Sorgen halten uns wach. Langsam, aber sicher fressen sie
uns auf. Obsessiv kreisen unsere Gedanken um unsere
Liebsten, darum, wo sie wohl gerade sind. Was sie wohl
gerade machen? Sind sie weit genug weg vom Einschlag-
ort? Erst wenn wir uns nach ihnen erkundigt haben, wenn
alles so weit in Ordnung scheint, können wir versuchen
einzuschlafen. Während wir manisch Nachforschungen
über unsere Liebsten anstellen, verdrängen wir gleichzeitig
jeden Gedanken daran, dass ihnen etwas zugestoßen sein
könnte. Wir verscheuchen alle negativen Vorstellungen,
die uns heimsuchen, falls sie nicht ans Telefon gehen. Unsere Augen kleben auf dem Handy, das wählt und wählt
und wählt.

Als ich die Nummer meines Bruders Munir wählte, nahm
niemand ab. Meine Augen klebten fest auf dem Display.
Mein Handy vibrierte. Ein Anruf ging ein. Ich hielt die Luft
an. Doch er war es nicht. Es war sein Freund, der meine Be-
fürchtung bestätigte, dass die Kampfjets der Militärkoalition den Stadtteil Beit Maʿyaad bombardiert hatten. Meine
Sorge, meine Panik und weil mein Bruder nicht ans Telefon
gegangen war – all das ließ mich im Morgengrauen hin-
ausgehen und nach Munir suchen. Sanaas Straßen waren
dunkel. Nur hier und da ein fahler Lichtschein, und ich war
in dunklen Gedanken gefangen. Nach und nach versuchte

ich, sie zu verjagen, um mich an einen letzten Rest Hoffnung zu klammern. Dann erreichte ich Beit Ma'yaad und
die Adresse meines Bruders, wo kein Haus mehr stand. *(Er
verfällt in Schweigen.)*

Da stand ich vor den Trümmern des Hauses, in dem mein
Bruder mit seiner kleinen Familie gelebt hatte. In der Dunkelheit suchte ich nach ihnen, hoffte, jemand käme und
würde sie retten. Aber niemand kam. Keine Polizei, keine
Feuerwehr, nur ein behelfsmäßiger Suchtrupp, der lustlos
nach Leichenteilen wühlte. Gegen zehn Uhr am nächsten
Morgen wurden Leichenteile der Kinder meines Bruders
gefunden, von Rami, Madschd und der kleinen Nuran, aber
auch von seiner Frau Souad.

In Ramis Hand steckte noch eine Infusion, weil er krank
gewesen war. Die Leiche meines Bruders war noch ver-
schüttet. Sie bargen ihn erst eine Woche später, als die Ge-
bäudereste abgerissen wurden.

Es gab im Umkreis vom Haus meines Bruders weder Kasernen noch Soldaten. Man habe die Al-Ghanami-Lagerhalle
treffen wollen, hieß es. Ja, klar. Erst wahllos morden und
dann auch noch lügen! In der Halle lagerten einfach nur
Maschinenöle und Autoreifen. Es gab nicht den geringsten
Grund, sie zu bombardieren. Für mich trägt die Militärkoalition die volle Verantwortung für den Tod meines Bruders
und seiner Familie. Sie waren schutzlose, unschuldige Zivilisten. Uns wurde nicht einmal das Recht zugestanden, zu
erfahren, warum sie getötet wurden.

Nichts und niemand kann mir meinen Bruder ersetzen.
Keiner wird mir meinen Bruder zurückgeben. Genauso

wenig wird jemand meinem Bruder seine Familie zurückgeben. Aber dass Gott alles sieht, glaube ich sehr wohl. Gott wird die Mörder bestrafen.

Am Dienstag, den 9. Februar 2016, bombardierten um 21:00 Uhr Flugzeuge der Militärkoalition im Viertel Beit Ma'yaad in Sanaa das Haus von Fawwaz Muqbil al-Hakimis Bruder, dem jemenitischen Fernsehregisseur Munir Muqbil al-Hakimi (40 J.). Munir kam ebenso ums Leben wie seine Frau, die Fernsehregisseurin Souad Hudschaira (34 J.), und ihre drei Kinder Rami Munir Muqbil al-Hakimi (12 J.), Madschd Munir Muqbil al-Hakimi (10 J.) und Nuran Munir Muqbil al-Hakimi (5 J.).

Was wäre, wenn?

Atika Amin

Bis zu meiner Haustür waren es für euch nur noch ein paar Schritte. Ihr wärt bei mir in Sicherheit gewesen und ich hätte weiter meine Freude an euch gehabt. Fröhlich und gesund seid ihr aus dem Haus gegangen und auf einer Bahre zu mir zurückgekehrt. Von einem Moment zum anderen kam der Tod und riss euch mit sich fort. *(Atika Amin, eine ältere Dame um die sechzig, sitzt zusammengekauert im spärlichen Licht des kleinen, düsteren Zimmers mit ihrer Tochter Amani und weint. Amani sagt: »Dein Besuch hat die Trauer meiner Mutter wieder aufleben lassen. Wir hatten gedacht, dass sich ihr Zustand verbessert habe. Doch wenn Mamas Blick sich so vernebelt und ihre Stimme brüchig wird, nimmt sie uns gar nicht mehr wahr. Alles, was sie dann noch sieht, ist die Strecke von ihrer Haustür zum trockenen Flussbett in Bab Moussa, die sie jeden Tag abmisst.«)*

Um Viertel vor zwölf in der Nacht herrschte am 17. Tag des Ramadans im Viertel noch immer rege Betriebsamkeit. Auf den Straßen war viel los, Kinder spielten lärmend und aus den Moscheen der Nachbarschaft drang das Summen der Betenden zu mir herein und lullte mich ein. Bombenlärm hörte ich auch, aber ganz weit weg. Ich betete, legte mich ins Bett und wartete darauf, dass meine Töchter Ischraq und Samar aus der Moschee zurückkommen würden. Als Ischraq mit ihrer Cousine Muna nach Hause kam, lag ich immer noch wach. Sie hatten sich in der Moschee getroffen und mit Samar ausgemacht, gemeinsam auf den Markt zu gehen. An diesem Festtag war er so spät noch geöffnet. Sie überredeten meine Enkelin Khaula, die gerade eine Fernsehserie guckte, mitzukommen. Natürlich hätte ich ihnen verboten, das Haus zu verlassen, wenn ich gewusst hätte, was passieren würde. Doch niemand kann wissen, was das Schicksal für ihn bereithält. So legte ich mich wieder schlafen. Als ich meinen Sohn schreien hörte, fuhr ich sofort hoch. Mir blieb vor Schreck fast das Herz stehen und ich rannte zu ihm hin. Meine älteste Tochter Afrah fragte, wieso ihre Tochter Muna noch immer nicht zurück sei. Doch noch bevor sie ausgesprochen hatte, öffnete sich die Tür. Meine Töchter und meine Enkelin wurden auf Bahren hereingetragen. Hier, genau hier vor mir im Hof lagen ihre Leichen. Es war so laut in mir, dass ich nichts anderes hörte. Weder meine eigene Stimme noch das Weinen meiner Töchter oder das von der Frau meines Sohnes. Mein Herz ist vor Kummer völlig zerfressen. Was soll ich nur tun? Den lieben Herrgott um Hilfe anrufen, oder? Es ist Gottes Wille, mein Kind. (*Sie weint und spricht mit sich selbst.*)

Meine Enkeltochter Khaula schwebte zwischen Leben und Tod. Ihr Zustand würde sich verbessern, hieß es. Nach dem Raketenangriff fand ein Junge aus dem Viertel sie, verwundet, aber am Leben. Sie weinte herzzerreißend und wurde ins Krankenhaus gebracht. »Ich will nicht sterben«, schrie sie. Ihre Herzarterie war von einem Raketensplitter verletzt und ihr Bein vom Becken abgetrennt. Wir fuhren in jener Nacht jedes Krankenhaus an – wir waren wirklich überall. Khaula fragte währenddessen nach ihrem Vater und ihren Tanten. »Mit ihnen ist alles in Ordnung«, sagte ich ihr, »du musst dich jetzt ausruhen, mein Herz.« Aber die Ärzte konnten ihr nicht helfen, denn wir fanden nir-

gendwo einen Gefäßchirurgen. Sie verblutete und war bei
Morgengrauen tot.

Mein Herz und meine Seele sind von Trauer ganz zerfressen. Das Schlimmste, was ein Mensch erleben kann,
ist mitzuerleben, wie die eigenen Töchter und Enkelinnen
getötet und zu Grabe getragen werden. Bevor dies geschah,
war ich ständig in Sorge um meinen Sohn, der bei der offiziellen Regierungsarmee an der Saada-Front kämpft. Zu
Beginn des Ramadans wurde er von einem Scharfschützen
angeschossen. Vor Angst konnte ich gar nicht mehr schlafen. Dann, mitten im Ramadan, im heiligen Monat, kamen
meine Töchter und meine Enkelin ums Leben. Und ich weine ununterbrochen um sie. Sie haben doch noch gar nichts
von ihrem Leben gehabt! Vor allem aber nagt an mir der
Kummer über den Tod meiner Enkelin Khaula. Sie war die
Tochter meines Sohnes und ich habe sie mit aufgezogen,
seit sie zwei Monate alt war. Überall sehe ich ihr Gesicht.
(Sie weint. Ihre Tochter Amani beruhigt sie.)

Meine jüngste Tochter Samar habe ich früh verheiratet. Sie
hatte drei Kinder, zwei Mädchen und einen Jungen, und
sagte immer: »Bevor Hammudi groß ist, darf ich nicht sterben.« Worauf ich ihr antwortete: »Hab doch keine Angst
vor dem Tod, mein Kind.« Sie entgegnete mir: »Du weißt
halt nicht, Mama, wie es ist, von Haus zu Haus fliehen zu
müssen, um dem Tod zu entgehen. Aber ich weiß, was es
bedeutet, Angst vor Luftangriffen zu haben.« In ihr Haus
waren drei Granaten eingeschlagen. Um sich selbst und
ihre Kinder zu retten, war sie von einem Haus zum nächsten gezogen. Dann tötete eine Granate sie auf offener Straße. *(Sie weint.)* Ach, Samar, es tut so weh. Wo bist du nur?
Und deine Kinder haben kein Zuhause mehr. Meine Enkel

sind mit ihrer anderen Großmutter nach Ibb geflohen. Nur Gott weiß, wann ich sie wiedersehen werde. (*»Immerhin sind sie dort sicher, und es geht ihnen gut«, beschwichtigt ihre Tochter sie. Sie nickt wortlos mit dem Kopf.*)

Mein Enkelkind Muna war das erste Kind meiner Tochter, ihr Ein und Alles. Nach Munas Tod ist meine Tochter aus der Stadt geflohen. »Ohne sie kann ich nicht leben«, sagte sie. Meine andere Tochter Ischraq starb mitten auf der Straße. Sie ging eigentlich so gut wie nie aus dem Haus. Sie hatte sich so gewünscht, eine Beamtenstelle zu bekommen. Jetzt hat der Himmel sie eingestellt. Ist das Schicksal? Oder besser, Gottes Wille. Oder? (*Fragt sie sich selbst und beantwortet sich sogleich die Frage:*) Sein Wille geschehe. Ja. Aber so plötzlich hat der Tod sie mir entrissen. Ihr Leben hatte noch gar nicht richtig angefangen. Immerzu muss ich an sie denken, daran, wie ausgelassen sie in der Nacht davor gelacht haben. Sie waren so guter Dinge, als sie aus dem Haus gingen. »Irgendwie ist dieser Ramadan besonders«, sagten sie. »Irgendwie ist er dieses Jahr anders als im Jahr davor. Der Krieg ist vorbei, und es wird bestimmt ein wunderschönes Zuckerfest.« Lachend gingen sie aus dem Haus, sprühten vor Lebensfreude und kehrten wenig später als Leichen zu mir zurück.

Hier, in diesem Hof, sah ich sie zum letzten Mal in meinem Leben. Nie, nie werde ich sie vergessen. Jedes Mal, wenn ich am Flussbett vorbeikomme, schnürt sich mir die Kehle zu. Was wäre, wenn ihr euch nur beeilt hättet, meine Mädchen? Was wäre, wenn ihr es ins Haus geschafft hättet, bevor die Granate einschlug? Was wäre, wenn? Ach, meine Mädchen … (*Sie weint bitterlich.*) Hättet ihr euch nur ein klein wenig beeilt.

Am 22. Juni 2016 um Mitternacht bombardierten Huthi-Milizen das
Viertel Wadi al-Madam in Taizz. Atika Amins Töchter Ischraq Mo-
hammad Ali al-Schibani (35 J.) und Samar Mohammad Ali al-Schi-
bani (31 J.), ihre Enkelinnen Muna Mohammad Othman (24 J.) und
Khaula Mohammad Ali al-Schiban (10 J.) sowie ihr Nachbar Fahed
Mohammad Qassem (40 J.) kamen dabei ums Leben.

Meines Bruders Seele hat nicht überlebt

Ali Dschamai Muschaaschaa

Endlos pfeift uns der Wind um die Ohren und schüttelt unsere Hütte hin und her. Ich kauere mich zusammen. Außer uns lebt hier niemand, nur mein Vater, mein kleiner Bruder und ich. Ein paar Palmen stehen hier noch und eben diese kleine Hütte, die Wind und Kälte trotzt. Manchmal sitzen wir einander gegenüber und lächeln uns einfach an – als wären auch die anderen noch am Leben und wir im Kreis unserer Liebsten. Dann fällt uns ein, dass sie schon lange tot sind und es hier in der Dunkelheit nur noch unsere vor Kummer gebeugten Schatten gibt. Wir schließen unsere Augen und versinken in Schweigen.

Unsere Trauer lässt nicht nach. Genauso wenig wie dieser Wind, der schon seit Monaten über das Dach unserer Hütte braust. Die Trauer frisst sich in unsere erschöpften Seelen, die in einem dauerhaften Wachzustand sind. Genau wie die Augen meines Vaters, die immerzu auf die Tür geheftet sind, durch die er die Rückkehr meiner Mutter und meiner Schwestern erwartet. Bleiern ist unsere Trauer, auch die um meine Frau und meinen Sohn. Dumpf ist unsere Trauer, so wie das Schweigen meines Bruders.

Ihre Stimmen und Gesichter verfolgen uns überallhin. An jenen Morgen erinnere ich mich noch gut. Es war halb sieben und ich lag noch im Bett, wie meistens um diese Uhrzeit. Mich erwartete keine harte Knochenarbeit, für die ich früh hätte aufstehen müssen. Ich konnte so lange liegen bleiben, bis das Wetter besser würde. Meine Frau und mein Sohn schlichen auf Zehenspitzen aus dem Zimmer, um mich nicht zu wecken. Ich hörte ihre Schritte, wurde aber nicht richtig wach. Es war schon Frühstückszeit und da trafen sich meine Frau, meine Mutter und meine Schwestern immer in unserer gemeinsamen Küche. Die Küche befand sich draußen, auf halbem Weg zwischen meiner und der Hütte meines Vaters. Im Halbschlaf hörte ich, wie meine kleinen Schwestern mit meinem Sohn spielten, dann schlief ich wieder ein.

So bekam ich nicht mit, dass ein Flugzeug über uns zu kreisen begann. Aber das heftige Beben einer Explosion schreckte mich aus dem Schlaf. Palmenblätter lösten sich aus dem Dach und fielen auf meinen Kopf. Das Zimmer war voller Staub. Erschrocken rannte ich raus, konnte aber vor lauter Staub nichts sehen.

Mein Bruder Ali stand in der Tür, und sofort fragte ich ihn nach allen: nach meiner Mutter, meiner Frau, meinem Sohn und meinen Schwestern. Wo waren sie? Hatte er sie gesehen? Doch Ali antwortete nicht. Ich rannte weiter zu meinem Vater. Langsam legte sich der Staub. Mein Bruder Mohammad weinte. Aus seinem Bauch heraus quoll sein Darm. Bis dahin glaubte ich noch, nur er sei verwundet worden und dass sich die anderen bestimmt hinter den Palmen versteckten.

Wir suchten sie in der Steppe und hinter den Palmen. Wir hofften, sie heil wiederzufinden. Wir suchten lange. Wir riefen ihre Namen, aber es kam keine Antwort, weder aus der Nähe der Palmen noch aus der Steppe, die bis an den Horizont reichte.

Als sich der Staub gelegt hatte, fanden wir sie. Dort, wo kurz zuvor noch unsere Küche gestanden hatte, lagen sie leblos im Sand. Ihr Blut war vermischt mit Erde, die ihre Gesichter und zerfetzten Leichen teilweise bedeckte. Der Körper meines kleinen Sohnes Ahmad war in zwei Teile gerissen. Einige Leichname waren hinter die Hütte geschleudert worden, andere hatte die Rakete in den Graben katapultiert, in den mein Bruder Ali wie hypnotisiert hinabblickte.

Am 12. Januar 2017 um sechs Uhr morgens bombardierten Kampfjets der Militärkoalition die Hütte der Familie von Ali Dschamai Muschaaschaa in der Provinz al-Hadsch bei al-Hudaida. Seine Mutter Saida Ibrahim Habal (35 J.), seine Geschwister Libya Dschamai Muschaaschaa (16 J.), Ichlass Dschamai Muschaaschaa (12 J.), Abdallah Dschamai Muschaaschaa (14 J.), Mohammad Dschamai Muschaaschaa (10 J.) sowie seine Frau Saida Yahya Mohammari (20 J.) und sein Sohn Ahmad Ali Dschamai Muschaaschaa (2 J.) kamen dabei ums Leben.

Sie kriegen einfach nicht genug
von unserem Blut

Nazira Abdelwudud

Alte Menschen ändern nur ungern ihre Gewohnheiten. So ist es auch bei meinem Mann, der es liebt, an heißen Tagen im Patio unseres Hauses zu schlafen. Wenn er dabei in den weiten Himmel aufschaut, findet seine sorgengeplagte Seele endlich Ruhe. Ich weiß nicht, was er denkt, wenn er da draußen liegt, oder was für Träume das sind, die er dort hat. Aber es scheinen Geschenke des Himmels zu sein, denn sie bescheren ihm tiefe Entspannung. Ich hingegen komme nie zur Ruhe. In meinem Herzen sitzt tief eingenistet die Angst und ständig frage ich mich, ob die Sonne am nächsten Tag wieder aufgehen wird, ob ich noch einen neuen Tag erleben darf oder ob mich eine Granate umbringt.

So verläuft unser Leben seit Kriegsbeginn. Wir Bewohner des Hayy al-Zahraa[1] leben in ständiger Angst. Sie meldet sich bei jeder abgefeuerten Granate, bei jedem Kratzen an unserer verriegelten Tür, beim Klacken der Gewehrlager, wenn sie wieder aufgeladen werden, bei den Siegespfiffen der Kämpfer, wenn ihre Granaten die jeweils andere Partei getroffen haben. Die Angst wohnt in unseren Herzen und

---

1 Das Viertel Hayy al-Zahraa im Osten von Taizz zählt zu den am stärksten vom Krieg zerstörten Gegenden, weil es einem Hügel gegenüberliegt, der von den Huthi-Milizen kontrolliert wird.

verlässt uns nie. Unser Viertel ist eine Kriegsfront, an der wir dem Tod, der vom Hügel kommt, permanent ausgesetzt sind: Denn im Hotel Sofitel auf dem Hügel haben die Speziellen Sicherheitstruppen[2] ihr Feldlager. Dort sind auch die Huthi und die Republikanischen Garden stationiert. Zu jeder Tages- und Nachtzeit hagelt es von dort Granaten auf unser genau gegenüberliegendes Viertel. Junge Männer aus unserer Nachbarschaft, die sich dem Anti-Huthi-Widerstand angeschlossen haben, schießen zurück und lassen nicht selten ihr Leben dabei. Diese jungen Männer sind in den besten Jahren. An ihre Mütter will ich gar nicht denken. Es kommt auch vor, dass völlig unbeteiligte Zivilisten aus unserem Viertel sterben und wir uns vor Kummer die Augen ausweinen.

Wir richten unseren gesamten Tagesablauf nach den Granaten, die ununterbrochen herabfallen. Tagsüber erledigen wir je nach Beschusslage die häuslichen Arbeiten. Nachts bleiben die Huthi, wie wir wissen, gerne auf und machen sich einen Heidenspaß daraus, uns in Angst und Schrecken zu versetzen. Niemand von den wenigen, die überhaupt noch hier im Viertel zurückgeblieben sind, wagt es nachts aus Angst vor Scharfschützen, auch nur eine Kerze anzuzünden. Wir versichern uns erst doppelt und dreifach, dass wir wirklich jedes Fenster mit Vorhängen und Kartons dicht zugehängt haben, bevor wir mit kleinen Stirnlampen oder Laternen durch unsere Wohnungen schleichen. Kein Lichtschein, auf den Scharfschützen zielen könnten, darf nach außen dringen. Wir leben wie Höhlenmenschen in ewiger Nacht. Auch tagsüber wagen wir uns nur aus dem

---

2 Anm. d. Übers.: Paramilitärische Einheit, die dem jemenitischen Innenministerium unterstellt ist.

Haus, wenn es absolut unvermeidbar ist. Nie setzen der Granatenlärm oder das Knallen und Rattern der Schüsse aus. Nur ganz selten, wenn wir zu Hause wirklich gar nichts mehr zu essen finden, riskieren wir es, die Straße zu überqueren. Dann laufen wir zum nahe gelegenen Markt, aber wenn es dort nichts zu kaufen gibt, kehren wir hungrig nach Hause zurück. Niemand verirrt sich hierher. Es wagen sich weder Hilfsorganisationen noch Journalisten in unser Viertel. Sie alle haben Angst vor den Granaten und den Scharfschützen. Wir sind langsam in Vergessenheit geraten. Wenn es uns wirklich einmal gelingt, in ein anderes Viertel zu gehen, und uns dann Menschen aus den restlichen Stadtteilen begegnen, reagieren sie immer ganz schockiert, sobald sie erfahren, wo wir herkommen: dass überhaupt noch Menschen in al-Zahraa wohnen! Das blanke Entsetzen packt sie, wenn sie auch nur aus der Ferne unsere von Granaten und Schüssen durchsiebten Häuser sehen. Kommen sie unterwegs am zerbombten Minarett unserer Moschee vorbei, kehren sie fluchtartig um und trauen sich nie wieder in unser Viertel.

Als der Krieg einige Monate andauerte, waren bereits viele unserer Nachbarn vor den Granaten aus dem Viertel geflohen. Wir und unsere Nachbarsfamilie sind vorerst hiergeblieben. Irgendwann aber hielten wir es nicht mehr aus und flohen in unser Heimatdorf al-Aabus. Als die Militärkoalition begann, das Dorf zu bombardieren, bangten wir erneut um unser Leben und zogen zurück in unser Haus in al-Zahraa. Nach wie vor beharrte mein Mann darauf, im Patio zu schlafen. Eines Tages schlug eine Granate auf unserem Hausdach ein und zertrümmerte die zweite Etage des Gebäudes. Der Staub drang in meine Lungen, und vor Angst wäre ich fast gestorben. Als ich meine Augen wieder öffnen konnte, stellte ich fest, dass meine Kinder unversehrt waren, und dankte Gott. Aber sogleich fiel mir mein Mann ein. Mein armer Mann war leberkrank und wir hatten ihn nie ärztlich behandeln lassen können. Bei dem ständigen Granatenhagel und dem Gegenbeschuss des Anti-Huthi-Widerstands war es ja auch einfach nicht möglich, das Haus zu verlassen. Unsere Häuser erbebten durch den Beschuss, mein Mann stöhnte vor Schmerzen und wir schwiegen hilflos vor uns hin.

Hilflosigkeit ist ein zermürbendes Gefühl. Wenn man nichts tun kann, um das Leben seiner Liebsten zu retten, spielt man zuweilen mit den seltsamsten Gedanken. Wie etwa, sich mitten im Krieg hinaus in die Nacht zu wagen und die Kämpfer anzubetteln, doch bitte eine kurze Feuerpause einzulegen, damit der kranke Ehemann ins nächste Krankenhaus gebracht werden kann. Natürlich aber feuerten sie immer weiter, ohne Unterlass. Ohne sich jemals zu beschweren, siechte mein Mann, der Vater meiner Kinder, Tag für Tag vor sich hin. Vor meinen und den Augen unserer Kinder starb er unter unseren Händen in jener Nacht, als die Granate in unser Dach einschlug. Nicht einmal angemessen beerdigen konnten wir ihn. Nachdem sie uns zunächst verwehrt hatten, ihm zu helfen, und sie seinen Tod sogar beschleunigten, verwehrten sie uns außerdem, ihm die letzte Ehre zu erweisen. Der Granatenhagel war an jenem Tag noch dichter als sonst, und wir grübelten, während wir über seinen Leichnam wachten, wie wir ihn begraben sollten. Dies ging tagelang so, und ich konnte es einfach nicht fassen, dass er wirklich tot war und uns allein gelassen hatte. *(Sie weint.)* All unsere Verwandten riefen wir an, aber keiner konnte helfen, weil sie alle in weit entfernten Bezirken wohnten. Unter den größten Schwierigkeiten gelang es erst Tage später einem unserer Verwandten, den Leichnam meines Mannes aus dem Haus zu schaffen und in Hoban zu begraben.

Wir wollen gar nichts mehr von diesem Leben. Alles, was wir uns wünschen, ist, dass der Krieg endlich aufhört. Wir können die Angst und den Hunger ertragen. Aber tagein, tagaus so nah am Tod zu leben, ist unerträglich.

Auch Monate nach dem Tod meines Mannes war der Krieg all meinen Stoßgebeten zum Trotz noch immer voll im Gang. Als ich eines Tages von einer Besorgung nach Hause kam und die Treppe hinaufstieg, schlug eine Granate in die Nachbarwohnung ein. Der Nachbarsjunge wurde von einem Granatsplitter getroffen, der seinen Hals durchtrennte. Bei einem Sturz renkte ich mir mein Fußgelenk aus und konnte nur noch weinen. Weinen über einen Krieg, der einfach nicht genug kriegen kann von unserem Blut.

Die Bewohner des Viertels al-Zahraa in Taizz lebten unter schwersten humanitären Bedingungen, weil durch ihren Stadtteil die Frontlinie der beiden Kriegsparteien verlief. Längst hatte ein Großteil der Bewohner das Viertel verlassen. Nur diejenigen, die sich einen Umzug aufgrund ihrer schlechten wirtschaftlichen Lage nicht leisten konnten, sind geblieben. Mit Nazira Abdelwudud habe ich mich in al-Zahraa getroffen. An einer Stelle wird die Tonbandaufnahme vom Lärm der Schüsse von Huthi-Kanonen und Scharfschützen unterbrochen, durch die gegenüber schließlich das Dach eines Hauses einstürzte. Nazira wohnte nach wie vor mit ihrer Tochter in al-Zahraa und konnte ihren Mann nicht angemessen begraben. Er war verstorben, ohne zuvor ärztliche Hilfe bekommen zu haben. Zudem konnte kein Totenschein mit seinem Todeszeitpunkt ausgestellt werden, weil sie ihn nachts unter großen Anstrengungen aus dem Viertel schaffen und heimlich begraben mussten.

Sie haben mir all meine Freude geraubt

Rahib Abdelkarim Abdelhamid

Meine Hochzeit war gerade erst zwei Monate her, als plötzlich alles vorbei war. Eben noch glich mein Leben einem hellen Traum: all die Lichter über unseren Köpfen, die prunkvollen Dekorationen in jeder Ecke des Hauses und meine Cousine Ghalaa, die Liebe meines Lebens, ganz in Weiß. Ihr weißes Kleid, ihr weißer Schleier, das Trällern der Frauen unserer Verwandtschaft, die im Hof versammelt waren – ich war überglücklich. Alles strahlte um die Wette: der Fußboden und die Wände genauso wie meine Augen. Alles um mich und in mir war einfach wunderschön und hell. Glücklich fielen wir meiner Mutter um den Hals. Sie gratulierte uns zu unserer Hochzeit. Ghalaa und ich schlenderten Hand in Hand durch die mit Rosen gesäumte Vorhalle. Freudig und stolz wie zwei Kinder blickten wir unserer Zukunft entgegen. Die ganze Familie war gekommen. Meine Schwester lachte, meine Schwägerin wiegte ihren kleinen Sohn im Rhythmus der Gesänge in den Schlaf, mein Bruder tanzte und lächelte uns zu. Aber mit einem Schlag war alles wie ausgelöscht.

Es war an jenem Tag bei Sonnenuntergang, als ich Ghalaa zum Haus meines Cousins begleitete, der gleich nebenan wohnte. Die Frauen der Familie waren dort versammelt, um mit ihr zu feiern. Wie es in unserem Dorf Brauch ist, trug sie noch immer ihr Brautkleid.

Anschließend ging ich kurz etwas einkaufen auf dem

Markt, der nur wenige Meter entfernt lag. Ich tauchte ein in das laute Treiben der Menschen. Bereits seit vier Uhr nachmittags kreiste ein Kriegsflugzeug über unserem Viertel. Ich ging davon aus, dass es irgendwohin flog. Was hätte es an einem so abgelegenen Ort wie unserem auch zu suchen gehabt? Hier gab es weder Huthi-Milizen noch Militärkasernen. Nur die verstreut liegenden Häuser unseres Dorfes. Noch bevor ich diesen Gedanken zu Ende denken konnte, hörte ich die laute Explosion der Rakete. Es war etwa halb sechs Uhr abends. Noch immer war ich überzeugt, dass die Rakete irgendwo weit weg eingeschlagen war. Wahrscheinlich war sie über einer Polizeiwache abgeworfen worden. Oder über einer Kaserne, in der Kämpfer stationiert waren. Oder über einem anderen Ort, an dem sie den »Feind« vermuteten, der ihrer Meinung nach zu bekämpfen und auszulöschen war. Nie wäre ich darauf gekommen, dass die Rakete in das Haus meines Cousins eingeschlagen und dort Frauen und Kinder getötet hatte.

Dann sah ich Rauch aufsteigen vom Haus meines Cousins. Mir wurden die Knie weich und ich sank zu Boden. Nachdem ich all meine Kraft zusammengerafft hatte, rannte ich mit den anderen Menschen aus unserem Viertel zur Einschlagstelle. Das Haus war eingestürzt. Seine Trümmer hatten alle Köpfe und Gesichter unter sich begraben und zermalmt. *(Er schweigt.)* Die Leichen waren nicht voneinander zu unterscheiden und die Körperteile völlig unübersichtlich verstreut. Sie waren mitsamt ihrer Kleidung verbrannt. Nackt und verkohlt lagen sie quer durcheinander. Auf der Suche nach meiner Frau Ghalaa, meiner Schwester Rihab, meinem Bruder Nader und dem Rest meiner Familie drehte ich weinend eine Leiche nach der anderen um. Alles, was ich fand, waren zerfetzte Körper. Die Hände in der einen

Ecke, die Köpfe in der anderen. Ein Grillfest mit Menschenfleisch.

Kurz darauf fand ich Ghalaa. Als Braut verließ sie das Haus, als verkohlte Leiche sah ich sie wieder. Auch meine Schwester Rihab und meinen Bruder Nader erkannte ich. Krampfhaft hielt ich meine Augen geöffnet und sah auf der anderen Seite meine Schwägerin Ohud und ihren kleinen Sohn Mohammad. Ich weinte und konnte einfach nicht fassen, was passiert war. Neben mir weinte mein Bruder um seine vier Kinder und seine Frau. Genauso erging es unserem Nachbarn, dessen Frau und drei Kinder ums Leben gekommen waren. Meine Augen kreisten über den Leichen. Mein Bruder umarmte die Überreste seiner Frau und seiner Kinder. Sein Schluchzen nahm mir die Luft zum Atmen. Ich rang nach Worten, um ihn zu beruhigen, doch da übertönte mich das Schluchzen meiner Mutter, die um ihre Kinder weinte. *(Er weint.)*

Alles haben sie uns genommen. Unser ganzes Leben, das so schön war wie ein heller Traum. Zurück blieb nur Bitterkeit. Die Militärkoalition hat meine Familie getötet, die Familie meines Bruders und die unseres Nachbarn. Was haben sie verbrochen, dass ihnen so etwas angetan wurde? Warum wurden diese Frauen und Kinder getötet? Sie waren doch keine Kämpfer und hatten mit diesem Krieg gar nichts zu tun! Das sage ich zu mir selbst, wenn ich wieder einmal ungläubig auf mein Leben nach ihrem Tod blicke. Nur noch mein Vater, meine Mutter und zwei meiner Schwestern sind von meiner Familie geblieben. Sie waren zufällig außer Haus, als die Rakete einschlug. Die Verletzungen meines Bruders Akram sind noch immer nicht verheilt, und er kann nicht mehr laufen. Niemand hat sich für uns interessiert, weder Hilfsorganisationen noch irgendwelche offiziellen Stellen. Für sie existieren wir nicht. Noch nicht einmal tröstende Worte haben sie für uns übrig.

Glaubst du, dass wir je werden vergessen können? Nein. Nie werde ich den Mord an meiner Frau vergessen. Oder die Morde an meinen Schwestern und der Familie meines Bruders. Unsere Hochzeit lag doch erst zwei Monate zurück. Sie haben mir all meine Freude geraubt. *(Er blickt auf die Reste des zertrümmerten Hauses und verfällt in Schweigen.)*

Am Donnerstag, den 26. Januar 2017, um 17:40 Uhr bombardierten Kampfjets der Militärkoalition das Haus von Rahib Abdelkarim Abdelhamids Nachbarn Fahmi Abdelhamid Seif im Dorf al-Qatie' im Gouvernement al-Hudaida. Dabei wurde Rahibs Frau Ghalaa Mohammad Abdelhamid Hizaa (18 J.), seine Schwester Rihab Abdelkarim Abdelhamid (16 J.), sein Bruder Nader Abdelkarim Abdelhamid (11 J.), seine Schwägerin Ohud Khaled Salem Mohammad (26 J.), deren Sohn Mohammad Raafat Abdelkarim Abdelhamid (1,5 J.) sowie vier weitere Angehörige der Familie seines Nachbarn getötet.

Tauben besuchen uns keine mehr

Mahial Dschamal Saleh

Tauben erinnern mich immer an meinen Bruder. Sobald ich sie gurren höre, sehe ich ihn vor mir. Dann mache ich die Fenster auf und versuche, sie ins Zimmer zu locken. Ich streue Körner auf das Fenstersims und ziehe mich weit ins Zimmer zurück. Doch die Tauben kommen nicht zu mir. Sie flattern fort von meinem Fenster. Sie mögen mich nicht. Amdschad aber haben sie geliebt.

Amdschads Begeisterung für Tauben ist eine lange Geschichte und fast so alt wie er selbst. Wir Geschwister machten uns anfangs immer über ihn lustig, aber Amdschad kümmerte das nicht. Seine Begeisterung für Tauben stand bei ihm an erster Stelle, und danach kam erst mal lange gar nichts. Nur vielleicht noch seine unbändige Liebe zum Leben. Wann genau es mit Amdschad und den Tauben anfing, wann er seine erste Taube kaufte oder zum ersten Mal eine Taube in den Händen hielt, weiß ich gar nicht mehr genau. Nach und nach entwickelte Amdschad eine kindliche Liebe zu diesen Vögeln, die er begeistert hütete. Allein schon ihr Gurren verriet uns die immer größer werdende Anzahl von Tauben auf unserem Dach. Wir konnten Amdschad manchmal dabei ertappen, wie er eine Taube im Arm hielt und ihr etwas vorsang. Wenn ich es mir recht überlege, war es vielleicht gar nicht Amdschad, der die Tauben für sich entdeckte, sondern sie entdeckten ihn. Vielleicht tummelten sich deshalb auf unserem Dach Dut-

zende Tauben aus unterschiedlichen Städten und Ländern:
Sie wollten alle zu Amdschad.

So ging es viele Jahre lang, und wir lebten tagein, tagaus
mit dem Geräusch flatternder Taubenflügel auf unserem
Hausdach. Wurde das Flattern wilder, wussten wir, dass
Amdschad oben auf dem Dach war, sie fütterte und säu-
berte, wie jeden Tag. Manchmal verarztete er sie auch oder
sang mit ihnen. Es konnte passieren, dass wir Amdschad
auf dem Dach einfach vergaßen. Seine Taubengeschichten
konnten auch ganz schön nerven. Doch wenn wir sahen,
mit welcher Hingabe er sie fütterte, waren wir alle faszi-
niert: Um die jüngsten Tauben zu füttern, kaute er ihnen
sogar das Futter vor. War eine Taube erkrankt, pflegte er sie
gesund. Erst wenn alles erledigt war, kam er vom Dach und
redete wieder mit uns.

Heute leben in den grauen, schattigen Winkeln auf unserem Dach keine Tauben mehr. Das führt mir jedes Mal vor
Augen, dass Amdschad nicht mehr unter uns ist. Ich erinnere mich noch an die Woche, bevor es geschah. Meine
Brüder Amdschad und Mohammad waren so froh, weil sie
in der Nähe Arbeit in einem Kleidergeschäft gefunden hatten. Im Krieg wurde das Geschäft meines Vaters zerstört.
Amdschad sollte deshalb als ältester Sohn derjenige sein,
der das Geld nach Hause brachte, doch er fand keine Arbeit.
Umso glücklicher war er über den neuen Job. Das Opferfest
stand vor der Tür und wir steckten trotz des Krieges tief
in den Festvorbereitungen. Meine Mutter war unterwegs,
um für meine Brüder neue Kleidung zu kaufen. Ich war mit
meinen jüngeren Geschwistern zu Hause geblieben. Wir
warteten darauf, dass unsere Mutter und unsere Brüder zurückkehrten. An den Granatenlärm bei Sonnenuntergang

erinnere ich mich noch gut. Plötzlich hörten wir die Schreie
eines Jungen aus der Nachbarschaft.

Amdschad war tot und Mohammad schwer am Rücken-
mark und an der Wirbelsäule verletzt worden. Heute ist er
gelähmt und liegt die ganze Zeit völlig bewegungsunfähig
im Bett. Es bricht mir das Herz, wenn ich ihn ansehe. Um
die Kosten für seine Behandlung zahlen zu können, haben
unsere Eltern all ihr Hab und Gut verkauft. In der Hoffnung, Mohammad vor einer Querschnittslähmung bewahren zu können, zogen sie von einer Stadt zur anderen.

Heute sind wir allein, meine jüngeren Brüder und ich. Wir
sitzen hier in diesem Zimmer zusammen und versuchen,
unsere Trauer über diese Tragödie in unserer Familie zu
ertragen. Manchmal besucht uns unsere Großmutter und
übernachtet hier, damit wir allein nicht so viel Angst haben. Denn vor einem Monat sind unsere Eltern nach Aden
gefahren, um dort vielleicht ärztliche Behandlung für Mohammad zu finden. Meine Gedanken sind bei all dem, was
in unserem Haus geschehen ist. Bei diesem Krieg, der neben meinem Bruder Amdschad auch uns gleich mit getötet
hat. Und ich denke an die Tauben, die uns nicht mehr besuchen kommen.

Am 19. September 2015 um 17:30 Uhr beschossen Huthi-Milizen
das Einkaufszentrum Farah-Mall im Viertel al-Masbah al-Aala in
Taizz. Dabei kamen Mahial Dschamal Salehs Bruder Amdschad
Dschamal Saleh (17 J.) sowie drei weitere Menschen ums Leben.
Mahials anderer Bruder Mohammad Dschamal Saleh (15 J.) wurde
schwer verletzt.

Für Riham Bader[1]

So gerne wollten wir gemeinsam das Erscheinen dieses
Buches feiern. Dabei hätten wir uns die Ohren zugehalten,
um kurz der lärmenden Geräuschkulisse der Granaten und
Luftangriffe zu entgehen, dieser Geräuschkulisse des Todes.
Wir hätten den draußen tobenden Krieg einfach beiseite-
geschoben und uns wie früher mit Freunden verabredet.
Wir hätten uns an glückliche Zeiten zurückerinnert, als wir
noch ein sicheres Dach über dem Kopf hatten. Aber heute bist du nicht mehr da. Der Krieg hat dich umgebracht.
Genauso wie Tausende andere unschuldige Menschen in
diesem traurigen Land.

Nicht einmal in meinen schlimmsten Albträumen wäre
es mir in den Sinn gekommen, dass ich am Ende dieses
Buches, auf das du so lange gewartet hast, auch über dich
als Opfer würde schreiben müssen. Du warst diejenige, die
die Opfer des Krieges in dieser Stadt dokumentiert hat. Du
warst es, die mit ihrer zärtlichen Anteilnahme den Ange-

---

1 Am Donnerstag, den 8. Februar 2018, kamen Riham Bader Abdelwasea al-
Dhabhani (32 J.) und ihr Freund Maamoun al-Schar'abi um 12 Uhr mittags
durch eine Granate ums Leben. Die Huthi-Milizen hatten sie über dem Ostteil
von Taizz abgeworfen, als die beiden gerade dabei waren, Hilfsgüter an be-
lagerte Familien zu verteilen. Riham Bader war eine jemenitische Aktivistin,
Gründerin einer humanitären Initiative in Taizz und Inspektorin bei der NCIAVHR,
der Nationalen Kommission zur Untersuchung mutmaßlicher Menschenrechts-
verletzungen im Jemen.

hörigen die Tränen getrocknet hat. Vielleicht beginne ich
mit einer besonders intensiven, drängenden Erinnerung.
Mit meiner letzten Erinnerung an uns beide. Als wir durch
die schlammigen Straßen der Stadt liefen. Vorbei an den
Trümmern zerstörter und von ihren Bewohnern verlassenen Häuser. Wir lauschten dem Kummer der Anwesenden
über Abwesende. Wenn wir an die stets verschlossenen
Türen klopften, hörten wir Geschichten von gebrochenen
Müttern, die auf Söhne warten, die niemals zurückkehren
würden.

Damals erzähltest du mir vom Gedächtnis des Grauens
dieser Stadt. Erzähltest von einem vergessenen Leben, das
keiner mehr wahrnimmt, nur besonders empfindsame Seelen wie du. Von Kriegsopfern, deren Angehörige aus Angst
vor Luftangriffen aus ihren Häusern flohen und nicht
ahnten, als sie ihre Türen hinter sich zuzogen, dass sie ihre
Söhne nie wiedersehen würden. Oder von eurem Nachbarn,
der seine Kinder verlor und erst die Stadt verließ, schließlich das Land. In der Hoffnung, vergessen zu können, was
er verlor, ging er, so weit er nur konnte. Du erzähltest von
einer Mutter, die bei der Geburt ihres Kindes wegen man-
gelnder Sauerstoffversorgung starb. Von einem jungen
Mann, der nach dem Tod seiner Freunde den Verstand
verlor. Von den Invaliden in den hinteren Altstadtgassen.
Den Kriegsversehrten, die mit fehlenden Gliedmaßen und
herben Enttäuschungen von der Front zurückkehren und
deren Wunden verfaulen, bevor sie überhaupt erfahren, für
wen sie eigentlich gekämpft haben. Du erzähltest mir, was
der Krieg nach all den Jahren im Elend aus den guten Bürgern dieser Stadt gemacht hat. Vom Alltag der Menschen
unter der Blockade, von den langen Wanderwegen hoch auf
den Berg Taluq, die du auf dich nahmst, um für arme Familien Essen einzuschleusen. Als ein Mann vor seinem Laden

über den Tod seiner Kinder in Tränen ausbrach, fragtest du mich, wie ich über all diesen Schmerz schreiben wolle. Danach habe ich dich nie wiedergesehen. Und bin dir meine Antwort noch schuldig. Der Krieg hat dich umgebracht. Mich ließ er mit einer maßlosen Sprachlosigkeit zurück, die sich tausendfach im Spiegel deiner Abwesenheit bricht.

Ruhe in Frieden, meine Freundin.
Bushra al-Maktari

Chronologisches Kurzverzeichnis der Opfer

Das Kurzverzeichnis umfasst den Zeitraum zwischen dem 26. März 2015 und Ende September 2017. Es entstand größtenteils durch meine persönlichen Recherchen und jeweils Bestätigung durch die Familien der Opfer. Teilweise beruht es auch auf Berichten von internationalen Organisationen wie Amnesty International, aber auch lokalen Organisationen wie der »National Commission to Investigate Alleged Violations to Human Rights« (www.nciye.org) und »Mwatana for Human Rights« (www.mwatana.org.en).

26. März 2015   Sanaa, Beni al-Harith, Beni Hawat
Luftangriff der Militärkoalition auf ein Wohnhaus in der Al-Matar-Straße, Tod von 21 Zivilisten.

30. März 2015
Gouvernement Haddscha, al-Mazraq, Binnenvertriebenenlager
Luftangriff der Militärkoalition, Tod von 29 Zivilisten.

31. März 2015   Aden, Khormakser
Tod von neun Zivilisten nach Artilleriebeschuss durch Huthi-Milizen.

31. März 2015   Yarim bei Ibb, Kitab
Luftangriff der Militärkoalition auf zwei Tankstellen und einen Konvoi von Gastransportern, Tod von 14 Zivilisten.

1. April 2015   Al-Hudaida, Gebrüder-Thabit-Molkerei
Luftangriff der Militärkoalition auf die Molkerei, Tod von 15 Arbeitern, mehrere Verletzte.

3. April 2015   Sanaa, Beni Matar
Luftangriff der Militärkoalition auf das Dorf Hudschar Akisch,
Tod von zehn Zivilisten.

11. April 2015   Gouvernement Taizz, Mawiya, al-Duhra
Luftangriff der Militärkoalition, Tod von zwölf Zivilisten, darunter sieben Kinder und drei Frauen.

18. April 2015   Aden, Maalla, Konica-Gebäude
Tod von Sabrine Mohammad Ali durch einen Huthi-Scharfschützen.

20. April 2015   Taizz, al-Mudhaffar
Tod des Arztes Abdulhalim al-Asbahi durch einen Huthi-
Scharfschützen.

21. April 2015   Gouvernement Ibb, al-Dalil, Samara-Bergpass
Luftangriff der Militärkoalition auf eine Gebirgsbrücke, Tod von
30 Zivilisten.

26. April 2015   Gouvernement Ibb, al-Makhadir, Dalil-Brücke
Luftangriff der Militärkoalition auf die Dalil-Brücke, Tod von
22 Zivilisten.

27. April 2015   Aden, Crater, al-Qatia, Al-Ma'rib-Straße
Luftangriff der Militärkoalition auf die Wohnung der Familie
al-Tajjib, Tod von vier Familienmitgliedern: Younes Qassem
Mohammad al-Tajjib (53 J.), Bushra Qassem Ghulam Hussein
(37 J.), Ihab Qassem Mohammad al-Tajjib (42 J.) und Qassem
Younes Qassem Mohammad al-Tajjib (4 J.).

1. Mai 2015   Sanaa, Schu'ub, Sa'wan
Luftangriff der Militärkoalition auf eine Wohnung im Viertel
Bab Scha'ab, Tod von 17 Zivilisten.

1. Mai 2015   Aden, Dar Sa'ad
Tod der Aktivistin Haifa Malik al-Zuqari durch einen Huthi-
Scharfschützen.

5. Mai 2015   Gouvernement Saada, Sahar
Luftangriff der Militärkoalition auf das Dorf al-Dhubian, Tod
von acht Zivilisten aus einer Familie.

7. Mai 2015   Taizz, al-Mudhaffar
Tod von Chadidscha Ahmad Abdulghani (15 J.) durch von den
Huthi-Milizen abgegebene Schüsse.

11. Mai 2015   Taizz, al-Mudhaffar
Luftangriff der Militärkoalition auf die al-Sunna-Moschee, Tod
von fünf Zivilisten.

12. Mai 2015   Gouvernement al-Hudaida, Zabid, Hauptstraße
Luftangriff der Militärkoalition, Tod von 42 Zivilisten, unter
ihnen neun Kinder und vier Frauen.

27. Mai 2015   Gouvernement Taizz, Dimna, Khadir
Luftangriff der Militärkoalition auf eine Tankstelle in der
Gegend von al-Rahida, Tod von 18 Zivilisten.

13. Juni 2015   Altstadt von Sanaa, al-Qassemi
Luftangriff der Militärkoalition, Tod von fünf Zivilisten, unter
ihnen ein Kind und eine Frau.

13. Juni 2015   Sanaa, al-Saba'in
Luftangriff der Militärkoalition auf die Gegend von Beit Ma'yad,
Tod von zehn Zivilisten.

16. Juni 2015   Gouvernement Lahidsch, Tur al-Bahah
Luftangriff der Militärkoalition auf ein Auto in der Gegend von
Khabt al-Radschaa, Tod von elf Zivilisten.

1. Juli 2015   Taizz, al-Qahira, al-Hauban
Luftangriff der Militärkoalition auf eine Wohnung im Dorf al-
Nadschdin, Tod von vier Zivilisten aus einer Familie.

2. Juli 2015   Gouvernement Saada, al-Talh, Sahar
Luftangriff der Militärkoalition auf das Viertel al-Ziraa, Tod von
5 Zivilisten.

12. Juli 2015   Sanaa, Schu'ub, Sa'wan
Luftangriff der Militärkoalition auf das östliche Arbeiterviertel,
Tod von 23 Zivilisten.

20. Juli 2015   Qa'ataba bei al-Dalea
Luftangriff der Militärkoalition, Tod von fünf Zivilisten, darunter zwei Kinder.

24. Juli 2015   Gouvernement Taizz, Mokka
Luftangriff der Militärkoalition auf eine Wohnsiedlung von Angestellten eines Elektrizitätswerks, Tod von 65 Zivilisten, unter ihnen 14 Kinder und 13 Frauen, mehrere Verletzte.

1. August 2015   Gouvernement Lahidsch, Tiben, al-Hamra
Luftangriff der Militärkoalition auf das Dorf al-Hamra, Tod von acht Zivilisten, darunter zwei Kinder und drei Frauen.

5. August 2015   Taizz, al-Qahira, Haud-al-Aschraf
Luftangriff der Militärkoalition auf den Al-Qimma-Festsaal, Tod von sechs Zivilisten aus einer Familie.

8. August 2015   Gouvernement Ibb, al-Radma, Schar'a
Luftangriff der Militärkoalition, Tod von sieben Zivilisten, darunter drei Kinder und zwei Frauen.

8. August 2015   Taizz, al-Qahira, Al-Awadi-Straße
Tod von drei Zivilisten beim Einschlag einer Granate der Huthi-Milizen.

13. August 2015   Taizz, al-Qahira, Wadi Madam
Tod von fünf Zivilisten sowie Verletzte beim Einschlag einer Granate der Huthi-Milizen.

14. August 2015   Taizz, al-Qahira, al-Mughtaribin
Tod der vier Kinder Marina Ahmad al-Samawi, Ilham Ahmad al-Samawi, Raghad Abdulkarim Abdullah und Aya Abdulkarim Abdullah durch den Einschlag einer Granate der Huthi-Milizen.

17. August 2015 Gouvernement Ibb, Dschibla, Hauptstraße
Luftangriff der Militärkoalition auf das Viertel al-Qarama'a, Tod von fünf Zivilisten.

20. August 2015 Taizz, Sala, Sala
Luftangriff der Militärkoalition auf Wohnhäuser, Tod von 50 Zivilisten, darunter 23 Kinder und zwölf Frauen, mehrere Verletzte.

20. August 2015 Taizz, al-Qahira, al-Kauthar
Tod von vier Zivilisten und mehrere Verletzte durch den Einschlag einer Granate der Huthi-Milizen.

29. August 2015 Gouvernement Haddscha, Abs, Beni Labina
Luftangriff der Militärkoalition auf die Trinkwasserfabrik »Scham«. Tod von 17 Zivilisten, mehrere Verletzte.

30. August 2015 Gouvernement al-Baida, Mukairas, Masch'aba
Luftangriff der Militärkoalition auf das Wohnhaus des Mohammad al-Dscharwi, Tod von zehn Zivilisten aus einer Familie.

5. September 2015 Sanaa, al-Saba'in
Luftangriff der Militärkoalition auf ein Wohnhaus in der Al-Khamsin-Straße, Tod von sieben Zivilisten.

5. September 2015 Sanaa, al-Thaura
Luftangriff der Militärkoalition auf ein Wohnhaus im Viertel al-Nahda, Tod von neun Zivilisten.

10. September 2015 Taizz, al-Mudhaffar, Tabbat al-Aranib
Tod des Kindes Usama Ahmad durch einen Huthi-Scharfschützen.

15. September 2015 Taizz, Sala, öffentliches Al-Thaura-Krankenhaus
Tod des Kindes Amdschad Abdulra'uf (15 J.) durch den Einschlag einer Granate der Huthi-Milizen.

17. September 2015 Sanaa Altstadt, al-Fleihi
Luftangriff der Militärkoalition, Tod von 13 Zivilisten, darunter zehn Personen aus ein und derselben Familie.

21. September 2015
Gouvernement Haddscha, al-Schaghadira, Dohr Abu Ter
Luftangriff der Militärkoalition auf die Polizeistation und ein
Lebensmittelgeschäft, Tod von 18 Zivilisten, darunter auch
Kinder.

22. September 2015   Taizz, al-Qahira, Haud-al-Aschraf
Tod der Mutter Fathija[2] (42 J.) und ihres Sohnes Arafat (10 J.)
durch den Einschlag einer Granate der Huthi-Milizen.

22. September 2015   Sanaa, Beni Haschisch
Luftangriff der Militärkoalition auf die Märtyrer-Abdullah-al-
Wazir-Schule, Tod von drei Zivilisten.

24. September 2015   Taizz, al-Qahira, al-Tahrir
Tod von acht Zivilisten und mehrere Verletzte nach Granatenbeschuss durch die Huthi-Milizen.

27. September 2015   Gouvernement Haddscha, Harad, Zeilaa
Luftangriff der Militärkoalition, Tod von 18 Zivilisten: 14 Kinder und vier Frauen.

27. September 2015   Taizz, al-Mudhaffar, al-Nuseirijja
Tod der drei Zivilisten Radija Abdelaziz (59 J.), Rida Ali
Ghanem (8 J.), Ithar Mohammad Ghanem (2 J.) nach Granaten-
beschuss durch die Huthi-Milizen.

28. September 2015   Gouvernement Taizz, Dhubab, al-Wahidscha
Luftangriff der Militärkoalition auf eine Hochzeitsgesellschaft
im Dorf, Tod von 26 Zivilisten, davon 13 Kinder und zwölf
Frauen.

30. September 2015   Taizz, al-Mudhaffar, al-Dehi
Tod von Mohammad Hassan Ali (13 J.) und Awad Said Ali
(15 J.) durch den Einschlag einer Huthi-Granate.

---

2 Aufgrund der Kriegsumstände war es mir in einigen Fällen nicht möglich, mit
den Angehörigen der Opfer Kontakt aufzunehmen, um den vollständigen Namen und das Alter der Verstorbenen zu erfahren.

1. Oktober 2015   Taizz, al-Mudhaffar, al-Ba'rara
Tod von drei Zivilisten nach Granatenbeschuss durch die Huthi-Milizen.

5. Oktober 2015   Taizz, Sala, Thu'bat
Tod von Salem Said Abdelsamad (22 J.) und seines Sohnes Mohammad Salem Said Abdelsamad (1 J.) durch einen Huthi-Scharfschützen.

5. Oktober 2015   Gouvernement Taizz, Sabr al-Mawadem, al-Karifa
Tod der Aziza Mohammad Abdo (55 J.) und ihrer zwei Töchter Intissar Ali Ahmad (20 J.) und Ibtissam Ali Ahmad (22 J.) durch den Einschlag einer Huthi-Granate.

7. Oktober 2015   Gouvernement Dhamar, Mayfa'at Ans, Sinban
Luftangriff der Militärkoalition auf eine Hochzeitsfeier. Tod von 40 Zivilisten, darunter 15 Kinder und 14 Frauen.

11. Oktober 2015   Taizz, Sala, öffentliches Al-Thaura-Krankenhaus
Tod von zwei Zivilisten durch den Einschlag einer Huthi-Granate: Wahib Mohammad Ghaleb al-Arbari und Mohammad Khaled.

14. Oktober 2015   Gouvernement Taizz, Mawiya
Luftangriff der Militärkoalition auf das Wohnhaus des Ali Hamida und Tod von elf Mitgliedern seiner Familie.

14. Oktober 2015   Taizz, al-Taizzijja, Waasch-Berg
Tod der Afkar Qaed Murschid (19 J.) durch einen Huthi-Scharf-schützen.

15. Oktober 2015   Taizz, al-Mudhaffar, al-Masbah
Tod der Naoual al-Scharabi durch den Einschlag einer Huthi-Granate.

21. Oktober 2015
Taizz, al-Qahira, al-Dabu'a / al-Merkezi / Straße des 26. September
Tod von 13 Zivilisten nach Abwurf von Katjuscha-Raketen durch die Huthi-Milizen: Rida Fahim Mohammad (19 J.), Amdschad Maruan Abdullah (10 J.), Dschalal Wadschdi (15 J.),

Wassem Ali Said (35 J.), Abdullah Ahmad al-Sama'i (50 J.), Ali Abdulwahid (45 J.), Nabil Mohammad Abdo (45 J.), Ammar Mohammad Abdullah (25 J.), Sahem Mohammad Said al-Dahbali (27 J.), Samira Ahmad al-Scharabi (18 J.), Sumaijja Ahmad Ali (17 J.), Madschid Abdulkhaleq Abdulmadschid sowie eine Person ungeklärter Identität.

22. Oktober 2015
Gouvernement al-Hudaida, Beit al-Faqih, Insel Ka'aban
Luftangriff der Militärkoalition auf Fischerboote im Umkreis der Insel. Tod von 42 Zivilisten, mehrere Verletzte.

22. Oktober 2015   Taizz, al-Qahira, al-Rauda-Gegend
Tod von zwei Zivilisten durch den Einschlag einer Granate der Huthi-Milizen: Abdo Maresch Hizaa (40 J.), Badri Ali Ahmad (24 J.).

22. Oktober 2015   Taizz, al-Mudhaffar, al-Dehi
Tod von Ismail Mohammad Ahmad (25 J.) und Alaa Abdo Aqlan al-Qudsi (25 J.) durch den Einschlag einer Granate der Huthi-Milizen.

26. Oktober 2015   Taizz, al-Qahira, al-Rauda
Tod des Kindes Abdullah Mohammad Ali Seif al-Azzi (14 J.) durch einen Huthi-Scharfschützen.

29. Oktober 2015   Taizz, Sala, al-Hauban
Luftangriff der Militärkoalition auf einen Bus mit Arbeitern der Firma Hael Said An'am, Tod von zehn Arbeitern.

5. November 2015   Taizz, al-Mudhaffar, Sina
Tod von vier Zivilisten durch den Einschlag einer Granate der Huthi-Milizen.

6. November 2015   Taizz, al-Qahira, al-Dschumhuri
Tod des Munif Abdulalim Baschar (40 J.) und seiner zwei Kinder Muqbil Munif Abdulalim (11 J.) und Manar Munif Abdulalim (9 J.) durch den Einschlag einer Granate der Huthi-Milizen.

7. November 2015   Taizz, al-Mudhaffar, Sina
Tod des Kindes Mohammad Ryad Hassan (1 J.) durch den Ein-schlag einer Granate der Huthi-Milizen.

13. November 2015   Gouvernement al-Dalea, Dimth al-Qadima
Tod von Ahmad Muhsin al-Sahifi durch den Einschlag einer Granate der Huthi-Milizen.

17. November 2015   Gouvernement al-Hudaida, Badschil
Tod von Prof. Abdelsalam al-Schumairi, Gefangennahme seiner zwei Söhne durch Huthi-Milizen, die zudem seine Wohnung in die Luft sprengten.

17. November 2015   Taizz, Sala, al-Qasr-Rondell
Tod von Ali Salim Ahmad (60 J.) durch einen Huthi-Scharf-schützen.

19. November 2015   Gouvernement al-Hudaida, Al-Khokha
Luftangriff der Militärkoalition auf Fischerboote, Tod von 15 Fischern, darunter: Mastur Ali Ahmad Daublo, Akram Hassan Ali Daublo, Adel Ali Khadem Hamami und Ammar Qaed Dscha'man. Weitere Fischer verschwanden im Meer: Mohammad Salman Ali Daublo, Mohammad Ali Ahmad Daublo, Qaed Ali Dschahan, Abdullah Ibrahim Mohammad Darwisch, Mohammad Salman Mohammad Khudeischi, Ahmad Thabet Hassan Tari, Yasser Mohammad Qassem Farid, Said Ali Mohammad Darwisch und Murschid Ahmad Hama.

19. November 2015   Gouvernement Taizz, Sabr al-Mawadem, al-Dim
Tod von fünf Zivilisten durch den Einschlag einer Huthi-Grana-te: Mahmud Hassan Abdullah Ali (55 J.), Ahlam Mohammad Hassan Abdullah Ali (29 J.), Iftikar Ahmad Hizaa Qassem (29 J.), Rama Talal Hassan Ali (3 J.) und Lutfi Mohammad Ab-dulbasset Hassan (1 J.).

20. November 2015   Gouvernement al-Mahwit
Foltertod des Gefangenen Ali Auda in einem Gefängnis der Huthi-Milizen.

23. November 2015   Gouvernement al-Dschauf, al-Lodh-Berg
Luftangriff der Militärkoalition auf ein Wohnhaus, Tod des Familienvaters und acht weiterer Familienmitglieder.

27. November 2015   Taizz, al-Mudhaffar, al-Dehi
Tod des Kindes Qussai Ahmad al-Nahari (11 J.) durch einen Huthi-Scharfschützen.

28. November 2015   Taizz, al-Qahira, al-Dabu'a
Tod des Mädchens Nidaa Amin al-Salahi (10 J.) und eines weiteren Mädchens durch den Einschlag einer Granate der Huthi-Milizen auf einen Trinkwasser-Transporter.

29. November 2015   Taizz, al-Mudhaffar, al-Dehi
Tod von Abdullah Abdo al-Humairi durch einen Huthi-Scharfschützen, als er gerade von einer Dialyse-Sitzung zurückkam.

30. November 2015   Taizz, al-Qahira, al-Manakh
Tod der Neama Abdullah Qa'ed al-Rimi (60 J.) und Verletzung ihres Sohnes Ammar al-Kuri durch den Einschlag einer Huthi-Granate.

2. Dezember 2015   Taizz, Sala, al-Damgha
Tod von Adib Hammoud Mahdi al-Unsi durch einen Huthi-Scharfschützen.

4. Dezember 2015   Taizz, al-Mudhaffar, al-Hassib
Tod des Kindes Rakan Abdullah Nadschi (8 J.) und Abdo Abdullah Abdo Ahmad (20 J.) durch einen Huthi-Scharfschützen.

4. Dezember 2015   Taizz, Sala, Viertel al-Damgha
Tod von Safia Ahmad Said al-Marzuh (65 J.) durch einen Huthi-Scharfschützen.

5. Dezember 2015   Gouvernement Taizz, al-Misrakh, Ersch
Tod von Nadschla Abdulhamid al-Schuraihi durch den Einschlag einer Granate der Huthi-Milizen.

7. Dezember 2015   Taizz, al-Qahira, Ussaifira
Tod von vier Zivilisten und mehrere Verletzte durch den Einschlag einer Granate der Huthi-Milizen.

12. Dezember 2015   Al-Hudaida, Hafen von al-Khokha
Luftangriff der Militärkoalition auf Fischerboote und Tod von fünf Fischern.

13. Dezember 2015   Taizz, Mokka
Luftangriff der Militärkoalition auf ein Kraftwerk, Tod von vier Zivilisten.

13. Dezember 2015   Gouvernement Saada, Dahian
Luftangriff der Militärkoalition auf das Wohnhaus von Ali Raqea, Tod von drei Familienmitgliedern.

13. Dezember 2015   Gouvernement Lahidsch, al-Qabbaita, al-Haidin
Luftangriff der Militärkoalition auf einen Taxistand, Tod von sechs Zivilisten und mehrere Verletzte.

13. Dezember 2015   Gouvernement Haddscha, Harad, al-Hidschawira
Luftangriff der Militärkoalition, Tod von elf Zivilisten und mehrere Verletzte.

15. Dezember 2015   Gouvernement Haddscha, Harad, Beni al-Haddad
Luftangriff der Militärkoalition, Tod von zehn Zivilisten und mehrere Verletzte.

15. Dezember 2015   Gouvernement Taizz, al-Misrakh, Al-Aqrud
Tod von Mohammad Abdo Abbas (12 J.) nach Explosion einer von den Huthi-Milizen gelegten Mine.

15. Dezember 2015   Taizz, al-Mudhaffar, Schaab Salit
Tod von Khalil Mohammad Ahmad al-Kibasch durch den Einschlag einer Granate der Huthi-Milizen.

15. Dezember 2015   Taizz, Sala, al-Damgha
Tod des Mädchens Budur Amin Salih Yahia al-Maghrami (8 J.) durch den Einschlag einer Mörsergranate der Huthi-Milizen.

18. Dezember 2015   Gouvernement Saada, al-Safra, Kanna
Luftangriff der Militärkoalition auf das Wohnhaus des Abdullah
al-Matari, Tod von vier seiner Familienmitglieder, gefolgt von
einem weiteren Luftschlag auf die Rettungskräfte mit zehn
weiteren Todesopfern.

20. Dezember 2015   Taizz, al-Qahira, Umkreis der al-Kauthar-Moschee
Tod von Dschalal Hizaa al-Asbahi (45 J.) durch den Einschlag
einer Granate der Huthi-Milizen auf seine Wohnung.

23. Dezember 2015   Gouvernement Saada, Kitaf, Wadi Amlah
Luftangriff der Militärkoalition auf das Dorf al-Khanaq, Tod von
19 Zivilisten aus der Familie des Hammoud Hamid al-Azzi.

23. Dezember 2015   Taizz, al-Mudhaffar, al-Dehi
Tod von Hizaa Ali Abdulhafiz (29 J.), ermordet von einem
Huthi-Scharfschützen.

24. Dezember 2015   Al-Hudaida, al-Khokha, al-Hayma-Hafen
Luftangriff der Militärkoalition, Tod von zwei Zivilisten und
mehrere Verletzte.

24. Dezember 2015   Gouvernement Lahidsch, Balah
Tod von zwei Kindern nach Explosion einer von den Huthi-
Milizen gelegten Mine.

25. Dezember 2015   Gouvernement Taizz, al-Misrakh
Tod von vier Familienmitgliedern der Familie von Abdurrahman al-Haschidi nach Explosion einer von den Huthi-Milizen
gelegten Mine.

28. Dezember 2015   Gouvernement Ma'rib, Berg Hailan
Tod des Mädchens Nada al-Awadi (10 J.) durch den Einschlag
einer Granate der Huthi-Milizen.

29. Dezember 2015   Taizz, al-Mudhaffar, al-Nuseirijja
Tod von Radia Abdulaziz al-Daba'i durch den Einschlag einer
Granate der Huthi-Milizen.

31. Dezember 2015   Taizz, Sala, öffentliches Al-Thaura-Krankenhaus
Tod der gerade geborenen Tochter der Tahani Ali Mohammad durch Sauerstoffmangel wegen der von den Huthi-Milizen über die Stadt verhängten Blockade.

1. Januar 2016   Taizz, al-Taizzijja, al-Rahida
Luftangriff der Militärkoalition auf die Hamra-Gegend und Tod von Nadschib Zawet und seiner Kinder.

1. Januar 2016   Taizz, Sala, öffentliches Al-Thaura-Krankenhaus
Tod der gerade geborenen Tochter von Nasser Ahmad durch Sauerstoffmangel wegen der von den Huthi-Milizen über die Stadt verhängten Blockade.

2. Januar 2016   Taizz, Sala, Thu'bat / Sina / Kahlan
Tod von Zainab Ahmad (50 J.) in Sina sowie von Amina Ali (75 J.) in Thu'bat und von Ghada Ahmad Qaed (25 J.) im Dorf Kahlan durch den Einschlag von Granaten der Huthi-Milizen.

2. Januar 2016   Gouvernement Taizz, Sarar
Huthi-Milizen exekutieren drei Gefangene des Anti-Huthi-Widerstands.

3. Januar 2016   Taizz, Sala, Al-Thaura-Krankenhaus
Tod des Mädchens Eatissam Abdulaziz Hamid Mohammad durch Sauerstoffmangel wegen der von den Huthi-Milizen über die Stadt verhängten Blockade.

5. Januar 2016   Taizz, al-Mudhaffar, al-Nuseirijja
Tod von Hussn Farhan Hamid (45 J.) sowie von Younes Daghesch Mohammad (4 J.) nach Granatenbeschuss der Huthi-Milizen.

6. Januar 2016   Sanaa, Mo'ein
Abwurf einer Spaltbombe durch die Militärkoalition, Tod eines Zivilisten, mehrere Verletzte.

9. Januar 2016   Gouvernement Taizz, al-Aabus, al-Dhabi
Tod von Rahma Ali Hael durch einen Huthi-Scharfschützen.

10. Januar 2016   Taizz, al-Qahira, al-Masbah
Tod von zwei Zivilisten durch den Einschlag einer Granate der
Huthi-Milizen.

10. Januar 2016   Gouvernement Ma'rib, Madschzar
Tod von zwei Zivilisten nach Explosion einer von den Huthi-
Milizen gelegten Mine.

11. Januar 2016   Taizz, Sala, öffentliches Al-Thaura-Krankenhaus
Tod des neugeborenen Sohnes der Rascha Hizaa sowie der
beiden Zwillingstöchter von Alouf Mohammad durch Sauerstoffmangel wegen der von den Huthi-Milizen über die Stadt
verhängten Blockade.

13. Januar 2016   Gouvernement Sanaa, Bilad al-Rus
Luftangriff der Militärkoalition auf das Thermalbad Dscharif,
Tod von zehn Zivilisten, mehrere Verletzte.

14. Januar 2016   Gouvernement Ma'rib, Sirwah
Luftangriff der Militärkoalition auf den antiken Tempel von
Sirwah, teilweise Zerstörung des Tempels.

15. Januar 2016   Taizz, al-Qahira, al-Masbah
Tod von Raed Ali Ali (20 J.) nach Einschlag einer von den
Huthi-Milizen abgefeuerten Katjuscha-Rakete.

17. Januar 2016   Gouvernement Sanaa, Bilad al-Rus
Luftangriff der Militärkoalition auf das Thermalbad Dscharif,
Tod von Zivilisten, darunter der Journalist al-Miqdad Moham-
mad Ali Madschali, Korrespondent von »Voice of America«.

17. Januar 2016   Taizz, al-Mudhaffar, al-Dehi
Tod von Hamid Hussein al-Schumairi (50 J.) sowie von Hamid
Abduldschalil al-Schumairi (70 J.) durch den Einschlag einer
Granate der Huthi-Milizen.

17. Januar 2016   Taizz, Sala, al-Dschahmilia al-Sufla
Tod des Jungen Mohammad Abdullah Abdo (12 J.) durch einen
Huthi-Scharfschützen.

19. Januar 2016   Taizz, al-Taizzijja, al-Harir
Luftangriff der Militärkoalition auf eine Schule, Tod von sieben
Schülern.

20. Januar 2016   Gouvernement al-Dalea, Dimth
Huthi-Milizen sprengen die Wohnungen von Qaed Abu Mul-
ham al-Sajjadi und Ahmad al-Ghazzi in die Luft.

21. Januar 2016   Gouvernement al-Hudaida, Ra's Issa
Luftangriff der Militärkoalition auf eine Erdölraffinerie, Tod von
13 Angestellten, darunter: Walid Khaled Hamid, Saghir Dschaber Ahmad, Ibrahim Hussein Mukarrasch, Bassem Qataschi,
Anwar Abdulhamid Kweik und Abdo Mohammad Sajjid, sowie
sieben Fahrern der Öltransporter.

21. Januar 2016   Gouvernement Saada, Dahian, Madschez
Luftangriff der Militärkoalition auf einen Krankenwagen und
die Sanitäter. Tod von 15 Zivilisten, darunter Haschem Mohammad al-Hamran, Kameramann beim Sender »al-Massira«.

23. Januar 2016   Gouvernement al-Dalea, Ja'is
Tod einer Frau und ihres Kindes durch einen Huthi-Scharfschützen.

23. Januar 2016   Sanaa, Flughafenstraße, Wadi Ahmad
Tod von Ahmad Hassan Abdulbaqi durch die nach einem Luft-
angriff der Militärkoalition auf eine Chlorid-Fabrik freigesetzten
Gase.

27. Januar 2016   Taizz, al-Qahira, al-Kauthar
Tod von vier Zivilisten durch den Einschlag einer Granate
der Huthi-Milizen, darunter drei Kinder: Rammah Adel Taha
(13 J.), Suhail Samir Thabet (13 J.), Mohammad Wassim
Mohammad (6 J.) und Abubakr Mansur al-Abassi (25 J.).

28. Januar 2016   Taizz, Sala, al-Schammasi
Tod des Kindes Akram Ali Makrad (13 J.) durch den Einschlag
einer Granate der Huthi-Milizen.

30. Januar 2016   Gouvernement Dhamar
Foltertod des Häftlings Munif al-Dschabari in einem Gefange-
nenlager der Huthi-Milizen.

31. Januar 2016   Taizz, Sala, Thu'bat
Tod von zwei Zivilisten nach Einschlag einer Katjuscha-Rakete
der Huthi-Milizen.

1. Februar 2016   Gouvernement Ibb, al-Hazm, al-Qatib
Huthi-Milizen exekutieren Talal Hamid Abdo Qassem vor den
Augen seiner Familie.

1. Februar 2016   Taizz, al-Qahira, Wadi al-Qadi
Tod von Amal Yassin al-Maqtari (18 J.) durch einen Huthi-
Scharfschützen.

2. Februar 2016   Gouvernement Amran, Amran-Zementfabrik
Luftangriff der Militärkoalition auf die Fabrik, Tod von 15 Arbeitern, mehrere Verletzte.

2. Februar 2016   Gouvernement Haddscha, Harad
Luftangriff der Militärkoalition, Tod von zehn Zivilisten.

2. Februar 2016   Gouvernement Dhamar, Dschabal al-Scharq
Luftangriff der Militärkoalition auf die örtliche Polizeidirektion,
Tod von zwei Zivilisten.

2. Februar 2016   Gouvernement Sanaa, Nihm, Beni Hadschil
Luftangriff der Militärkoalition auf das Dorf Beni Hadschil, Tod
eines Kindes, mehrere Verletzte.

2. Februar 2016   Al-Hudaida, Bezirksverwaltungsgebäude
Luftangriff der Militärkoalition auf das Gebäude der Bezirksver-
waltung, Tod einer Person, mehrere Verletzte.

2. Februar 2016   Gouvernement Sanaa, Nihm, Sadd
Luftangriff der Militärkoalition auf ein Auto, Tod von neun
Zivilisten, größtenteils Frauen und Kinder.

3. Februar 2016   Gouvernement Taizz, al-Misrakh
Tod von Warda Abdulwasea durch einen Huthi-Scharfschützen.

4. Februar 2016   Gouvernement Haddscha, Harad, Beni al-Haddad
Luftangriff der Militärkoalition auf ein Wohnhaus, Tod von fünf
Zivilisten.

**4. Februar 2016   Gouvernement al-Dschauf, Verkehrsknoten zwischen
al-Dschauf und Ma'rib**
Tod eines Vaters und seines Sohnes nach Explosion einer von
den Huthi-Milizen gelegten Mine.

12. Februar 2016   Taizz, al-Qahira, al-Salkhana
Tod von zwei Zivilisten, darunter ein Kind, mehrere Verletzte
infolge von Granatenbeschuss durch die Huthi-Milizen.

13. Februar 2016   Taizz, al-Mudhaffar
Truppen des Anti-Huthi-Widerstands töten den Jungen Maruan
al-Dschunaid (15 J.)

14. Februar 2016   Sanaa, Shu'ub, Sheraton-Viertel
Luftangriff der Militärkoalition auf die Schneiderei al-Wassabi,
Tod von elf Zivilisten.

14. Februar 2016   Gouvernement Saada, Haidan, Maran
Luftangriff der Militärkoalition, Tod eines Zivilisten und
mehrere Verletzte.

14. Februar 2016   Taizz, al-Taizzijja, al-Dschanad
Luftangriff der Militärkoalition, Tod des Fahrers eines Räum-
fahrzeugs.

14. Februar 2016   Kaukaban, al-Mouhin
Luftangriff der Militärkoalition, Tod von zehn Zivilisten,
mehrere Verletzte.

15. Februar 2016   Gouvernement Taizz, al-Misrakh, Kahlan
Tod von drei Kindern durch den Einschlag einer Granate der
Huthi-Milizen: Mohammad Amin Qahtan, Osama Abdulwasea
Ali Ahmad, Dschawad Abduldschalil Ibrahim.

15. Februar 2016   Gouvernement al-Hudaida, Sardad-Tal
Luftangriff der Militärkoalition auf ein Feld, Tod von vier
Bauern.

16. Februar 2016   Taizz, al-Mudhaffar, al-Hassib
Tod des Journalisten Ahmad al-Schaibani, Kameramann des
Senders »al-Yemen« durch einen Huthi-Scharfschützen.

17. Februar 2016   Gouvernement Sanaa, Nihm, Uzlat Amlah, al-Na'imat
Luftangriff der Militärkoalition auf die Wohnung des Taresch
Mohammad Ali al-Na'imi mit fünf Raketen. Tod von 13 Zivilisten aus seiner Familie und Verwandtschaft: Ali Yahia Saleh
al-Dahmaschi (50 J.), Aziza Mohammad Ali Seif al-Na'imi
(50 J.), Taresch Zahim Taresch Mohammad Ali al-Na'imi
(12 J.), Ahmad Zahim Taresch Mohammad Ali al-Na'imi (11 J.),
Hadschar Zahim Taresch Mohammad Ali al-Na'imi (7 J.), Hafe-
zullah Ahmad Salih al-Sadi al-Na'imi (16 J.), Balkis Abdulwali
Ali Chadidscha al-Na'imi (9 J.), Amal Abdulwali Ali Chadidscha
al-Na'imi (10 J.), Mohammad Abdulwali Ali Chadidscha al-
Na'imi (6 J.), Aschraa Ali Yahia Salih al-Dahmaschi (16 J.),
Abradsch Amir Ali Yahia al-Dahmaschi (16 J.), Ali Taleb Ali
Chadidscha al-Na'imi (6 J.) und Salih Taleb Chadidscha al-
Na'imi (5 J.).

17. Februar 2016   Taizz, al-Mudhaffar, Sina
Tod von drei Kindern aufgrund Granatenbeschusses durch die
Huthi-Milizen: Ru'a Nabil, Malak Nabil und Khaula Fadel.

18. Februar 2016   Gouvernement Saada, Munabbih
Luftangriff der Militärkoalition auf ein Auto auf der Autobahn,
Tod von zwei Zivilisten.

18. Februar 2016   Gouvernement al-Dschauf, Aqaba, Birt al-Maraschi
Luftangriff der Militärkoalition auf ein Wohnhaus in der
Gegend Milfadsch, Tod von zwei Zivilisten.

18. Februar 2016   Gouvernement al-Dschauf, Birt al-Anan
Luftangriff der Militärkoalition auf einen mit Gas gefüllten
Transporter, Tod von zwei Zivilisten.

19. Februar 2016   Taizz, al-Mudhaffar, al-Darba
Tod der beiden Kinder Raidan Ma'mun und Bescher Hamza
durch den Einschlag einer Huthi-Granate.

19. Februar 2016   Gouvernement Sanaa, Nihm, Buran
Luftangriff der Militärkoalition auf das Dorf al-Haul al-Scharqi,
Tod von zwei Zivilisten.

20. Februar 2016   Gouvernement Lahidsch, al-Schuraidscha
Huthi-Milizen exekutieren Oberst Zaid Ahmad al-Dschadri.

21. Februar 2016   Gouvernement Sanaa, Beni Dabyan
Luftangriff der Militärkoalition auf ein Auto, Tod von sechs
Zivilisten aus einer Familie.

21. Februar 2016   Gouvernement Saada, Grenzgebiet al-Zahir
Luftangriff der Militärkoalition auf die Gegend Ghafira, Tod von
20 Zivilisten, darunter Frauen und Kinder.

22. Februar 2016   Gouvernement Sanaa, Nihm
Luftangriff der Militärkoalition auf zwei Wohnhäuser in Amlah,
Tod von drei Passanten.

22. Februar 2016   Gouvernement al-Dschauf, Wadi al-Matma, Wadi Kharid
Luftangriff der Militärkoalition auf drei Lkws, Tod von drei
Zivilisten.

25. Februar 2016   Gouvernement Ma'rib, Sirwah
Luftangriff der Militärkoalition auf ein Wohnhaus, Tod von drei
Zivilisten.

25. Februar 2016   Gouvernement Taizz, Dimnat Khadir
Luftangriff der Militärkoalition, Tod von vier Zivilisten.

25. Februar 2016   Gouvernement Sanaa, al-Saba'in, Beit Ma'yad
Luftangriff der Militärkoalition auf das Haus des Mohammad
al-Raidi, Tod von drei Zivilisten, darunter ein Baby.

27. Februar 2016   Gouvernement Sanaa, Nihm, Khalqa-Markt
Luftangriff der Militärkoalition, Tod von 25 Zivilisten, mehrere
Verletzte.

27. Februar 2016   Gouvernement Taizz, al-Misrakh, al-Schaqab
Tod des Mädchens Ghadir Abdulwahid (8 J.) durch einen Huthi-
Scharfschützen.

27. Februar 2016   Taizz, Sala, Scha'ab Daba
Tod des Wael Abdullah Ahmad (22 J.) und Abedrabbo Mo-
hammad Haidara (60 J.) durch den Einschlag einer Granate der
Huthi-Milizen.

1. März 2016   Gouvernement Sanaa, al-Haima al-Dakhilijja
Luftangriff der Militärkoalition auf die Uzlat-Beni-Youssef-
Schule, Tod von acht Zivilisten.

9. März 2016   Gouvernement Schabwa, Aqbat Bihan
Luftangriff der Militärkoalition auf einen Geländewagen, Tod
von drei Zivilisten.

9. März 2016   Gouvernement al-Dschauf, al-Humaydat
Luftangriff der Koalition auf ein Taxi, Tod von drei Zivilisten,
mehrere Verletzte.

11. März 2016   Taizz, Sala, Sina
Tod von drei Zivilisten durch den Einschlag einer Mörsergranate
der Huthi-Milizen.

12. März 2016   Gouvernement Sanaa, Khaulan al-Tiyal
Luftangriff der Militärkoalition auf ein Auto in der Gegend Beni
Dschabar al-Makhruq, Tod von fünf Zivilisten aus derselben
Familie, darunter eine Frau und drei Kinder.

13. März 2016   Taizz, al-Mudhaffar
Tod der beiden Kinder Mohammad Mahiub Ali Abdullah und
Muhannad Fadel Haidar Yussef durch den Einschlag einer
Granate der Huthi-Milizen.

15. März 2016   Gouvernement Haddscha, Mustab'a
Luftangriff der Militärkoalition auf den Donnerstagsmarkt, Tod
von 131 Zivilisten, 86 Verletzte.

17. März 2016   Taizz, al-Taizzijja
Luftangriff der Militärkoalition auf Wohnungen in der Gegend
Hadhran, Tod einer Mutter und ihrer zwei Kinder.

17. März 2016   Taizz, al-Mudhaffar, al-Darba
Tod von zwei Zivilisten, darunter eine Frau, durch den Einschlag
einer Granate der Huthi-Milizen.

17. März 2016   Taizz, al-Qahira, al-Ikhwa
Tod von zwei Zivilisten nach Einschlag einer Katjuscha-Rakete
der Huthi-Milizen.

18. März 2016   Taizz, al-Mudhaffar, al-Zanqal
Fund des Leichnams von Ahmad Abdulhamid al-Schumairi, der
sechs Monate zuvor von Huthi-Milizen ermordet worden war.

18. März 2016   Al-Hudaida
Hinrichtung von Ahmad Baqi durch die Huthi vor seinem
Laden, nachdem er sich geweigert hatte, die Kriegsabgabe[3] zu
zahlen.

19. März 2016   Taizz, al-Qahira, Straße des 26. Septembers
Tod von sieben Zivilisten nach Einschlag einer Katjuscha-Rakete
der Huthi-Milizen.

---

3 Anm. d. Übers.: Die unterschiedlichen Kriegsmächte erlegen den die jeweils
von ihnen kontrollierten Gebiete bewohnenden Zivilisten auf, sich durch finan-
zielle und mediale Unterstützung am Krieg zu beteiligen. Eingefordert werden
diese Kriegsabgaben entweder von den Kriegsmächten selbst, aber auch von
bestimmten Familien oder gar Gewerkschaften. Schüler, Apotheken und Kauf-
leute müssen im Sinne der Kriegsabgabenpflicht einen Tribut zahlen. In den von
den Huthi kontrollierten Gebieten ist dieses Phänomen besonders stark aus-
geprägt. Doch auch der Anti-Huthi-Widerstand und die offizielle Staatsmacht
verlangen einen Kriegszoll von den Einwohnern »ihrer« Gebiete.

20. März 2016   Gouvernement Taizz, Sabr al-Mawadem, al-Dabab
Luftangriff der Militärkoalition, Tod von vier Frauen und zwei
Kindern.

21. März 2016   Al-Mutun, Gouvernement al-Dschauf
Luftangriff der Militärkoalition auf zwei mit Gas und Lebensmitteln beladene Transporter, Tod von vier Zivilisten.

21. März 2016
Montagsmarkt von al-Mutun, Gouvernement al-Dschauf
Luftangriff der Militärkoalition auf das Dahouq-Institut, Tod
von sieben Zivilisten.

21. März 2016   Gouvernement Taizz, al-Waze'iya
Abschuss zweier Raketen der Huthi-Milizen, Tod von zwei
Zivilisten, mehrere Verletzte.

22. März 2016   Gouvernement Taizz, Sabr al-Mawadem, al-Maqhaya
Tod von fünf Zivilisten nach Explosion einer von den Huthi-
Milizen gelegten Mine unter einem Omnibus.

23. März 2016   Al-Hudschaila, al-Hudaida,
Luftangriff der Militärkoalition, Tod von vier Zivilisten.

25. März 2016
Gouvernement Taizz, Dschabal Habaschi, Uzlat Bilad al-Wafi
Im Zuge eines Luftangriffs der Militärkoalition im Dorf Ta-
bischaʼa auf die Wohnung des Fikri Mohammad al-Dirgham
kommen er und elf seiner Familienmitglieder ums Leben.

31. März 2015   Gouvernement Taizz, Maqbana, Al-Akhlud al-Uqma
Luftangriff der Militärkoalition auf ein Wohnhaus im Dorf al-
Akhlud, Tod von elf Zivilisten.

3. April 2016   Maʼrib, al-Hayʼa-Krankenhaus
Tod von sechs Zivilisten, darunter Ärzte, nach Abwurf einer
Huthi-Granate auf das Krankenhaus.

8. April 2016   Gouvernement Taizz, al-Waze'iya
Luftangriff der Militärkoalition auf zwei Fahrzeuge, die Binnen-

flüchtlinge transportierten, Tod von sechs Zivilisten, mehrere Verletzte.

8. April 2016 Taizz, Sala, Scha'ab Daba
Tod von Wael Abdullah Ahmad (22 J.) und Abed Rabbo Mohammad Haidara (50 J.) durch den Einschlag einer Granate der Huthi-Milizen.

13. April 2016 Gouvernement Schabwa, Usailan, al-Hama
Tod von drei Kindern nach Einschlag einer Huthi-Granate auf das Dorf.

19. April 2016 Gouvernement Sanaa, Nihm, Mahalli
Luftangriff der Militärkoalition auf das Wohnhaus des Mohammad Zayed al-Quhaili, Tod von sieben Familienmitgliedern.

22. April 2016 Gouvernement Haddscha, Midi
Ahmad Assaad, Mitglied des Komitees für Waffenruhe seitens der Präsident Hadi unterstellten Armee, stirbt beim Einschlag einer Huthi-Granate.

23. April 2016 Taizz, al-Taizzijja, al-Rabie'i-Straße
Tod von zehn Zivilisten durch die Explosion einer von den Huthi-Milizen gelegten Mine, darunter eine Frau und zwei Kinder: Mohammad Khaled Sultan (18 J.), Munir Abdullah Mohammad (66 J.), Nu'am Thabet Ahmad (65 J.), Amin Abdo Schaker (52 J.), Hawwab Ahmad Ali Farea, Mahdi Sultan Salam (8 J.), Mohammad Amin al-Asbah, Ibrahim Hussein Abdullah (ein Jahr und acht Monate), Salah Omar Mohammad al-Nadschaschi (22 J.) und Dalia Abdullah Nasser (25 J.).

25. April 2016 Aden, al-Mansura
Tödliches Attentat religiöser Extremisten auf den jungen Omar Batawil (18 J.).

27. April 2016 Taizz, Sala, Scha'ab Daba
Tod von Wael Abdullah Ahmad (22 J.) und Abed Rabbo Mohammad Haidara (60 J.) durch den Einschlag einer Granate der Huthi-Milizen.

1. Juni 2016   Taizz, al-Qahira, Gegend um den Freiheitsplatz
Tod von drei Zivilisten und mehrere Verletzte nach Beschuss
durch die Huthi-Milizen.

3. Juni 2016   Taizz, al-Mudhaffar, al-Bab al-Kabir
Einschlag einer von den Huthi-Milizen abgefeuerten Katjuscha-
Rakete auf den Bab-al-Kabir-Markt, Tod von acht Zivilisten:
Sami Abdo Ali (30 J.), Arzaq Dschamil al-Wassabi (7 J.), Muqbil
Murschid Ghaleb (60 J.), Hammada Mohammad al-Aubli
(35 J.), Fakiha Ahmad Said Farea (55 J.), Mustafa Hammoud
Mulhi (17 J.), Adel Ali Mohammad (18 J.) und Safia Ali Abadi
(50 J.).

3. Juni 2016   Taizz, al-Qahira, Dschamal-Straße
Tod eines Zivilisten durch den Einschlag einer durch Huthi-
Milizen abgefeuerten Katjuscha-Rakete.

4. Juni 2016   Taizz, al-Mudhaffar, al-Ba'rara
Tod von zwei Zivilisten durch den Einschlag einer von Huthi-
Milizen abgefeuerten M777-Granate.

6. Juni 2016   Taizz, al-Mudhaffar, alter Flughafen
Einschlag einer Huthi-Granate auf das Wohnhaus des Schauqi
Ahmad, Tod von Asia Ahmad Mohammad (35 J.).

8. Juni 2016   Taizz, al-Qahira, al-Schamasi
Huthi-Beschuss auf den Eingangsbereich der Bara'im-Schule, in
der Binnenvertriebene Zuflucht gefunden hatten, und infolgedessen Tod der Chadidscha Sultan Qaed (31 J.) und ihrer
Kinder Baschir Sami Qaed (6 J.), Ahmad Sami Qaed (6 J.) und
Sultan Sami Qaed (8 J.) sowie ihres Nachbarn Ahmad Mohammad Nasser (27 J.).

7. Juni 2016   Taizz, al-Mudhaffar, Wadi al-Qadi
Tod von Haela Ali Nadschi und ihrer Tochter Assil Hael (2 J.)
nach Bombardement der Huthi-Milizen.

21. Juni 2016   Gouvernement Lahidsch, al-Qubbaita
Luftangriff der Militärkoalition auf eine Gruppe von Arbeitern,
von denen sieben ums Leben kamen.

22. Juni 2016 Gouvernement Ibb, al-Nadira, Maulat al-Nadisch
Huthi-Milizen schießen auf die Dorfbewohner, sieben kommen
ums Leben: Akram al-Hanhana, Arafat al-Hanhana, Adib al-
Dschuraidi, Mahir al-Dschuraidi, Mohammad Abduldschalil
Maimoun, Ahmad Abduldschalil Maimoun und Issa al-Dscha-
bali.

24. Juni 2016 Gouvernement al-Dschauf, al-Mutun,
Luftangriff der Militärkoalition auf zwei Fahrzeuge von Präsident Hadi loyalen Einheiten, Tod von 20 Männern.

26. Juni 2016 Gouvernement Lahidsch, al-Qubbaita
Luftangriff der Militärkoalition auf ein Wohnhaus, Tod von zwei
Frauen.

27. Juni 2016 Gouvernement Abyan, al-Mahfad, al-Murtafea al-Qarara
Luftangriff der Militärkoalition auf das Wohnhaus des Badran
Lasch'ab Khamis Awad, acht Tote aus derselben Familie: Badran
Lasch'ab Khamis Awad, Madschda Mustafa Lasch'ab Khamis
(8 J.), Mudschahed Mustafa Lasch'ab Khamis (6 J.), Sumajja
Mustafa Lasch'ab Khamis Awad (4 J.), Safia Badran Lasch'ab
Khamis Awad (1 J.), Buschra Ali Lasch'ab Khamis Awad (7 J.),
die schwangere Aischa Abdullah Khamis Awad und Nour
Nasser Ahmad Awad.

29. Juni 2016 Gouvernement Lahidsch, al-Qubbaita, al-Rama
Tod von drei Kindern nach Einschlag einer Huthi-Granate auf
das Dorf.

5. Juli 2016 Ma'rib, al-Ziraa
Einschlag einer Huthi-Granate, Tod von acht Kindern: Youssef
Abdulwahhab al-Samei, Mohammad Abdulwahhab al-Samei,
Ibrahim Mohammad Abdo Mahiub, Abir Mohammad Abdo
Mahiub, Bilal Qaed Dammadsch, Saleh Abdullah al-Ahmadi,
Aiman Hamid Mazkur und Badr Saleh Mahdi.

12. Juli 2016 Al-Hudaida, al-Khokha
Luftangriff der Militärkoalition auf die Fischfangzentrale in der
Qutaba-Gegend, Tod von zwei Fischern.

18. Juli 2016   Sanaa, Zentralgefängnis
Tod des von den Huthi-Milizen entführten und inhaftierten
Bassam al-Salawi.

18. Juli 2018   Al-Hudaida, Dschabal al-Nar-Markt
Luftangriff der Militärkoalition auf den Markt, Tod von vier
Zivilisten.

26. Juli 2016   Gouvernement Taizz, Berg Saber, al-Sarari
Entführungen der Dorfbewohner durch Truppen des Anti-
Huthi-Widerstands, Brandstiftung des Dorfes und Vertreibung
anderer Bewohner.

3. August 2016   Gouvernement al-Baida, Dhilmaladschim
Exekution von vier Stammesältesten des Omari-Clans durch die
Huthi: Scheich Ahmad Saleh al-Omari, dessen Sohn Scheich
Saleh Ahmad Saleh al-Omari, Scheich Mohammad Ahmad al-
Omari und Scheich Saleh Salem.

5. August 2016   Gouvernement Saada, Baqem
Luftangriff der Militärkoalition auf das Auto des Salem al-Qara-
di, Tod von drei Zivilisten.

5. August 2016   Gouvernement Sanaa, Nihm,
Luftangriff der Militärkoalition auf die Wohnung des Zeid al-
Faradsch in der Gegend al-Mudschwaha, Tod von zwei Frauen.

5. August 2016   Gouvernement al-Dschauf, al-Gheil
Tod des Journalisten Mubarak al-Obadi durch den Einschlag
einer Granate der Huthi-Milizen.

7. August 2016   Gouvernement Sanaa, Nihm
Luftangriff der Militärkoalition auf den Madid-Markt, Tod von
zwölf Zivilisten, mehrere Verletzte.

9. August 2016   Taizz, al-Waze'iya
Tod von elf Zivilisten, darunter drei Kinder, nach Explosion
einer von den Huthi-Milizen gelegten Mine.

9. August 2016   Sanaa
Die Arabische Koalition riegelt den Internationalen Flughafen
Sanaa ab.

12. August 2016   Gouvernement Saada, Baqem
Luftangriff der Militärkoalition auf ein Wohnhaus in der
Hamaqi-Gegend, Tod von acht Zivilisten.

12. August 2016   Gouvernement Saada, Al-Mutun
Luftangriff der Militärkoalition, Tod von drei Zivilisten, darunter eine Frau.

13. August 2016   Gouvernement Saada, Haidan
Luftangriff der Militärkoalition auf die Dschumu'a-Bin-Fadel-
Schule, Tod von zehn Kindern.

15. August 2016   Gouvernement Haddscha, Harad
Luftangriff der Militärkoalition auf das von »Ärzte ohne Grenzen« betriebene Abbas-Krankenhaus. Tod von elf Zivilisten,
mehrere Verletzte.

16. August 2016   Gouvernement Sanaa, Nihm,
Luftangriff der Militärkoalition auf das Wohnhaus des Scheich
Mohsen Assem, Tod von 13 Zivilisten, darunter: Mohsen Mo-
hammad Assem (65 J.), Mohammad Dschamil Mohsen Assem
(5 J.), Hadschar Dschamil Assem (1,5 J.), Riham Dschamil As-
sem (10 J.), Auschem Hamir Qahqa (28 J.), Mina Naef Dahesch,
Aman Naef Dahesch, Mabrouk Daifullah al-Hadsch (35 J.) und
Huda Ali Assem (35 J.).

27. August 2016   Taizz, al-Taizzijja, Schar'ab-Kreuzung
Luftangriff der Militärkoalition, Tod von sieben Zivilisten,
mehrere Verletzte.

2. September 2016   Gouvernement Sanaa, Arhab
Luftangriff der Militärkoalition auf ein Wohnhaus, Tod von
zehn Zivilisten, darunter Kinder und Frauen.

2. September 2016   Al-Hudaida, Kulturzentrum
Luftangriff der Militärkoalition, Tod eines Zivilisten.

16. September 2016   Gouvernement Sanaa, al-Tayal
Luftangriff der Militärkoalition, Tod von 13 Zivilisten, mehrere
Verletzte.

18. September 2016   Al-Hudaida
Vier Zivilisten verhungern: Salem Ghaleb Said Muscharrea
(5 J.), Dschulmud Ahmad Schanini (50 J.), Awassa Mohammad
Abdo (31 J.) sowie die schwangere Fattoum Sadek Durra.

19. September 2016   Al-Hudaida, Küstenstreifen
Fünf Zivilisten verhungern: Wahib Mohammad Said Dschalab
(3 J.), Saleh Schaqi Abdo Barr (52 J.), Sobha Ismail Ward (4 J.),
Ali Bakkar Dschabali und Zahra Kaddaf Zanba'a (5 J.).

21. September 2016   Gouvernement al-Dschauf, al-Mutmana
Luftangriff der Militärkoalition auf das Dorf al-Minsab, Tod von
16 Zivilisten, der Großteil Frauen und Kinder.

24. September 2016   Ibb, Dschabla-Verkehrsknoten
Luftangriff der Militärkoalition auf das Mahiub-al-Audi-Ge-
bäude, Tod von sechs Zivilisten, davon fünf aus einer Familie:
Mohammad Abdo al-Dschama'i, Ruqajja Hassan Ali al-Dscha-
ma'i, Aridsch Mohammad Abdo al-Dschama'i, Abdurrahim
Mohammad Abdo al-Dschama'i, Mohammad Salah al-Da'is und
Diaa Salah al-Da'is.

30. September 2016   Gouvernement Saada, Razeh
Luftangriff der Militärkoalition auf ein Auto, Tod von fünf
Zivilisten.

30. September 2016   Gouvernement Saada, Schadaa
Luftangriff der Militärkoalition auf ein Auto, Tod von vier
Zivilisten.

2. Oktober 2016   Gouvernement Taizz, Mokka, Wahidscha
Luftangriff der Militärkoalition auf Fischerboote, Tod von drei
Fischern.

4. Oktober 2016   Gouvernement al-Dschauf, al-Dschauf al-Ali
Luftangriff der Militärkoalition auf die Motorradstaffel von

Scheich Abdullah Munif, Vorstand des Befriedungskomitees,
Tod von drei Zivilisten.

8. Oktober 2016   Sanaa, al-Kubra-Saal
Luftangriff der Militärkoalition auf eine Trauerfeier der Familie
Aal al-Rawischan, Tod von 84 Personen, 550 Verletzte.

10. Oktober 2016   Gouvernement Taizz, Hadhran, al-Asiqijja
Hinrichtung des Suhaib Taufiq Ali Seif durch die Huthi, nachdem dieser sich geweigert hatte, sein Haus zu verlassen.

29. Oktober 2016   Gouvernement Taizz, al-Salu, al-Scharaf
Luftangriff der Militärkoalition auf das Wohnhaus des Abdullah
al-Schahab, Tod von elf seiner Familienmitglieder: Abdullah
al-Schahab (60 J.) und dessen Frau Khairiya al-Mansoub (55 J.)
und ihre Kinder Mansour Abdullah al-Schahab (26 J.), Faiza
Abdullah al-Schahab (35 J.), Katiba Abdullah al-Schahab (25 J.),
Mirvat Abdullah al-Schahab (22 J.), Daria Abdullah al-Schahab
(12 J.), Nasser Abdullah al-Schahab, Amro Abdullah al-Schahab
(9 J.), Aischa Abdullah al-Schahab (8 J.) und Manar Abdo al-
Schahab (8 J.).

4. November 2016   Taizz, Sala
Tod der Amani Sadeq al-Awadi (10 J.), Mohammad Schakib
Mohammad (9 J.) und Mohammad Hammoud Muqbil (55 J.)
bei einem Angriff von Truppen des Anti-Huthi-Widerstan-
des.

14. November 2016   Ibb, Yarim
Luftangriff der Militärkoalition auf Gütertransporter, Tod von
zwölf Zivilisten.

15. November 2016   Sanaa
Foltertod des Häftlings Walid al-Abi in einem Huthi-Gefängnis.

16. November 2016   Ibb, Yarim
Luftangriff der Militärkoalition auf den Bahnhof al-Qatami, Tod
von 25 Zivilisten.

17. November 2016   Taizz, Sala, Sofitel-Markt
Tod von sechs Zivilisten durch Einschlag einer Granate des
Anti-Huthi-Widerstands auf den Markt.

23. November 2016   Gouvernement Haddscha, Hayran
Luftangriff der Militärkoalition auf einen Lkw, Tod von zwölf
Zivilisten, mehrere Verletzte.

23. November 2016   Taizz, al-Taizzijja, Al-Thalathin-Straße
Tod von Ahmad Mohammad Said (23 J.) und Ahmad Hassan Abdo
(22 J.) durch den Einschlag einer Granate der Huthi-Milizen.

1. Dezember 2016   Ma'rib
Luftangriff der Militärkoalition, Tod von sieben Zivilisten,
mehrere Verletzte.

1. Dezember 2016   Al-Hudaida, al-Zaidiya
Tod des inhaftierten Arztes Sulaiman Yahia Saleh (25 J.) durch
Folter in einem Gefängnis der Huthi-Milizen.

7. Dezember 2016   Al-Hudaida, al-Zaidiya
Tod des Inhaftierten Mohammad Mohammad Haschibri durch
Folter in den Gefängnissen der Huthi-Milizen.

19. Dezember 2016   Gouvernement Saada, Haidan
Luftangriff der Militärkoalition auf ein Wohnhaus in der
Gegend Maran, Tod von zwei Frauen und sieben Mädchen.

19. Dezember 2016   Gouvernement al-Dalea, Maris
Beim Einschlag einer Huthi-Granate im Dorf al-Ruhba kommt
ein Mädchen ums Leben, ihre Eltern werden verletzt.

24. Dezember 2016   Ibb, al-Udain, Bab Haiq
Luftangriff der Militärkoalition auf eine Wohnung, Tod von acht
Zivilisten aus der Familie des Adnan Ali Massaad.

29. Dezember 2016   Gouvernement Taizz, al-Misrakh, Uzlat al-Aqrud
Maruan Abdulwahhab (30 J.) wird von einem Huthi-Scharfschützen ermordet.

30. Dezember 2016   Taizz, Sala, Sa'ilat al-Qamt
Tod von Ibrahim Hammoud (22 J.) und Hissam Hassan Qaed
(23 J.) durch den Einschlag einer Huthi-Granate.

9. Januar 2017   Gouvernement Taizz, Mokka, bei Yakhtul
Luftangriff der Militärkoalition auf ein Schiff, Tod von elf
Zivilisten.

10. Januar 2017   Gouvernement Sanaa, Nihm, Beni Maassar
Luftangriff der Militärkoalition auf die Fellah-Schule, Tod von
sechs Schülerinnen und Schülern sowie des Schulleiters.

18. Januar 2017   Taizz, al-Mudhaffar, Madinat al-Nur
Tod von neun Zivilisten durch den Einschlag einer Huthi-
Granate: Wahid Mohammad Salam (40 J.), Abdussalam Hassan
Abdo al-Salehi (40 J.), Burhan Abdussalam Hassan al-Salehi
(21 J.), Salah Abdurrazaq al-Zahri (19 J.), Hissam Adel al-Schu-
mairi (17 J.), Hassan Abdullah al-Rimi (50 J.), Rani Mohammad
Mohammad Saleh (20 J.), Haschem Mohammad Mohammad
Saleh (27 J.) und Mohammad Hassan Abdullah al-Rimi (15 J.).

19. Januar 2017   Gouvernement Taizz, Mokka
Luftangriff der Militärkoalition auf das Krankenhaus von
Mokka, Tod von fünf Zivilisten.

27. Januar 2017   Taizz, Bab al-Mandab, Wahedscha
Luftangriff der Militärkoalition auf das Wohnhaus des Harun
Said Mohammad, Tod von vier seiner Familienmitglieder.

29. Januar 2017   Gouvernement al-Baida, Yakla, al-Gheil
US-geführter Luftangriff auf das Al-Dhahab-Wohnhaus, Tod
von fünf Frauen und neun Kindern.

11. Februar 2017   Gouvernement Taizz, Mokka, al-Hali
Luftangriff der Militärkoalition auf die Wohnung des Musa Sultan Abdullah al-Youssefi, Tod von neun seiner Familienmitglieder.

15. Februar 2017   Gouvernement Sanaa, Arhab, Schuraa
Luftangriff der Militärkoalition auf einer Trauerversammlung
von Frauen, sechs davon sterben.

22. Februar 2017 Gouvernement Taizz, Yakhtul
Luftangriff der Militärkoalition auf die Brücke, die al-Hudaida und Taizz verbindet, Tod von sieben Zivilisten.

4. März 2017 Gouvernement Taizz, Bab al-Mandab, Sawabia-Insel
Luftangriff der Militärkoalition auf ein Fischerboot nahe der Insel, Tod von 20 Fischern aus der Familie al-Khudairi: Ali Sulaiman Qassem Khudairi, Sulaiman Abdo Murschid Khudairi, Mohammad Abdo Sulaiman Khudairi, Nadschib Abdo Murschid Khudairi, Hamid Abdo Mohammad Khudairi, Thabet Hassan Mohammad Abdullah Khudairi, Mohammad Ahmad Yahia Salem Khudairi, Abid Sulaiman Qassem Khudairi, Ammar Ahmad Yahia Salem Khudairi, Abdo Sulaiman Qassem Khudairi, Salman Ahmad Hassan Abdo Khudairi, Ahmad Ali Mohammad Said Khudairi, Ali Ahmad Ali Khudairi, Abdo Omar Ali Ahmad Khudairi, Mohammad Salem Ali Khudairi, Anwar Ibrahim Yahia Salem Khudairi, Mohammad Haidar Abid Ahmad Khudairi, Ahmad Hamid Ali Khudairi und Abdullah Muhsen Mohammad Awad Khudairi.

17. März 2017 Ma'rib, Kofel
Tod von 22 Zivilisten durch den Einschlag einer Granate der Huthi-Milizen auf eine Moschee.

18. März 2017 Al-Hudaida, Al-Tair-Insel
Luftangriff der Militärkoalition auf ein Fischerboot und Tod von neun Fischern: Ali Daoud Ali Battah, Sulaiman Daoud Ali Battah, Said Yahia Marzouq, Hassan Mohammad Ali Musdschadschi, Abdullah Ali Mahdi, Yahia Mohammad Hammoud Battah, Abid Ibrahim Battah, Mohammad Daoud Ali Battah und Ibrahim Ibrahim al-Sai'iya

29. März 2017 Taizz, Sala, al-Askeri
Tod der drei Kinder Anssam Mustafa Mohammad Said (13 J.), Emad Abdulhalim Ahmad (9 J.), Farah Abdulhalim Ahmad (5 J.) durch den Einschlag einer Granate der Huthi-Milizen.

4. April 2017 Gouvernement al-Hudaida, al-Draihimi
Luftangriff der Militärkoalition auf den Küstenstreifen, Tod von vier Fischern.

5. April 2017   Gouvernement al-Dschauf, al-Matma, al-Aula
Luftangriff der Militärkoalition auf ein auf der Autobahn
fahrendes Auto, Tod von zwei Zivilisten.

5. April 2017   Gouvernement al-Hudaida, Badschel
Luftangriff der Militärkoalition auf eine Strohhütte bei der Salz-
fabrik, Tod von zwei Zivilisten.

5. April 2017   Sanaa
Zum ersten Mal seit ihrer Machtübernahme am 21. September
2014 in Sanaa halten die Huthi eine Gerichtsverhandlung ab
für 36 der bis dato mehreren Tausend von ihnen entführten
Zivilisten, mit der Anklage »Befürwortung der feindlichen
Aggression«. Zu diesem Zeitpunkt kommt es zu keinem Urteil.
Später allerdings kommt es immer wieder zu Todesurteilen, beispielsweise wurden im Dezember 2019 zehn Journalisten von
den Huthi zum Tode verurteilt.

8. April 2017   Taizz, al-Mudhaffar, Wadi al-Salami
Tod eines Kindes und einer schwangeren Frau durch den Einschlag einer Huthi-Granate in der Wohnung von Said Mohammad Ghulab.

16. April 2017   Taizz, Mawia-Kreuzung
Die Huthi exekutieren Omar al-Saidi, Hilfskraft bei der Polizei-
behörde von al-Dschanad.

8. Mai 2017   Gouvernement Taizz, Maqbana, al-Gheil
Luftangriff der Militärkoalition auf ein Auto, Tod von Zivilisten.

9. Mai 2017   Gouvernement Taizz, Maqbana, al-Barah
Luftangriff der Militärkoalition auf ein Wohnhaus, Tod aller
Familienmitglieder: Baschir Abdullah al-Schumairi, Baschar
Abdullah al-Schumairi, Maimuna Abdullah al-Schumairi,
Abdullah Baschir Abdullah al-Schumairi und Zawahed Baschir
Abdullah al-Schumairi.

13. Mai 2017   Gouvernement Taizz, Habschi-Berg, al-Rahba
Tod von drei Zivilisten aus einer Familie durch die Explosion
einer von den Huthi-Milizen gelegten Mine.

17. Mai 2017   Aden, Scheich Othman
Mord des politischen Aktivisten Amdschad Abdurrahman
Mohammad durch religiöse Extremisten.

17. Mai 2017   Taizz, Muwazzea, Schaabu-Ausfahrt
Luftangriff der Militärkoalition auf das Auto des Mussa Yahia
Radscheh, Tod von 24 Zivilisten: Mussa Hassan Radscheh,
Abdullah Mussa Hassan Radscheh, Hael Mohammad Hassan
Radscheh, Abdulhabib al-Douaihy, Ahmad Abdo Mohammad,
Abdulqader Mohammad Said, Mohammad Abdurrahman
Haidar, Ibn Haschem Alwan, Ibn Rasched Ali al-Qumairi,
Muqbil Salem al-Omairi, Ibrahim Mohammad Salem al-Omai-
ri, Mohammad Hael Hassan Radscheh, Thabet Mohammad
Ahmad Qahdan, Saida Mohammad Alwan, Ali Mohammad
Hassan, Muqbil Salem Ibrahim, Haschem Alwan al-Rawie,
Abdurrahman Haidar, Ahmad Abdo al-Maqhawi, Mukhtar Ali
Ghaber und weitere, deren Leichname bis zur Unkenntlichkeit
verbrannten.

19. Mai 2017   Taizz, al-Mudhaffar
Tod der kleinen Safaa Abdulalim durch einen Huthi-Scharfschützen.

20. Mai 2017   Gouvernement Taizz, Maqbana, al-Barah
Luftangriff der Militärkoalition auf den Markt in al-Barah, Tod
von fünf Zivilisten.

20. Mai 2017   Sanaa, Beit Bus
Luftangriff der Militärkoalition auf zwei Zivilisten.

21. Mai 2017   Taizz, Sala, al-Humaira
Tod von Iman Mohammad al-Sufiani (38 J.) sowie ihres Sohnes
Muhannad Abdullah Abdulhafez (11 J.) nach Einschlag einer
Granate der Huthi-Milizen in den Bus, in dem sie sich befanden.

21. Mai 2017   Taizz, Sala, Schule des 14. Oktober
Tod von drei Zivilisten: Said Ahmad Said (50 J.), Nassar Ammar
Ali (13 J.) und Anwar Abdullah Mohammad (38 J.) durch den
Einschlag einer Granate der Huthi-Milizen.

22. Mai 2017   Taizz, Sala
Einschlag einer Granate der Huthi-Milizen in ein von Binnenvertriebenen bewohntes Haus. Tod des Familienvaters Abdur-
razzaq Ahmad Mulhi (45 J.) und seiner Frau Sumajja Mahmud
Mahdi (35 J.).

22. Mai 2017   Sanaa, Flughafen
An der Seite der Huthi-Milizen kämpfende Bewaffnete schießen
auf das Fahrzeug des UN-Gesandten Ismail Wuld Scheich.

23. Mai 2017   Taizz, al-Qahira
Tod von fünf Zivilisten beim Einschlag einer Huthi-Granate,
darunter ein Kind: Elias Abdulhakim Qaed (6 J.), Malek Ab-
durrahman Salem Mohammad (19 J.), Anwar Qaed Hassan
Seif (35 J.), Nabil Ali Nasser Mohammad (27 J.) und Salem
Mohammad Ali Kaddaf (30 J.).

26. Mai 2017   Taizz, al-Taizzijja, Mohammad-Ali-Othman-Schule
Drei Journalisten kommen beim Einschlag einer Huthi-Granate ums Leben: Wael al-Absi, Kameramann des Senders »al-Ikh-
barijja al-Ula«, Saʿad al-Naddari und Taqi Uddin al-Hudhaifi.

29. Mai 2017   Taizz, al-Mudhaffar
Tod von Fadel Abdussalam Wael (14 J.) durch den Einschlag
einer Huthi-Granate.

30. Mai 2017   Gouvernement Ibb, Hubaisch
Tod von zwei Kindern durch einen Huthi-Scharfschützen.

31. Mai 2017   Gouvernement Taizz, al-Misrakh, Nadschd Qussaim
Tod von drei Zivilisten durch die Explosion einer von den
Huthi-Milizen gelegten Mine: Fares Mohammad Hizaa, Maher
Abdulbasset und Bedri Ahmad al-Hudschammama.

5. Juni 2017   Al-Hudaida, Al-Thaura-Krankenhaus
Tod von vier Nierenpatienten durch Fehlmedikamentierung
infolge der durch die Militärkoalition verhängten Blockade.

6. Juni 2017   Taizz, al-Qahira, al-Suwani
Tod von Hussein Ali al-Absi und Wael Abdullah Mahiub durch den Einschlag einer Huthi-Granate.

9. Juni 2017   Sanaa, Al-Khamsin-Straße
Luftangriff der Militärkoalition auf die Wohnung des Raschad Mohammad al-Mahdi, Tod seiner Frau Daula Mohammad Hassan al-Dubaili und seiner Kinder Aliaa Raschad al-Mahdi, Ahmad Raschad al-Mahdi und Dschihan Raschad al-Mahdi.

18. Juni 2017   Gouvernement Saada, Grenzstadt Schada
Luftangriff der Militärkoalition auf den Maschnaq-Markt, Tod von 25 Zivilisten, mehrere Verletzte.

19. Juni 2017   Taizz
Tod des inhaftierten Mohammad Qassem al-Fuhaidi unter Folter in einem Huthi-Gefängnis.

20. Juni 2017   Gouvernement al-Baida, al-Zaher
Tod von zwei Zivilisten durch den Einschlag einer Huthi-Granate auf die Gegend von al-Nassefa.

20. Juni 2017   Al-Hudaida, Al-Thaura-Krankenhaus
Tod von zwei Nierenpatienten nach Ausfall des Dialyse-Zentrums infolge von aufgebrauchten Medikamentenvorräten.

21. Juni 2017   Taizz, al-Mudhaffar, Bir Bascha
Tod von zwei Zivilisten beim Einschlag einer Huthi-Granate.

24. Juni 2017   Gouvernement Lahidsch, al-Qubaita
Ahmad Noaman Ahmad al-Qubbati begeht Selbstmord aufgrund der aussichtslosen wirtschaftlichen Lage.

25. Juni 2017   Gouvernement al-Dalea, Maris, Ya'is
Tod von zwei Frauen durch den Einschlag einer Huthi-Granate.

30. Juni 2017   Gouvernement al-Hudaida, Landkrankenhaus Haiss
Tod von zwei Kindern an Cholera.

30. Juni 2017   Taizz, Sala, Kilaba
Tod des Ahmad Salah al-Baʿadani (12 J.) durch einen Huthi-
Scharfschützen.

1. Juli 2017   Aden, Öffentliches Al-Razi-Krankenhaus
Tod der kleinen Manal Said (3 J.) aufgrund Cholera.

3. Juli 2017   Gouvernement Taizz, Yakhtul bei Mokka, Nobat Amer
Luftangriff der Militärkoalition auf das Wohnhaus der Halabi-
Familie, Tod von acht Familienmitgliedern: Maruan Said Amer
(60 J.), Hayat Abdo Ali Ruaidi (40 J.), Saida Abdo Ali Halabi
(32 J.), Amani Mohammad Qaed Halabi (12 J.), Soaad Abdo
Ali Halabi (11 J.), Ali Abdo Ali Halabi (13 J.), Salem Abdo Ali
Halabi (5 J.) und Mariam Abdo Ali Halabi (3 J.).

6. Juli 2017   Gouvernement Taizz, Maqbana, al-Barah
Luftangriff der Militärkoalition, Tod von acht Zivilisten.

10. Juli 2017   Gouvernement Taizz, Schar'ab al-Rauna
Selbstmord des Jugendlichen Saleh Mohammad Ali aufgrund
der aussichtslosen wirtschaftlichen Lage.

17. Juli 2017   Gouvernement al-Baida, Radaa
Tod des Mukhtar Ali Mohammad al-Ahmadi unter Folter in
einem Huthi-Gefängnis.

18. Juli 2017   Gouvernement Taizz, Muwazzea, al-Hamili
Luftangriff der Militärkoalition auf Binnenvertriebene, Tod von
20 Zivilisten: Dschalila Abd Mohammad al-Bariq, Fathijja Said
Ali al-Bariq, Taqwi Said Ali al-Bariq, Sonja Said Ali al-Bariq,
Nuria Said Ali al-Bariq, Matera Ali al-Dschaum al-Bariq, Faten
Muqbil Ali al-Bariq, Maruan Said Ali al-Bariq, Essam Said Ali
al-Bariq, Murad Said Ali al-Bariq, Mohammad Said Ali al-Bariq,
Ahmad Qaed Dschaum al-Bariq, Ali Dschaum al-Bariq, Mur-
tada Ali Salem al-Bariq, Dschawad Haschem Dschaum al-Bariq
und fünf weitere.

21. Juli 2017   Al-Hudaida, Insel Hanisch
Artilleriebeschuss durch die Militärkoalition auf Fischerboote,
Tod von acht Fischern: Haitham Yahya Abdurrahman, Qarzua

Mohammad Abdullah Fartout, Omran Said Ali Fartout, Ali
Mohammad Dili, Fathi Hassan Asilwa, Hammoud Sulaiman
Dscha'aman, Dschauhar Sulaiman Dscha'aman und Azzeddin Ali
Awasi.

22. Juli 2017   Gouvernement Taizz, Sabr al-Mawadem, al-Schaqab
Tod der kleinen Haifa Mohammad Abdulwahhab (5 J.) durch
den Einschlag einer Huthi-Granate.

24. Juli 2017   Taizz, al-Qahira, Said-Flussbett
Bergung des Leichnams des jungen Mohammad Khalil, im
Flussbett gesteinigt.

**26. Juli 2017   Gouvernement Haddscha, Gefängnis der politischen
Staatssicherheit**
Tod des Massoud Yahyia al-Bukali, entführt und anschließend
gefoltert im von Huthi-Milizen kontrollierten Gefängnis.

29. Juli 2017   Sanaa
Tod von Ahmad, Sohn des politischen Aktivisten Mansur
al-Zaila'i, entführt von den Huthi-Milizen, die seinem Vater ver-
weigerten, sich von ihm zu verabschieden.

30. Juli 2017   Gouvernement Saada, Kattaf, Dschabal al-Central
Luftangriff der Militärkoalition auf Soldaten der offiziellen Regierung, Tod von 14 Soldaten.

31. Juli 2017   Al-Hudaida, Al-Thaura-Krankenhaus
Tod eines Kranken auf der Intensivstation im Zuge eines Stromausfalls durch blockadebedingten Treibstoffmangel.

31. Juli 2017   Dschabal Habaschi bei Taizz, Bilad al-Wafi
Tod von Abdo Mohammad al-Wafi nach Beschuss durch einen
Huthi-Scharfschützen im Dorf al-Khur.

31. Juli 2017   Taizz, Sala, Al-Thaura-Krankenhaus
Tod von Mohammad Ali auf der Intensivstation im Zuge eines
Stromausfalls durch blockadebedingten Treibstoffmangel.

4. August 2017   Gouvernement Saada, al-Safeiraa, Mahda
Luftangriff der Militärkoalition auf ein Wohnhaus, Tod von
neun Zivilisten aus einer Familie: Huria Abdullah al-Zurafi
(50 J.), Sara Ahmad Abdullah al-Zurafi (18 J.), Ummatussalam
Ahmad Abdullah al-Zurafi (30 J.), Huria Taha Hussein al-Zurafi (12 J.), Ummaturrazzaq Taha Hussein al-Zurafi (14 J.),
Mohammad Taha Hussein al-Zurafi (8 J.), Hassan Taha Hussein
al-Zurafi, Batul Taha Hussein al-Zurafi (2 J.) und Fatima Taha
Hussein al-Zurafi (3 J.).

8. August 2017   Taizz, al-Mudhaffar, alter Flughafen
Tod der schwangeren Souad Hassan beim Bombardement der
Huthi-Milizen auf ihre Wohnung.

8. August 2017   Taizz, al-Qahira, Ussaifira
Tod der kleinen Hanaa Abdo Abdullah Dschassar beim Einschlag einer Granate der Huthi-Milizen.

27. August 2017   Taizz, al-Mudhaffar, Nadi al-Saqr
Tod von Yasser Abduldschalil Mohammad und Assil Nischwan
Abduldschalil beim Einschlag einer Granate der Huthi-Milizen.

28. August 2017   Sanaa
Selbstmord des Oberoffiziers Saleh Mohammad aufgrund der
wirtschaftlichen Lage.

2. September 2017   Gouvernement Haddscha, Waschha
Luftangriff der Militärkoalition auf ein Wohnhaus, Tod von
Safia Ahmad al-Maqdi (30 J.), Taqwa Saleh al-Maqdi (40 J.) und
Mudschrih Walid Hadi al-Maqdi (1 J.).

4. September 2017   Sanaa
Tod von Abdullah al-Khumaissi, Gründer des »Roten Halb-
mondes« im Jemen, da er im Krankenhaus nicht ausreichend
medizinisch versorgt werden konnte.

7. September 2017   Ma'rib, al-Rauda
Tod einer Frau nach Bombardement der Huthi-Milizen auf
einen von Binnenvertriebenen bewohnten Wohnblock.

7. September 2017
Sanaa, vor dem Haupteingang der Politischen Staatssicherheit
Tod von Ali al-Sudi, Vater des entführten Mohammad al-Sudi, nachdem die Huthi ihn angegriffen hatten.

7. September 2017   Gouvernement Haddscha, Hairan, al-Sada
Luftangriff der Militärkoalition auf das Haus des Hassan al-Hamali, Tod von sechs Zivilisten.

8. September 2017   Gouvernement Taizz, al-Waze'iya, al-Ahiouq
Tod von drei Zivilisten durch die Explosion einer von den Huthi-Milizen gelegten Mine: Abdullah al-Haiqi, Hani Salem al-Haiqi und Rida Thabet al-Haiqi.

10. September 2017   Gouvernement Haddscha, Hairan
Luftangriff der Militärkoalition auf einen Wochenmarkt, Tod von sieben Zivilisten.

13. September 2017
Gouvernement Taizz, Sabr al-Mawadem, al-Kassara
Tod des Ahmad Mohammad Said beim Bombardement der Huthi-Milizen auf das Dorf al-Nauba.

14. September 2017   Gouvernement Taizz, al-Salu, al-Sabbar
Tod einer Mutter und ihres Kindes nach Explosion einer von den Huthi-Milizen gelegten Mine auf dem Aqaba-Markt.

15. September 2017   Ma'rib, Naqil Schudschaa
Luftangriff der Militärkoalition auf ein Auto, Tod von zwölf Zivilisten, darunter vier Kinder und vier Frauen.

15. September 2017   Gouvernement Taizz, Maqbana, al-Barah
Luftangriff der Militärkoalition auf einen Lkw in der Gegend al-Barada, Tod von vier Zivilisten: Saleh al-Nahari, Abdullah Ali Sweid, Nabil Mohammad al-Saghir und Ahmad Budschasch Aridan.

15. September 2017   Taizz, Sala, Haud al-Aschraf
Tod von vier Kindern beim Einschlag einer Huthi-Granate: Murad Hammoud al-Salwi (7 J.), Haid Mukhtar Abdulhamid

(6 J.), Sarem Samir al-Dschabal (9 J.) und Azzam Mohammad
Abdullah (11 J.).

18. September 2017   Taizz, Sala, al-Dschahmalia al-Sufla
Tod von vier Kindern beim Bombardement durch die Huthi-
Milizen: Youssef Khaled Abdulkafi (12 J.), Nasser Mansur
Ahmad (14 J.), Rayan Badr Ghaleb (7 J.) und Issa Mohammad
al-Humairi (15 J.).

19. September 2017   Gouvernement Haddscha, Hadschur
Luftangriff der Militärkoalition auf ein Wohnhaus, Tod der
Dschauhara Ali al-Zira'i und der zwei kleinen Mädchen Bushra
Badr Mohammad al-Zira'i und Amira Mohsen Mohammad al-
Zira'i.

27. September 2017   Ibb, Muzaykhira
Die Huthi exekutieren Abdo Ahmad Khaled vor den Augen
seiner Familie in seiner eigenen Wohnung.

28. September 2017   Gouvernement Haddscha, Bakil al-orgMir
Luftangriff der Militärkoalition auf einen Wochenmarkt, acht
Zivilisten tot oder verletzt.

29. September 2017   Gouvernement Saada, Sahar
Luftangriff der Militärkoalition auf eine Gruppe von Arbeitern
bei einer Wasseranlage in der Gegend al-Azqul, Tod von acht
Arbeitern.

29. September 2017   Gouvernement Saada, Razeh
Luftangriff der Militärkoalition auf zwei Wohnungen, Tod eines
Kindes, mehrere Verletzte.

Nachwort zur deutschen Ausgabe

»Wir, die Völker der Vereinten Nationen – fest entschlossen, künftige Geschlechter vor der Geißel des Krieges zu bewahren«– so lauten die ersten Worte der UN-Charta, des Gründungsvertrags der Vereinten Nationen, die maßgeblich beeinflusst wurde von Immanuel Kants Schrift »Zum ewigen Frieden«. Wer sich die Welt im Jahr 2020 anschaut, muss zu dem Schluss kommen, dass der hehre Vorsatz, die Menschen »vor der Geißel des Krieges zu bewahren«, vorerst gescheitert ist.

Vor allem in den Ländern des Nahen Ostens wüten Konflikte und Kriege. Doch während Syrien und Libyen in der Tagesschau, auf den großen Online-Nachrichtenseiten, auch in Talkshows regelmäßig vorkommen, ist ein Konflikt weitaus weniger präsent, obwohl er einer der unmenschlichsten Kriege ist, die derzeit auf der Welt toben: der fürchterliche Krieg im Jemen. Es fällt schwer, das Ausmaß dieses Krieges in Zahlen auszudrücken, denn mit dem Zerfall staatlicher Institutionen und Zugangsproblemen zu vielen Landesteilen ist es schwierig, überhaupt zu erfassen, wer Hunger leidet oder wie viele Menschen getötet wurden. Das vorliegende Buch ist deshalb so wichtig und aufrüttelnd, weil es einen erschütternden Eindruck von der Alltäglichkeit des Sterbens und dem Ausmaß der Katastrophe gibt.

Dass der Jemen bisher nicht die nötige Aufmerksamkeit erhält, ist aber kein Naturgesetz. Indem Bushra al-Maktari das Sterben und Leiden in ihrer Heimat für uns sicht- und fühlbar macht, indem sie Empörung und Entsetzen auszulösen vermag, muss auch der Handlungsdruck für die Regierungen und internationalen Organisationen steigen. Denn wenn sie nur noch Zaungäste sind von Konflikten, ihnen nichts entgegensetzen, sondern allenfalls versuchen, das schlimmste Leid ein wenig zu lindern, dann rührt das an ihre Integrität, wenn nicht an ihre Daseinsberechtigung. Der Econ-Verlag hat mir die Herausgabe dieses Buches, dieser Texte angetragen. Ich habe dies gerne und voller Überzeugung angenommen, um dabei zu helfen, den Geschichten, die Bushra al-Maktari zusammengetragen hat, bei uns Gehör zu verschaffen. Den Menschen ihrer Heimat bei uns eine Stimme zu geben. Mehrere Jahre lebte ich als Journalist in Dubai, bereiste von dort aus fast alle Länder des Nahen und Mittleren Ostens. Ich habe im Sudan, im Tschad, im Jemen erlebt, was die dortigen Krisen mit den Menschen machen, und gleichzeitig den großen Mut vieler von ihnen bewundert, unter widrigsten Bedingungen nicht aufzugeben, sondern ihre Hoffnung zu wahren, und immer wieder nach vorne zu schauen. Mit am meisten beeinflusst hat mich meine Arbeit mit Raif Badawi, des saudischen Bloggers, der im Jahr 2014 wegen Blasphemie zu 1000 Peitschenhieben verurteilt wurde und seitdem im Gefängnis sitzt. Für den Ullstein-Verlag habe ich seine verbotenen Texte zusammengetragen und eingeleitet. Die Begegnungen mit den Menschen im Nahen Osten haben mich geprägt. Deswegen liegt mir dieses Buch sehr am Herzen.

Die Menschen im Jemen erdulden viel. Bewaffnete Konflikte und politische Instabilität prägen seit Jahrzehnten ihren Alltag. Zu den inneren Konflikten kommen Interventionen durch Nachbarstaaten. Großen Einfluss im jetzigen Konflikt haben auf der einen Seite Saudi-Arabien sowie die Vereinigten Arabischen Emirate – sunnitisch geprägt – und auf der anderen Seite der Iran – schiitisch geprägt.

Eine saudisch-geführte Militärkoalition bombardiert Städte und Dörfer im Jemen. Gleichzeitig unterstützt der Iran die jemenitischen Huthi-Rebellen. Eine toxische, tödliche Situation.

Die gefühlte Entfernung zum Jemen, die Komplexität der Vorgänge, das Fehlen großer Migrationsbewegungen nach Deutschland und die beteiligten, in der Region wichtigen Akteure Saudi-Arabien und Iran – das schreckt offenbar viele Politiker ab, sich mit diesem Konflikt zu befassen, ihn zu durchdringen oder auf die eigene Agenda zu setzen. Kürzlich hatte Bundeskanzlerin Merkel zu einer großen internationalen Libyen-Konferenz nach Berlin geladen. Eine große Jemen-Konferenz hat sie bisher nicht initiiert.

Doch problematischer als das Wegsehen ist die aktive Rolle, die Deutschland mit dem Krieg im Jemen verbindet. Zwar hatten Union und SPD bereits im Koalitionsvertrag 2017 einen Waffen-Exportstopp für alle Länder vereinbart, die unmittelbar am Jemenkrieg beteiligt sind. Gleichzeitig wurde aber ein Bestandsschutz für schon erteilte »Vorgenehmigungen« eingeräumt. Das heißt: Militärische Ausrüstung wurde trotzdem vor allem nach Saudi-Arabien geliefert. Auch die Waffenexporte in die Vereinigten Arabischen Emirate haben nie ganz aufgehört. Statt sich stärker politisch im Jemen-Konflikt zu engagieren, galt für die Bundesregierung »Wirtschaft first«.

Im Oktober 2018 machte dann der Fall des ermordeten saudischen Journalisten Jamal Khashoggi weltweit Schlagzeilen und setzte die deutsche Politik unter Zugzwang. Es kam zu einer »Ruheregelung« für Waffenexporte in das Land, die aber immer wieder unterlaufen wurde. Für die Emirate galt der Exportstopp derweil nicht. Und trotz dieser »Ruheregelung« sind 2018 bereits deutsche Ausfuhren nach Saudi-Arabien genehmigt worden, die teilweise als

»europäische Gemeinschaftsprojekte« dargestellt wurden. Auch 2019 wurden Rüstungsgeschäfte mit Saudi-Arabien genehmigt.

Es ist naiv anzunehmen, dass keine der aus Deutschland exportierten Waffen dazu beitragen, im Jemen Menschen zu töten. Zwar haben Vertreter der Bundesregierung immer wieder versichert, sie wüssten davon nichts. So sagte der 2018 für Rüstungsexporte maßgeblich zuständige Bundeswirtschaftsminister Peter Altmaier am Rande der Münchner Sicherheitskonferenz, er habe dazu keine Erkenntnisse. Journalisten des ARD-Magazins Report München konnten jedoch schon 2017 durch Analyse von Video- und Satellitenbildern rund ein Dutzend Waffensysteme mit deutscher Technologie klar im Kriegsgebiet lokalisieren.

Fürchterliche, menschenverachtende Kriege wie der im Jemen sorgen nicht nur für Abertausende Tote und (Binnen-)Flüchtlinge, sondern sind eine globale Bedrohung. Zum einen, weil deren Akteure sich frei fühlen zu töten, ohne Konsequenzen fürchten zu müssen. Zum anderen ist es gefährlich und ein Armutszeugnis, dass eine Weltgemeinschaft, die sich moralisch dazu verpflichtet fühlt, Kriege zu verhindern oder zu beenden und damit Menschen zu helfen – dass sie sich das in einer Region wie dem Nahen Osten nicht traut, weil der Konflikt so komplex ist oder beteiligte Staaten als wichtige Partner erachtet werden.

Bushra al-Maktari hat in diesem Krieg ausgeharrt und sich ihm auf unvergleichliche Weise gestellt, indem sie den Opfern und Hinterbliebenen zuhörte und deren Leid dokumentierte. Ihr großes Vorbild ist die Literaturnobelpreisträgerin Swetlana Alexijewitsch, die unter anderem Augenzeugenberichte im Zweiten Weltkrieg kämpfender sowjetischer Soldatinnen aufschrieb. Die weißrussische

Autorin etablierte einen Stil, in dem sie auf besondere Weise Literatur und Journalismus miteinander verbindet. Den Nobelpreis erhielt sie »für ihr vielstimmiges Werk, das dem Leiden und Mut in unserer Zeit ein Denkmal setzt«. Ein Satz, der auf das Werk al-Maktaris ebenso zutrifft. Ihre Chronik des Krieges ist häufig schwer auszuhalten. In ihrer Dichte vermitteln die Berichte des Sterbens, der Angst, des Terrors, den Eindruck der Hoffnungslosigkeit und des Ausgeliefertseins, den die Menschen im Jemen tagtäglich erleiden. Al-Maktaris Interviews sind mahnende Stimmen eines perversen Krieges, eine Dokumentation, die uns Leser an die Grenzen des Aushaltbaren bringt. Wie muss es da erst den Müttern, Vätern, Brüdern und Schwestern gehen, die in al-Maktaris Chronik zu Wort kommen? Dies sind ihre Stimmen. Hören wir ihnen zu.

Constantin Schreiber im Februar 2020

Die BeiträgerInnen

© Fadi Adleh

Sandra Hetzl (*1980 in München) übersetzt literarische Texte aus dem Arabischen, u.a. von Rasha Abbas, Aref Hamza, Kadhem Khanjar, Aboud Saeed und Raif Badawi. Sie ist Gründerin des Kollektivs »10/11« für neue arabische Literatur.

© Hans Scherhaufer

Constantin Schreiber (*1979) ist Moderator der »Tagesschau«, des ARD-»Nachtmagazins« und des Medienmagazins »Zapp«. Er ist Herausgeber der Schriften von Raif Badawi (*1000 Peitschenhiebe*, Ullstein 2015) sowie Autor der Bestseller *Inside Islam* und *Kinder des Koran* und spricht fließend Arabisch.

© Lina Malers

Monika Bolliger (*1983) hat sieben Jahre als Nahostkorrespondentin für die NZZ berichtet. Heute arbeitet sie als Analystin (u.a. für das Sana'a Centre for Strategic Studies) und als freie Publizistin. Sie lebt in Zürich und Beirut und bereist regelmäßig die arabische Region.

Raif Badawi
Constantin Schreiber (Hrsg.)

1000 Peitschenhiebe

Weil ich sage, was ich denke

Aus dem Arabischen von Sandra Hetzl.
Broschur.
Auch als E-Book erhältlich.
www.ullstein-buchverlage.de

»Ein kleines großes Buch.« *FAZ*

Raif Badawi, saudi-arabischer Blogger, teilte im Internet seine Gedanken über Politik, Religion und Freiheit. Dafür wurde er zu 1000 Peitschenhieben und zehn Jahren Haft verurteilt. Diese Streitschrift versammelt die zentralen, verbotenen Texte Badawis. Sie zeigen die Spannungen zwischen einer traditionellen Auslegung des Islam und dem Anspruch auf ein selbstbestimmtes Leben in der Gegenwart. Badawi fordert Liberalismus, Toleranz, Pluralität, Meinungsfreiheit und Menschenrechte – weil sonst die arabisch-islamische Welt verloren ist.

ullstein